U0720938

北京师范大学历史学院双一流学科建设经费资助出版

心史文丛

孙江 主编

论究学术
阐求真理
昌明国粹
虫t听口

永受嘉福
汉代的民间信仰世界

汪桂海 —— 著

凤凰出版社

图书在版编目（ＣＩＰ）数据

永受嘉福：汉代的民间信仰世界 / 汪桂海著. --
南京 ： 凤凰出版社，2022.12（2023.11重印）
ISBN 978-7-5506-3749-8

Ⅰ．①永… Ⅱ．①汪… Ⅲ．①信仰－民间文化－研究
－中国－汉代 Ⅳ．①B933

中国版本图书馆CIP数据核字(2022)第231648号

书　　　　名	永受嘉福：汉代的民间信仰世界	
著　　　者	汪桂海	
责 任 编 辑	孙思贤	
装 帧 设 计	陈贵子	
责 任 监 制	程明娇	
出 版 发 行	凤凰出版社(原江苏古籍出版社)	
	发行部电话 025-83223462	
出 版 社 地 址	江苏省南京市中央路165号,邮编:210009	
照　　　排	南京凯建文化发展有限公司	
印　　　刷	南京爱德印刷有限公司	
	江苏省南京市江宁区东善桥秣周中路99号,邮编:211153	
开　　　本	880毫米×1230毫米　1/32	
印　　　张	12.375	
字　　　数	276千字	
版　　　次	2022年12月第1版	
印　　　次	2023年11月第3次印刷	
标 准 书 号	ISBN 978-7-5506-3749-8	
定　　　价	98.00元	
	(本书凡印装错误可向承印厂调换,电话:025-57928003)	

目　录

中编　疾病与医疗信仰

前　言

　　吕思勉先生在其所著《秦汉史》中，根据《史记》《汉书》等传世文献梳理秦汉祠祭之礼后指出："然此特其通于中朝，见之记载者耳。至其但存于郡县，或为民间所崇奉，而无传于后者，盖不知其凡几矣。""若两汉，固仍一鬼神术数之世界也。"①此诚不刊之论。汉代巫风很盛，虽名儒大臣乃至皇帝亦不能免，②遑论平民百姓。鬼神崇拜、巫术、禁忌、占卜、岁时祭祀、望气、杂占等共同构成汉代的民间信仰。关于汉代民间信仰，虽然《史记》《汉书》等文献均有零星记载，《论衡》《风俗通义》《潜夫论》等典籍也有相对集中的论述与评议，但总体而言，流传后世的资料并不多。

　　历史研究必须依靠有价值的史籍和史料，古人为了弥补文献不足，开始从出土的古物中寻找有用的史料。起源于宋代的金石学，正反映出古代史研究资料二元化的趋势，这也就是后来王国维所强调的二重证据法。在出土的古物材料中，带有文字铭刻者尤为重要，其中

①　吕思勉：《秦汉史》第二十章《秦汉宗教》，上海古籍出版社，2005年，第729页。
②　《汉书·郊祀志上》："(汉)武帝初即位，尤敬鬼神之祀。"李少君以祠灶、谷道、却老方受到重用，少翁、栾大等纷纷跟进。同书《郊祀志下》："成帝末年颇好鬼神，亦以无继嗣故，多上书言祭祀方术者，皆得待诏，祠祭上林苑中长安城旁，费用甚多，然无大贵盛者。"同书《杜周传附杜业传》，大臣师丹"亲荐邑子丞相史能使巫下神，为国求福，几获大利"。

简帛为最。二十世纪初以来，我国出土了大量的汉代简帛，内容极为丰富，为两汉史研究提供了极为难得的新资料。简帛材料本身就是文字历史的一部分，与传世史籍相比，具有更大的可信度，可以直接用于历史研究。这些资料既可印证史书，使记载简略的史事得以清晰，还能纠正古书的错误，更能弥补传世文献的疏漏，填补空白。对于汉史研究而言，出土简帛的重要性仅次于传世文献。

令人欣幸的是，简帛文献包含很多反映汉代民间信仰的资料，尤其《日书》、医方、占卜、帛画等，更是研究汉代民间信仰的直接材料，这些资料不仅可以与史书相互印证，更有大量不见于史书的具体内容，对全面准确地审视汉代民间信仰有着莫大的帮助。罗振玉、王国维合撰的《流沙坠简》是简帛学的奠基之作，其中就有对数术资料的精深考证。之后，劳榦、陈槃、陈直、于豪亮等前辈学者的相关著述，都是该领域的重要著作。在简帛数术文献研究方面，饶宗颐、曾宪通、李学勤、李零、王子今、刘乐贤、陈松长、金良年、刘昭瑞、胡文辉、吴小强、贺润坤、蒲慕洲、林富士、刘增贵、刘信芳、姜生以及法国学者马克、美国学者夏德安、日本学者成家彻郎、工藤元男等或对数术文献予以释读，或利用数术资料探讨秦汉的国家与社会，或综合数术及其他相关资料研究早期道教，其中包括围绕秦简《日书》所做的大量研究。① 可以说，学界在利用新出简帛文献研究汉代信仰方面取得了前所未有的成绩。

尽管出土简帛的重要性目前已经被越来越多的国内外研究者认识，研究成果很多，但利用新资料研究汉代民间信仰，仍有不少问题没有真正解决。在新材料的深度挖掘上，有的仍停留在较粗浅的层次；

---

① 诸家论著可参见本书末所附"参考文献"，此处不一一作注。

关于汉代民间信仰的讨论热点也主要集中在《日书》类数术文献等少数几种文献上面，很多重要问题有待深入探讨。既有的研究也不乏需要重新思考之处，特别是对于汉代民间信仰的长时段、整体观察，尚有欠缺。

物质资料的生产是人类社会发展的基础，对物质财富的追求是人类社会永恒的主题。学术界在涉及古代社会经济领域的研究时，往往偏重生产资料、生产工具、科技水平等纯物质问题，对经济活动与宗教信仰之间的关系注意不多。尤其是汉代，目前有关汉代经济史的论著，很少将民间信仰作为经济活动不可分割的一部分而予以关注。即便是汉代风俗信仰等专题的论著，以前囿于史料，所做研究或者有待深入，或者不够系统。本书综合出土简帛文献和传世文献，分别从祭社、祀稷神与灵星、土牛劝农、祠先农、关于作物种子的信仰和压胜术、五谷良日与忌日、始田良日与忌日、预测收成等方面，对汉代的农业信仰做了较为系统的梳理。

社与社祀是汉代社会信仰的重要组成部分，传世文献有零星的记载。二十世纪初，学者们在居延汉简中发现了一些珍贵资料，劳榦、宁可等都曾做过研究。之后，新发现简牍中关于社的资料更为丰富，既可纠正旧说之偏颇，又能产生新的认识，但许多讨论汉代社与社祀的论著，对这些资料没有进行细致梳理，缺乏深入的挖掘，相关研究没有明显推进。比如汉代祭社的具体月份，史书或曰二月、八月，或曰三月、九月。劳榦曾推测这或许是"因地不同"。居延新简则改变了这一认识，因为同样是甲渠候官第四部的秋社祭祀，就有八月和九月两种情况，这表明社祀月份的差异并非如劳榦所推断是"因地不同"。居延简涉及社祀的记载多处有"今择吉日如牒"之语，证明社祀之前需要据

《日书》类书籍选定吉日。因此,汉代春、秋两次社祭的日期不完全如文献所记载的那样,固定在某月的某一干支日。边塞地区社祭日期的选择权在都尉府,都尉府根据吉凶宜忌选定日子后,向下面逐级传达命令,要求各级单位及时做好准备工作。又,关于居延汉简中社的性质,过去有学者认为是按照阶级和职业结合,是传统里社之外特殊的社。居延新简则证明边塞的社和社祀活动与传统祈求农业丰收的社没有本质区别。这都是以前没有认识到的。相关的问题还有主祭与侍祠者人员、社祀仪式等,在简牍中都可找到答案。

从耕种之前的农神祭祀、祈请,到播种、耕田日期的选择,以至收成的预测,收获后的报神,汉代的农业信仰存在于生产的各个环节,这一方面反映了汉代人追求财富的强烈愿望,另一方面说明人类在自然力面前的渺小,至少以当时的生产力水平无法完全控制农业生产的每一个环节,更多的是仰赖上天的“恩赐”,寄希望于神灵的关照。

汉代的农业信仰活动,既有以乡里为单位者,如社神与稷神的祭祀、土牛劝农等,大多是由乡里等基层组织举办的地方性重大活动,也有以个体家庭为单位者,比如周家台秦简中祠先农的内容。祠先农简虽为秦代资料,但它可以作为秦汉时期所重视的先农神崇拜的具体实例,从中尤其可以看到民间个体小农家庭在先农神崇拜中扮演的具体角色,祠先农反映了战国秦汉时期小农经济模式普遍建立之后,农业神崇拜活动开始走向个体平民化,出现了从村社牵头组织活动转向个体家庭自发举行仪式的扩展现象,说明了民间信仰的演化与社会历史变革之间的互动关系。

与蚕桑业、家禽和家畜养殖以及狩猎等社会经济活动相关的信仰,在出土简帛中也有所反映。这些资料记录了相关生产领域的种种巫术,反映了秦汉时期人们在科技水平不发达的情况下,对蚕桑丰收、禽畜健壮、田猎收获的期盼。

可以说,民间信仰构成了汉代民众经济活动的一个重要部分。

疾病一直是威胁人类生命健康的重要因素。在与疾病斗争的实践中,汉代的医学取得了举世公认的成就。但简帛资料表明,在巫、医尚不能截然分开的大背景下,汉代医学沿着科学道路前进的同时,依旧伴随着大量非理性的巫术祝祷的成分。首先,汉代继承先秦以来的鬼神观念,形成了种类庞杂的鬼神体系,其中不少鬼神与疾病的关系至为密切,人们在患病之后,常常将疾病归咎于鬼神。王充说:"世俗信祸祟,以为人之疾病死亡,及更患被罪,戮辱欢笑,皆有所犯。"例如,人们相信祖先神会给家人带来疾病,也相信其他家族的祖先鬼、各种非正常死亡的厉鬼、仇人的鬼魂、无人祭祀的鬼神、自然界中的鬼魅精怪、按照节令定期降临的疾疫恶鬼等等,都与疾疫的发生密切相关。当时的人们还相信巫蛊之术,认为运用巫术手段,能使人患病死亡。如此等等,不一而足。

疾病成因上的鬼神观,决定了治疗手段上的巫术倾向。汉代信巫不信医的现象比较普遍。王符《潜夫论·浮侈篇》说东汉时期巫风盛行,巫师"欺诬细民,荧惑百姓。妇女羸弱,疾病之家,怀忧愦愦,皆易恐惧,至使奔走便时,去离正宅,崎岖路侧,上漏下湿,风寒所伤,奸人所利,贼盗所中,益祸益祟,以致重者不可胜数。或弃医药,更往事神,故至于死亡,不自知为巫所欺误,乃反恨事巫之晚,此荧惑细民之甚者也"。民众的愚昧迷信与巫师的推波助澜相互促动,其结果是民众面对疾病时不是去求医问药,而是求巫祷神。汉代民间面对疾疫之鬼,通常采取两方面的举措,一是节令类的定期驱鬼辟邪,比如在季冬(腊月)、季春(三月)、仲秋(八月)举行的驱傩、磔禳仪式,在五月五日、夏至、伏日等采取辟邪措施等,都是为了驱除疫鬼,以巫术的手段防止疾病的传播;二是患病之后的驱鬼祷疾。比如《五十二病方》等记载,当时为了驱除致病的恶鬼,采用灰土、荆、棘、桃木、桑、槐、芦苇等作为驱鬼法器,道术之士还发明了符水疗疾的办法。转嫁疾病、祷请鬼神等也是很流行的疗疾之术。

香港中文大学文物馆藏东汉"序宁"简是学界周知的重要资料。目前,学界普遍将该组简的内容定义为序宁的家人为其祷疾,即祷疾简。事实上,如果对每条简文都从整体上把握,将其看作一份完整的文书,而非仅仅局限于其中的某一段文字,那么,我们会很容易看到该组简中的每一条内容都应是在序宁去世之后的解除文,即序宁家人为其祷请神灵,希望能帮助其解除罪谪的文书,这与出土的汉代镇墓文在用意上很类似,为我们了解汉代丧葬文化和有关信仰提供了一种新形式的资料。当然,该组简中最早的一部分确实记录了序宁家人在序宁病重时为其祷疾的事实,这部分文字仍然是我们研究汉代祷疾信仰的珍贵材料。其所祷请神灵的构成复杂,也使我们研究汉代祷疾信仰有了新的视角,了解到祷疾对象上至天帝,下到各种小的鬼神,凡是可能应验的对象,都被纳入了疾病信仰所祷请求助的行列。

对汉代腊节若干具体问题的考证,以及遣策、告地书等丧葬文书的总结、分类等,本书也提出了若干新见解。例如腊节的日期,验诸秦汉历日资料,秦代大致是定在每年的十二月二十五日,西汉的腊日是在冬至后的戌日,但并非如许慎所说在冬至后第三个戌日,许慎所说应是东汉情形。汉朝以冬至后的某个戌日为腊的习俗,当是受阴阳五行思想的影响。同样,在阴阳五行思想指导下,汉代以后腊日的具体日期也往往因所谓"五德之运"的改变而有所不同。汉代腊节祭祀百神,包括祖先神、社神、先农神、祭祀户、灶、中霤、门、行五祀等,家家户户还要在门户上插桃梗、挂苇茭、画虎等,以驱逐疫鬼。

汉代民间信仰对社会秩序的影响是不可忽视的,尤其是当我们把汉代某些重大政治事件放在民间信仰的大背景下,更容易认识其产生的必然性和"合理"性。如过去研究东汉末黄巾大起义的起因更多从政治腐败、阶级矛盾以及灾荒等方面解释,但张角、张修等何以通过"符水咒说以疗病"就能获取数十万人的支持,组织起庞大的宗教群体,最终进行暴动并割据州郡? 以往较少有人关注。如果考虑当时疾病与医疗信仰中普遍存在的鬼神与巫术,就可以得出合理的解释。民众对巫术治病的迷信,道术之士对民众的欺诳煽动,联手造成了终结东汉王朝的剧烈暴动,而巫术和鬼神崇拜在汉朝社会已经积累了深厚的社会基础,早期道教的产生可谓瓜熟蒂落。由此可见,民间信仰的力量确实不可小觑。因此,本书不仅仅就汉代民间信仰的某些个案做了深入挖掘,而且通过个案的充分研究,为今后从不同角度研究和认识两汉历史发展中的某些重大问题,把握这一时期历史变迁,寻找关键点,开辟了新的路径。这是本书最终的关注点。

汉代民间信仰研究需要史料的扩充,也需要研究思路和方法的创新,需要多学科、多视角、跨领域的研究。研究者应该注意充分掌握、利用历史学以外的相关学科如考古学、文书学、民俗学等已有的成果,为传统史学的研究引入新方法,开拓新领域,发掘新问题。

本书将简帛资料与传世文献相结合,同时兼顾画像石、碑刻、镇墓文、买地券等考古资料,以文字资料为主,也注重挖掘文字资料之外的信息(如文书结构、遗址或墓葬的考古资料等),从多种途径补充新材料，扩展史料的范围。在研究方法上，本书尝试在汉代经济史与民间信仰、医疗史与民间信仰的交叉地带进行跨学科、跨领域的沟通、融合，希望这是一次有意义的尝试。

　　本书的撰写始于十多年前，受诸多因素的影响，原来的计划没有全部完成，只形成目前的部分内容，个别章节曾以论文形式刊发过。未完成的题目，以后应该还会继续探索研究。

上编　社会经济活动中的信仰

第一章　农事信仰

古代社会很长的一个时期，因为生产力不够发达，人们对客观世界的认知程度存在一定局限，对自然规律没有足够的把握，因此在认识自然现象时很容易产生神秘化的倾向，突出的表现就是，在经济活动的诸多领域、诸多环节都伴随着大量的巫术活动。以前，学术界对这一现象没有给予充分的重视，原因有二：一是传世史料比较少，难以给人以完整的认识；二是在现代科学观念的影响下，这方面的记载往往有意无意之间被视作毫无价值的迷信，故而成为研究的盲点。事实上，古人在经济领域的信仰生活不仅贯穿了与之相关的经济活动，成为社会经济活动的重要组成部分，而且构成当时社会文化不可或缺的内容，是研究古代民间信仰的重要对象。

目前，学术界对社会经济史中的原始信仰问题关注较多的领域，基本局限于原始社会、先秦史的研究中，例如李锦山运用考古学和民族学等资料，对史前农业信仰做过系列研究；[①]《中国风俗通史》"原始

---

① 李锦山：《史前农神及农事崇拜》，《农业考古》1994 年第 1 期；《考古资料反映的农业气象及雷雨诸神崇拜——兼论古代的祈雨巫术》，《农业考古》1995 年第 3 期；《史前龙形堆塑反映的远古雩祭及原始天文》，《农业考古》1999 年第 1 期；《从出土文物谈史前贮种育种及祈殖巫术》，《农业考古》1997 年第 1 期；《"二人抬物"纹彩陶盆与祈殖巫术》，《文博》2005 年第 1 期；《中国古代农业礼仪、节日及习俗简述》，《农业考古》2002 年第 3 期等论文。

社会卷"(宋兆麟著)、①"夏商卷"(宋镇豪著)、②"两周卷"(陈绍棣
著),③以及《中国农业通史·原始社会卷》第八章《原始农业与原始信
仰》(游修龄主编)、④《中国农业通史·夏商西周春秋卷》第九章第二节
《商周时期的农事占卜、祭祀与籍田》(陈文华著)⑤等专著,都在各自的
著述中专辟章节讨论从原始社会到春秋时期我国农业、狩猎等经济活
动中的信仰习俗。此外,涉及这方面问题的许多民族调查与研究论著
及材料也有不少。

在秦汉史研究领域,近世以来,简牍资料的大量发现,极大地推动
了许多学术问题的讨论,如出土简牍中的《日书》等反映当时信仰生活
的数术类资料受到越来越多的关注。在众多研究成果中,贺润坤《从云
梦秦简〈日书〉的良、忌日看〈氾胜之书〉的五谷忌日》等、⑥金良年《"五种
忌"研究——以云梦秦简〈日书〉为中心》⑦是少数利用出土秦简《日书》
中有关"五种忌"的材料研究当时农作物播种忌日的论文。⑧刘乐贤
《睡虎地秦简日书研究》的相关章节也注意到对农业信仰的探究。⑨这

① 宋兆麟著:《中国风俗通史》(原始社会卷),上海文艺出版社,2001年。

② 宋镇豪著:《中国风俗通史》(夏商卷),上海文艺出版社,2001年。

③ 陈绍棣著:《中国风俗通史》(两周卷),上海文艺出版社,2003年。

④ 游修龄主编:《中国农业通史》(原始社会卷)第八章《原始农业与原始信仰》,中国
农业出版社,2008年。

⑤ 陈文华:《中国农业通史·夏商西周春秋卷》第九章第二节《商周时期的农事占
卜、祭祀与籍田》,中国农业出版社,2007年。

⑥ 贺润坤:《从云梦秦简〈日书〉的良、忌日看〈氾胜之书〉的五谷忌日》,《文博》1995
年第1期。

⑦ 金良年:《"五种忌"研究——以云梦秦简〈日书〉为中心》,《史林》1999年第2期。

⑧ 此外,贺润坤的《从〈日书〉看秦国的谷物种植》、吴小强的《秦简〈日书〉与战国秦
汉农业经济生活》侧重讨论《日书》所反映的农业经济状况。

⑨ 刘乐贤:《睡虎地秦简日书研究》,文津出版社,1994年。

些研究成果虽然不多,毕竟为该领域的研究工作贡献了开拓之功。

基于现有材料,对秦汉时期经济活动中的信仰,我们可以从农业、桑蚕业、狩猎等方面做一些探讨。

农业是中国古代社会经济的主体,而在当时的条件下,农业生产对天时、气候等客观因素有很强的依赖性,农业生产的丰歉往往非人力所能掌控。对于超出人们认识力和控制力范围的众多因素,古人倾向于认为是有种种神秘的力量在操纵,这些认识作为信仰习俗,贯穿并影响着农业生产过程,成为古代农业文化的重要内容。

秦汉时期,农事活动中的信仰习俗相当盛行,形成大量的数术文献,这些文献在后来的历史变迁过程中,大多没有流传下来,仅有少数散见于传世的典籍,另外就是近世以来出土简牍中的《日书》类资料。从这些数量不多的文献中,可以看到当时农事活动在科学经验之外的另一面。

第一节　祭社:土地崇拜

古人认为万物有灵,土地能够使农作物生长、结实,是来自某种神秘力量的支配。人们崇拜、祭祀土地等神灵,就是为了祈求或报答这些神灵对作物的护佑。《礼记·郊特牲》郑玄注:"万物有功加于民者,神使为之也,祭之以报焉,造者配之也。"当农作物生长所需的各项条件发生不利的变化时,人们就向神祈求保佑,如果农作物丰收了,则要向神表示答谢。秦汉民间祭祀的土地神有田祖、田父、田夫、田主等诸多名目,但他们都统一称作社。里有里社,乡有乡社,县道有县道之社,郡国有郡国之社,国家有太社。各个地方的民众都认为社神仅护佑本地农作物的生长。乡以上的社由政府设置,官府致祭。里社则由居民自己组织祭祀,以里名为社名,称某某里社,里的全体居民不论贫富都要参加。每年春二月、秋八月上旬的戊日举行社祭,祭后在社下宴饮行乐,费用由全里居民分摊,也有个别捐献者承担全部费用的情况。领导社事的是里正、父老,里、社在组织上是合一的,社的活动即为里的职司的一部分,并得到国家的认可与支持。社祭时具体执事者称社宰、社祝、祭尊。①

西北边郡的情形大致也是如此。《汉书·地理志》记载:"自武威以西,本匈奴昆邪王、休屠王地,武帝时攘之,初置四郡,以通西域,鬲绝南羌、匈奴。其民或以关东下贫,或以报怨过当,或以悖逆亡道,家属徙焉。……保边塞,二千石治之,咸以兵马为务;酒礼之会,上下通焉,吏民相亲。"所谓"酒礼之会",应当包含每年举行的社祭活动。

出土简牍表明,戍守边塞的吏卒之间也有社的存在。早年,劳榦曾经利用居延汉简中的有关资料,对汉的社祀做过研究,作出开创性的贡献。② 宁可在研究汉代的社时,也注意到了汉简中的材料。③

在两位先生的成果发表之后,陆续又有新的汉简被发现而公布于世,其中涉及社的资料较以往更为丰富。下面汇集新旧居延汉简中有关社的材料,重新就边塞屯戍组织中的社与社祭加以探讨。

---

① 宁可:《汉代的社》,载《文史》第九辑,中华书局,1980年。
② 劳榦:《汉代社祀的源流》。《中央研究院历史语言研究所集刊》第十一本,1944年。又,劳榦:《居延汉简·考释之部》,《"中央研究院"历史语言研究所专刊之四十》,1960年,第66—67页。
③ 宁可:《汉代的社》。

（1）入钱六千一百五十，其二千四百受候长，九百部吏社钱，二千八百五十受吏三月小畜计。　《居延汉简释文合校》254·1）

（2）▨诣官封符，为社市买马▨　《居延汉简释文合校》63·34）

（3）对祠具：鸡一，黍米一斗，稷米一斗，酒二斗，盐少半升。（《居延汉简释文合校》10·39）

（4）买葱卌束，束四钱，给社。　《居延汉简释文合校》32·16）

（5）▨奉千二百，出钱百四社计▨，余钱千▨　（《居延汉简释文合校》180·25）

（6）建武八年三月己丑朔，张掖居延都尉谌、行丞事城骑千人躬告：劝农掾禹谓，官县令以春祠社稷，今择吉日如牒，书到，令、丞循行，谨修治社稷，令鲜明。令、丞以下当[侍祠者，斋戒]▨（《居延新简》EPT20：4A）

（7）▨……祠社所行人□迁徙　《居延新简》EPT 43：175）

（8）▨[劝]农掾戎谓官、县以令祠社稷，今择吉日如牒，书到，皆修治社[稷]▨　（《居延新简》EPC：35）

（9）建武五年八月甲辰朔戊申，张掖居延城司马武以近秩次行都尉文书事，以居延仓长印封，丞邯告：劝农掾襃、史尚谓，官、县以令秋祠社稷，今择吉日如牒，书到，令、丞循行，谨修治社稷，令鲜明。令、丞以下当侍祠者，斋戒，务以谨敬鲜洁约省为故。襃、尚考察不以为意者辄言如律令。

八月廿四日丁卯斋。

八月廿六日己巳直成，可祠社稷。

九月八日甲辰斋。

八月庚戌甲渠候长以私印行候文书事告尉，谓第四候长宪等写移檄到，宪等循行，修治社稷，令鲜明。当侍祠者斋戒，以谨敬鲜洁约省为故。如府书律令。

（《居延新简》EPF22：153A－160）

（10）建始元年九月辛酉朔乙丑，张掖大守良、长史威、丞宏敢告居延都尉卒人：言殄北守候塞尉护、甲渠候谊典吏，社受致鹿、饭黍肉，护直百卅六，谊直百卅二。五月五日谊以钱千五百偿所敛吏社钱，有书。护受社鹿不谨。谊所以钱千五百偿吏者，审未发觉，谊以私钱偿□罪名。书到，如　（《居延新简》EPT52：99）

（11）第四候长樊隆为社市诣官，九月乙酉蚤食入。　（《居延新简》EPT59：173）

（12）令修治社稷，令鲜明。当侍祠者斋械，谨敬鲜洁约省为故。方考行，如[律令]。　（《居延新简》EPF22：161）

（13）☑八月戊午社计。　（《居延汉简释文合校》40·9）

（14）三月廿六日甲寅斋

三月廿八日丙辰直建，[可祠社稷]☑

（《居延新简》EPT 20：25，EPT21：1）①

（15）骑守千人晏告劝农掾戒谓：官、县以令祠社稷。今择吉日如牒。书到，皆修治社[稷]☑　（《居延新简》EPC：10，EPC：35）②

---

①　根据出土地、笔迹，以及《居延新简》EPF22：153A－160中的择日牒书，此二简应为某件简册中的两枚，可以缀合。

②　根据出土地点、笔迹及两枚简的断茬、木纹等特征，此两枚残简原应为同一枚简，可以缀合。

以上诸简,简(3)出土于 A33 地湾,简(4)出土于 A32 金关,其余各简皆出土于 A8 破城子。地湾为肩水候官遗址,破城子为甲渠候官遗址。此数简反映的社祭活动大都是在候官举行,只有简(11)表明候官与亭燧之间的部也设有社,而简(9)则表明候官及其下面的部都有社。大约边塞的社主要设置于候官及其下面一级的部中。候官的级别与县道相同,候官之长为候,是与县令长级别相同的职官。金关属于肩水都尉府,级别应与肩水候官大体相当。候官之下的部则相当于地方行政单位中的乡。从简文分析,其中所反映的边塞候官和部的社事活动,与县道、乡等的社事情况在很多方面仍然是一致的。更重要的是,这些边塞屯兵内部社事的材料,弥补了史书记载的缺漏。

汉代的祭社一般每年春秋各一次,岁末的腊日还要再祭。《汉书·食货志》说,"社闾尝新春秋之祠"是当时民众每年必须参与的集体活动。春日祭社,是在耕种之前祈求社神给予一个丰收的年景;秋日祭社,是在农作物成熟之后,感谢社神佑助成熟之功,同时也要向社神预卜来年是否还会获得好收成。《周礼·春官·肆师》:"社之日,莅卜来岁之稼。"贾公彦疏:"祭社有二时,谓春祈秋报。报者,报其成熟之功。今卜者,来岁亦如今年宜稼以不。"就是这个意思。具体月份,《续汉书·祭祀志下》》"社稷"条说,官府春秋两次的祭社分别在二月和八月。《四民月令》也说二月祠太社。《三国志·董卓传》说,阳城县"二月社,民各在其社下"。但这似乎只是县以上官府主持的祭社时间。民间的私社与此并非同时。《汉书·五行志中之下》颜注引张晏曰:"民间三月、九月又社,号曰私社。"民间私社的祭祀时间恰好错后一个月。

简文中居延边塞的祠社活动也分春、秋两次。例如简(6)为建武八年三月居延都尉下达给各候官的文书,文书根据劝农掾禹的陈请,选择好春社祭祀的吉日,要求属下各候官及居延县的长吏亲自巡行检查,修治社稷,使之鲜明,准备社祭。居延出土有另一枚简,编号EPT20:25,简文为"三月廿六日甲寅斋"。该简与简(6)应属于同一件文书册。① 知此次祭社前的斋戒准备开始于三月二十六日,估计祭社仪式的举行是在该月末。简(14)应是上级官府下达给甲渠候官的关于祠社日期安排的文书,其中的祠社日期也在三月,自然应指春社祭祀。简(9)是一份简册,为建武五年(29)八月居延都尉府下达给各候官的文书,文书根据劝农掾褒等的陈请,选择好秋社祭祀的吉日,要求属下各候官及居延县的长吏修治社稷,准备社祭。文书下达到甲渠候官后,甲渠候官移书给第四候长,要求第四候长宪立即准备好社祭。该简册明确书写祠社的具体日期是"八月廿六日己巳"。简(13)云"八月戊午社计",当是秋社祭祀用品开销的账簿,亦言秋社在八月。可见,边塞的春社在三月,秋社在八月。不过,简(11)云九月第四候长樊隆还在为社祭采购,则其祭社又在九月。简(11)与简(9)反映的皆为甲渠候官第四部的秋社祭祀,其时间尚有如许差别,则春秋祠社之月份选择不仅如劳榦先生所推断乃"因地不同",且亦因时而不同。

祭社需要选择一个吉祥的日子。如《太平御览》卷五百三十二引《礼记·月令》:"仲春择元日,命人社。仲秋择元日,命人社。"郑玄注:"为祀社稷也。春事兴,故祭之,祈农祥。元日,谓近春分前后戊日。元,吉也。"又注:"赛秋成也。元日,谓近秋分前后戊日。"由此可见,

———————————————

① 高恒:《汉简牍中所见令文辑考》,《简帛研究》第三辑,广西教育出版社,1998年。

春、秋两次祭祀社神分别在春分和秋分前后的戊日。但今本《礼记》郑注作:"祀社日用甲。"又《礼记·郊特牲》云:祀社"日用甲,用日之始也"。孔颖达《正义》引《尚书·召诰》"戊午,乃社于新邑"解曰:"用戊者,周公告营洛邑位成,非常祭也。"祭社的日期究竟是春分、秋分前后的某个甲日,还是戊日? 有学者认为应在"春二月秋八月上旬的戊日"(上戊),且举汉简"八月戊午社计"为一证。① 但简(9)的祠社日期"八月廿六日己巳",简(14)的祠社日期"三月廿八日丙辰",皆既非戊日,也非午日,明与文献不合。又从简(6)、简(8)、简(9)、简(15)等新出居延简中皆有"今择吉日如牒"之类的话来看,具体的祠社日期大约还需要事先查考《日书》之类的书籍,选择吉日。尤其能够说明这一事实的是简(9),建武五年(29)秋社在八月己巳,既非戊日,也非午日。该简说"八月廿六日己巳直成,可祠社稷",这就告诉我们,选择这一天举行祭社,是因为这一天恰好值建除十二神中的"成"。简(14)的祠社日期"三月廿八日丙辰"后有"直建"一词。"成""建"都属于古代建除十二神。秦汉建除家在历日中安排建、除、满、平、定、执、破、危、成、收、开、闭等所谓"建除十二神",认为它们各主一定吉凶,人们以此选择行事的最佳日期。居延简中根据"直成""直建"来确定"可祠社稷"的日期,证明了西汉边塞在祠社日期的选择上,需要考虑日期的吉凶宜忌。可见,汉代春秋祠社的日期并非完全如文献所记载的那样,选定在某月的某一种干支日,而是每年都事先加以吉凶的选择。至少在西汉时期的居延边塞地区是如此。边塞地区社祭日期的选择权在都尉府,都尉府根据吉凶宜忌选定日子,然后向下面逐级传达命令,要求各级单位

---

① 宁可:《汉代的社》。

及时做好准备工作。这说明政府对社祭的重视。

社祭有主祭者，也有主持分祭肉者。里社一般由里正等主祭，宰分祭肉。太社则另有监祠者。《汉旧仪》云祠社时，"使者监祠，南向立，不拜"。郡县以下的社祭，凡郡太守、县道令长以下都应当参加，即侍祠。《续汉书·祭祀志下》云"郡县置社稷，太守、令、长侍祠"。这在简文中也有明确反映。例如简（6）、简（9）、简（12）都提到祠社时有侍祠者，侍祠者主要是"令、丞以下"的人员。边塞令丞以下的人员，主要是候及候丞以下的吏卒。

所有参加社祭者，皆需预先经过斋戒。《大唐开元礼·诸里祭社稷仪》说唐代的社祀，"前一日，社正及诸社人与祭者，各清斋一宿于家正寝"。即在举行社祀之前一日要进行斋戒。汉简也明确指出"当侍祠者斋戒"，以示谨慎虔敬。其中，上引简（9）还保留了选定的斋戒与社祭的日期，八月廿六日己巳的社祭，在八月廿四日丁卯即开始斋戒，比唐代还要提前一日。

关于祠社之供具。社祭时，通常要按照社的级别，屠宰牛或羊或豕，配以酒粮果蔬等。《续汉书·祭祀志下》云太社之祠用太牢，而郡县社稷之祠，"牲用羊豕"。《汉书·陈平传》说，里中举行社祭时，陈平为宰，负责切割肉，分肉甚均。上举居延简（3）之"祠具"虽未明言为社祭之祠具，但劳榦认为："就社祭一事在汉代民间最为普遍这一端而言，自然属于社祭的可能性较大。"[①]其说有道理。此简出土于肩水候官遗址。据此知道，候官社祭所用供具有鸡、酒、黍、稷、盐等。又简

---

①　劳榦：《汉代社祀的源流》。陈直先生亦以此简记载的是边郡社祭时的用品，详见陈直：《居延汉简综论》"十九、汉晋社祭通考"条，《居延汉简研究》，天津古籍出版社，1986年，第76—79页。

（4）之"葱"，也是用于社祭之物。简（2）云"为社市买马"，不知所买马匹是否是社祭时作为祠社牺牲之用。

从简文可知，祠社的供具是从市上购买而来。简（2）谓有人到甲渠候官取符，到市中采购，以供社祭之需。简（11）谓第四候长樊隆为了准备社祀用品，于九月乙酉到了甲渠候官。简（4）云为社祀"买葱卅束，束四钱"，共花费一百六十钱。简（13）是甲渠候官某年秋社祭祀活动的支出账簿，从简牍中有关"计"的资料看，此"社计"应该包括购买物品的名称与具体费用等事项。这说明社祀所需的许多供具确实大多是自市中购买。

根据简牍文书，边郡都尉官府都要求边塞候官以下的社祭"务以谨敬鲜洁约省为故"。"谨敬"是针对与祠者的态度，要求他们虔诚恭敬。"鲜洁"是针对社祭的供具，要求新鲜洁净。"约省"则是针对社祭的开支，要求俭约节省，避免铺张浪费。

祠社所需的费用一般由参与社祭者分摊。边塞的祠社费用来源大致也是如此筹措的。例如简（1）为甲渠候官的一件钱出入簿，它记载了某段时间入账有九百钱是部吏的社钱。此九百钱应属于多名部吏所交纳的社钱总数。简（5）残损较多，"奉千二百"，当是边塞士吏、候长的奉钱标准。[1] 云"出钱百四社计"，知其领到月奉后，即取出一百四钱，用于交纳社事活动的费用。

社事活动的费用按照什么标准交纳、交纳多少，尚无明确材料。不过，每人分摊的社费似乎没有一个固定的数额。这可由简（10）所记载的事件得到反映。此文书是成帝建始元年（前32）九月张掖太守给

---

① 　陈梦家：《汉简所见奉例》，收入《汉简缀述》，中华书局，1980年。

居延都尉的复文,其中提到殄北守候塞尉护、甲渠候谊分别受社廛之事。"社廛"所指应为何物事,不得而知。不过,护与谊二人的行为肯定是在利用职权之便,借征收社钱而私自聚敛。后来,谊私下又以钱千五百偿还所敛吏社钱,大概可以减免罪名。从此事件可以看出几点:

一、边塞社祭活动所需费用的征收是由各单位的主管官吏负责的;

二、每人承担的费用大概是没有固定数额的,否则,就不会发生官吏借机敛钱的事情;

三、边塞的社事是由官府控制的,社事活动的各项收支也应在官府的监管之下,定时审查,防止贪缘为奸。发生在殄北守候塞尉护、甲渠候谊身上的两起贪污、挪用社钱事件皆被查清,说明官府对此类事情有相当的控制力度,边塞的社事仍然处于官府的控制、管理之下。

敦煌汉简中有一枚简也与社事有关,值得注意:

(16) 候虏张卿稷米三升、黍米二升为社　为稷米三升为社
　　　张俾君稷米三升、黍米二升为社　(《敦煌汉简释文》364)

该简云张卿、张俾君二人为社事各自拿出稷米四升、黍米二升,这说明,边郡戍卒在参与社事活动时,还要向社奉献一定数量的五谷,如黍、稷等。简中的"四"作"三",是王莽时期的写法,因而,该简的年代应属于王莽时期。

宁可认为居延汉简中的社按照阶级和职业结合,属于传统里社之

外的社。① 陈槃、②薛英群③则直接称之曰"军社"。按,《周礼·夏官·量人》:"营军之垒舍,量其市朝、州涂、军社之所里。"郑玄注:"军社,社主在军者。"边塞的这种社也是设立于军中,应该属于古书所说的军社。不过,若说此类社与传统的里社截然有别,似乎也欠妥当。

社是土地神,社祭的目的主要是向土地神祈求风调雨顺、丰衣足食,是与农业生产关系密切的信仰活动,汉代的边塞驻军中为什么立社,而且还成为都尉府管理的比较重要的祭祀活动呢? 这从出土简牍中也能够得到答案。例如上面列举的居延都尉府下达的文书简之(6)、(8)、(9)、(15)都提到,每次社祭之事皆由"劝农掾史"先根据律令规定向都尉府提出报告,都尉府再向下面的候官正式下发文件,进行督促。这说明,在边塞具体管理社祭的是劝农掾史。劝农掾史应是管理边塞屯田事务的小吏。屯田与社祭事宜皆由劝农掾史负责,因为二者存在必然的联系,社祭是为了祈求屯田有好的收成。可见,边塞的社祭仍然是与农业生产有关的一项祭祀,此类社与一般的里社在本质上仍然是一致的。

腊日祭社估计既是为了酬神,也是为了向社神祈祷和占卜。

先秦时期春日祭社的场景在《诗经》中有很真实的反映。《周颂·载芟》就是在"春籍田而祈社稷"时唱颂的诗篇:④

---

① 宁可:《汉代的社》。

② 陈槃:《汉简腾义之续》"壹、都吏、社钱"条。收入《汉晋遗简识小七种》,《"中央研究院"历史语言研究所专刊》之三十六,1975年,第87页。

③ 薛英群:《居延汉简通论》,甘肃教育出版社,1991年,第498页。

④ 这首诗在东汉时被用作祭祀先农神的乐歌,见前引《南齐书·乐志》。

　　载芟载柞，其耕泽泽。千耦其耘，徂隰徂畛。侯主侯伯，侯亚侯旅，侯强侯以。有嗿其馌，思媚其妇，有依其士。

　　有略其耜，俶载南亩，播厥百谷，实函斯活。驿驿其达，有厌其杰，厌厌其苗，绵绵其麃。载获济济，有实其积，万亿及秭。

　　为酒为醴，烝畀祖妣，以洽百礼。有飶其香，邦家之光。有椒其馨，胡考之宁？匪且有且，匪今斯今，振古如兹。

而《周颂·良耜》则明确是"秋报社稷"时唱颂的诗篇：

　　畟畟良耜，俶载南亩，播厥百谷，实函斯活。或来瞻女，载筐及筥。其饟伊黍，其笠伊纠，其镈斯赵，以薅荼蓼。荼蓼朽止，黍稷茂止。获之挃挃，积之栗栗。其崇如墉，其比如栉。以开百室。百室盈止，妇子宁止。杀时犉牡，有捄其角。以似以续，续古之人。

以歌舞娱神是古人祭神时比较普遍采用的方式，秦汉时期也是如此。《盐铁论·散不足》说，在祭社之时，即便是贫穷之家，也要"鸡豕五芳，卫保散腊，倾盖社场"。《淮南子·精神训》曰："今夫穷鄙之社也，叩盆拊瓴，相和而歌，自以为乐矣。尝试为之击建鼓，撞巨钟，乃性仍仍然，知其盆瓴之足羞也。"《白虎通·社稷篇》："祭社有乐，《乐记》曰：'乐之施于金石丝竹，越于声音，用之于宗庙社稷。'"贫穷之地举行社祀活动，只能以击打陶盆瓦片为节奏，相和而歌，有财力的地方则可以"击建鼓，撞巨钟"了。击打建鼓的图像常见于汉代画像石，击鼓者执槌击鼓的同时，伴随舒展有力的舞蹈动作，场面十分热烈。《太平御览》卷五百三十二引王廙《春可乐》曰："吉辰兮上戊，明灵兮惟社。百室兮必集,祈祭兮树下。濯茆兮菹韭,啮蒜兮擗鲊。缥醪兮浮蚁,交觞兮并坐。气和兮体适,心怡兮志可。"王廙生活在西晋末、东晋初,《春可乐》中的这段文字写的就是当时春天祭社的场景,乡间闾里的人们聚集在社树之下,祭祀祈祷,并在祭事完毕之后分享祭品、欢乐畅饮。这一场景与汉代基本一致,借此可以想见汉代的情形。

很多民族至近世仍保留春天祭神祈求丰收、秋天农作物成熟时报答农神的习俗。以后者为例,四川理县桃坪乡羌族每年秋收后还愿时,由端公祈祷天神除农害、收野物。端公作法时,用青稞面做成各种害兽、害鸟,对其作法念咒,并用刀戳烂,然后将面屑埋入深坑,象征公害已除。[①]

云南独龙族每年把几家人合伙种植的山地收割完毕之后,要在地里作祭。具体仪式是,在收获前各家自己做点粑粑,杀一只鸡(或活的)带到地里,收获后,留下几捆庄稼放在一起,把粑粑(饼)和鸡祭上,然后一个人或几个人同时叫喊,大意是说:"伙种地搞生产,天神你永远保佑我们。伙种地搞生产,伙种地伙收割,天神姑你来收割你的种子,我们收去了你别生气,神爷神母快快来吃了。"念毕,将留下的几捆庄稼全部拿去。[②]

在谷物成熟季节,云南禄劝县的傈僳族会摘下数十穗谷子做成饭,先喂狗,然后供奉祖先,最后全家才能吃,称"尝新"。之所以要先喂狗,据说种子是狗从天上衔下来的,豆种和蓖麻子也是狗夹在尾巴

---

① 和志武等主编:《中国原始宗教资料丛编·纳西族、羌族、独龙族、傈僳族、怒族卷》,上海人民出版社,1993年,第499页。

② 和志武等主编:《中国原始宗教资料丛编·纳西族、羌族、独龙族、傈僳族、怒族卷》,第632页。

上带来人间。而武定县、元谋县的傈僳族把稻谷收割完毕后,先放在田间,举行把谷魂从田间叫到打谷场的仪式,再把稻谷搬运到打谷场,目的是请谷魂守好这些粮食。[1]

贡山怒族收获时,要把最早成熟的谷物首先供奉给崖神,然后自己方能食用。[2]

藏族在每年藏历七、八月间青稞黄熟以后、开镰收割的前两三天,举行"望果节"。节日的第一天早晨,当阳光洒满金黄麦田的时候,农民们要手持麦穗围着农田转圈游行,感谢上天给人们带来了风调雨顺的好年成。有的地方,转田的队伍前打头的一般是两个村姑打扮的"拉姆"(即仙女),以示天仙下凡同庆丰收。

第二节　祀稷神与祀灵星

稷神即五谷之神。《孝经援神契》说"稷为谷神","稷者,原隰之中能生五谷之祇"。又说:"稷者,五谷之长也……五谷众多不可遍祭,故立稷而祭之。"[3]稷本是五谷之一,因其在中国古代黄河流域农作物中占有重要地位,是人们日常饮食的主要来源,故而成为谷物的代表,成为五谷之神。与许多自然神的演变一样,稷作为五谷之神后逐渐人格化,《左传·昭公二十九年》蔡墨说:"稷,田正也,有烈山氏之子曰柱为稷,

---

[1]　和志武等主编:《中国原始宗教资料丛编·纳西族、羌族、独龙族、傈僳族、怒族卷》,第756、757页。

[2]　和志武等主编:《中国原始宗教资料丛编·纳西族、羌族、独龙族、傈僳族、怒族卷》,第871页。

[3]　赵在翰辑,钟肇鹏、萧文郁点校:《七纬》,中华书局,2012年,第679页。

自夏以上祀之。周弃亦为稷,自商以来祀之。"稷神在不同时期先后与传说中的烈山氏之子、周的祖先弃这两位对先民耕作有突出贡献的代表人物合而为一,在之后的中国农业社会中一直是人们崇敬的一个重要农神。

汉代,稷神之祀与灵星之祀合二为一。灵星,星名。又称天田星、龙星。古人认为灵星主农事,很早就作为农业神之一而予以祭祀。《诗·周颂·丝衣序》:"《丝衣》,绎宾尸也。高子曰:灵星之尸也。"则灵星之祭,至迟在周代已经出现。但先秦时期的灵星与稷分别祭祀,到汉代则以作为五谷之神的后稷配食灵星。《汉书·郊祀志上》:汉高祖七年,[①]"或言曰周兴而邑立后稷之祠,至今血食天下。于是高祖制诏御史:'其令天下立灵星祠,常以岁时祠以牛。'"颜注引张晏曰:"龙星左角曰天田,则农祥也。辰见而祭之。"因为祭灵星时以后稷配食,灵星又成为后稷的代称。《续汉书·祭祀志下》:"汉兴八年,有言周兴而邑立后稷之祀,于是高帝令天下立灵星祠。言祠后稷而谓之灵星者,以后稷又配食星也。旧说,星谓天田星也。一曰,龙左角为天田官,主谷。"王先谦《集解》:"灵星为后稷之代名。"如《续汉志》所说,龙星(天田星)的左角为天田官,主管五谷。这与后稷的功能相同。这应是汉代人让后稷配食灵星的起因。

灵星之祭每年春秋各一次。《汉旧仪》曰:"古时岁再祠灵星,春秋用少牢礼也。"对此,《论衡·祭意篇》的记载较为详细:

---

① 另有汉高祖四年、五年、八年等说,详参王利器:《风俗通义校注》,中华书局,1981年,第358—359页注[二]。

灵星之祭,祭水旱也,于礼旧名曰雩。雩之礼,为民祈谷雨,祈谷实也。春求雨,秋求实,一岁再祀,盖重谷也。春以二月,秋以八月。故《论语》曰:"暮春者,春服既成,冠者五六人,童子六七人,浴乎沂,风乎舞雩,咏而归。"暮春,四月也。周之四月,正岁二月也。二月之时,龙星始出,故传曰:"龙见而雩。"龙星见时,岁已启蛰,□□□:"□□而雩。"春雩之礼废,秋雩之礼存,故世常修灵星之祀,到今不绝。……龙星二月见,则雩祈谷雨。龙星八月将入,则秋雩祈谷实。……灵星者,神也;神者,谓龙星也。群神谓风伯、雨师、雷公之属。风以摇之,雨以润之,雷以动之,四时生成,寒暑变化。日月星辰,人所瞻仰。水旱,人所忌恶。四方,气所由来。山林川谷,民所取材用。此鬼神之功也。

据此,每年春二月、秋八月前后两次祭灵星,取祈年报功之义。春祭在春耕之前,主要是祈求风调雨顺。秋祭应是在农作物成熟,准备秋收之前,义在向灵星报功。《汉旧仪》:"(汉高祖)五年,修复周家旧祠,祀后稷于东南,①为民祈农,报厥功。夏则龙星见而始雩,龙星左角为天田,右角为天庭,天田为司马,教人种百谷为稷。灵者,神也。辰之神为灵星,故以壬辰日祠灵星于东南,金胜木为土相也。"是举行祭祀的具体日期需选择壬辰之日。《续汉书·祭祀志下》解释说:"祀用壬辰位祠之。壬为水,辰为龙,就其类也。"灵星之祀一般由官府主持,"牲用太牢,县邑令长侍祠"。祭祀仪式上,有十六位男少年举行模拟

---

① 《风俗通义·祀典第八》"稷神":"米之神为稷,故以癸未日祠稷于西南,水胜火为金相也。"所说与此不同。

农业生产过程的舞蹈，"舞者象教田，初为芟除，次耕种、芸耨、驱爵及获刈、舂簸之形，象其功也"。场面很隆重。

　　汉代祭祀灵星的画面在画像砖中有所反映。四川德阳出土汉代画像砖播种图（见图一），画面上有6人，前面4人，双手握执柄镰作出用力挥动割砍的样子，动作整齐，有类舞蹈；后面2人手执圆形器物，作播种的样子。画面上的田畦、树木历历在目，但田里没有任何庄稼或草木的影子，这和常见的以射猎或收获为主题的画像砖中通常都有草木、莲荷、鱼虾、飞禽、庄稼等画面完全不同（参见图二）。因此，于豪亮先生认为该画像砖反映的是汉代祭祀灵星时的舞蹈场面。[1] 高文先生不赞同于豪亮先生的说法，认为"此砖很可能为一种芟草播种农作的图像"。[2] 我个人认为于豪亮先生将该画像确定为灵星舞图还是有道理的，只是画面里挥动镰刀者的动作应如高先生所说是表示芟草，而非如于先生所说的收割庄稼。芟草和播种是灵星舞中的两个场面。古人在生产活动类的祭祀中往往将生产活动的主要动作程式化，以舞蹈的方式呈现出来，通过舞蹈来表达人类对神灵的敬重，舞蹈动作所呈现出的生产过程具有一定的神圣性。此类舞蹈最初在道具上通常还保留很多真实的因素，随着时间的推移，久而久之，原来的真实道具逐渐抽象化、象征化。

---

① 于豪亮：《祭祀灵星的舞蹈的画像砖的说明》，《考古通讯》1958年第6期。后收入《于豪亮学术论集》，上海古籍出版社，2015年。
② 高文编：《四川汉代画像砖》，上海人民美术出版社，1987年。

图一　1955 年四川德阳出土汉代画像砖"播种图"(拓片),四川省博物馆藏[①]

图二　成都市郊出土汉代画像砖"弋射、收获图"(拓片),成都市博物馆藏[②]

---

①② 　高文编:《四川汉代画像砖》。

在国外,许多农业民族也都有自己的谷神。例如古埃及的谷神是奥锡利斯,如农作物的生长、成熟、死亡一样,谷神每年也是死而复生,古埃及的祭司们每年为他举行死亡和复活的节日,这个节日主要是一个播种节,是在农人真正要在地里播种的时候举行。在这个场合,祭司把用泥土和谷物制作的谷神偶像埋在地里,以便奥锡利斯在地里死后可以随着新庄稼再生。这实际上是通过施用顺势巫术来保证庄稼的顺利生长。[①] 欧洲、美洲的许多地方则信仰五谷妈妈,认为五谷妈妈能使庄稼生长。如果她对某个农民生气了,就使他所有的谷子都枯萎掉。这些民族大都相信五谷妈妈会待在收获季节田地里最后一捆谷子中,有的民族把这最后一捆谷子拿回家,当作神物供奉起来。[②] 可见,谷神崇拜是古代农业社会的一个普遍现象,是人类在生产力不发达阶段不可避免的信仰观念。

第三节　土牛劝农

我国过去在民间有立春时举行出土牛、土人劝耕的活动。这个习俗起源很早,至迟在先秦时期就已如此。《太平御览》引唐《月令》:"十二月……计耦耕,修耒耜,出土牛,以示农耕之早晚。"注曰:"若立春在十二月望,则策牛人近前,示其农早也。立春在十二月晦及正月朔,则

---

① 〔英〕J. G. 弗雷泽著,徐育新等译:《金枝》,新世界出版社,2006 年,第 333 页。又,古埃及学者认为,奥锡利斯可能是古埃及前王朝时期的一位法老,他的统治十分有效,死后被尊为神。谷神奥锡利斯的化身之一。参〔英〕亚奇伯德·亨利·萨伊斯著,陈超、赵伟佳译:《古埃及宗教十讲》第七讲《欧里西斯神与欧里西斯信仰》,黄山书社,2009 年。

② 〔英〕J. G. 弗雷泽著,徐育新等译:《金枝》,第 352—372 页。

策牛人当中示其农平也。立春近正月望,则策牛人近后,示其农晚也。"秦汉时期,这一信仰习俗仍继续,传世文献与出土文献中有不少这方面的资料:

(1)《论衡·乱龙篇》:"立春东耕,为土象人,男女各二人,秉耒把锄;或立土牛。未必能耕也。顺气应时,示率下也。"

(2)《续汉书·礼仪志上》:"立春之日,夜漏未尽五刻,京师百官皆衣青衣,郡国县道官下至斗食令史,皆服青帻,立青幡,施土牛耕人于门外,以示兆民,至立夏。"

(3)《盐铁论·授时》:"田畴赤地,而停落成市,发春而后,悬青幡而策土牛,殆非明主劝耕稼之意,而春令之所谓也。"

(4)《张景碑》:[府告宛:男]子张景记言,府南门外劝[农]土牛,□□□□,调发十四乡正,相赋敛作治,并土人、犁、耒、艸、蓎、屋,功费六七十万,重劳人功,吏正患苦,愿以家钱,义作土牛,上瓦屋、栏楯什物,岁岁作治。乞不为县吏、列长、伍长征发小徭。审如景[言],施行复除,传后子孙。明检匠所作,务令严事。毕成,言。会廿□,府君教。大守丞印。延熹二

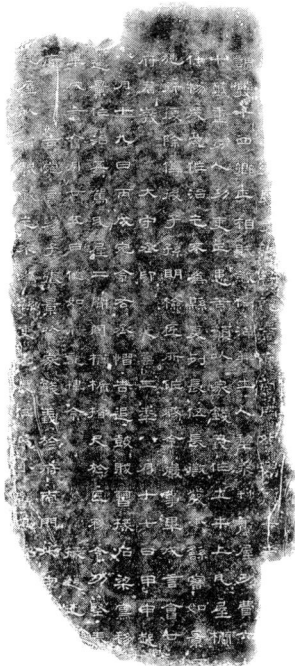

图三 《张景碑》

年,八月十七日甲申起□。八月十九日丙戌,宛令右丞憘告追鼓
贼曹掾石梁写移,遣景作治五驾瓦屋二间,周栏楯拾尺,于匠务令
功坚。奉□毕成,言。会月廿五日。他如府记律令。掾赵述□□
府告宛:言男子张景,以家钱义于府南门外守□□□瓦屋,以省赋
敛,乞不为县吏、列长、伍长、小徭□□。①

从这几条材料看,汉代立春时造土牛、土人劝耕,是在上至朝廷,下至
郡国县道各级官府直接管理之下举行。用土牛和男女土人表现出耕
田、播种、锄耘的样子,竖起青幡,立于城门外,是政府以原始信仰活动
的方式实现对农业生产的督促和间接管理。任何宗教信仰活动,都需
要大量的财物支撑,参与者则是这些费用的直接承担者。从张景碑反
映的情况看,该项活动所必需的土牛、土人、犁、耒、锄、草、席子(蓆)、
屋、栏楯等的制作费用,是从民众那里专门征收的,其数额每年达六七
十万钱,成为当时民众的一项固定负担。南阳郡的张景因为不想承担
无休无止的劳役征发,主动提出由他来负责每年的劝农土牛、土人等
物件的制作,以此来代替其他劳役的征发,这说明当时的力役之征对
民众造成的负担在某种程度上超过了赋税。

第四节　祠先农

先农即传说中的神农氏,他是秦汉农业生产中被特别崇拜的神灵,

---

① 郑杰祥:《南阳新出土的东汉张景造土牛碑》,《文物》1963 年第 11 期;高文:《汉碑
集释》,河南大学出版社,1997 年,第 227—228 页。

经常受到人们的祭祀。《汉旧仪》："春始东耕于藉田,官祠先农。先农即神农炎帝也。祠以一太牢,百官皆从。皇帝亲执耒耜而耕。天子三推,三公五,孤卿十,大夫十二,士庶人终亩。"[1]传说神农氏发明了耒耜等农具,使人们有了辟地种谷的便利。因其在我国原始农业初始期的突出贡献,受到后世的崇拜。《续汉书·礼仪志上》说正月皇帝带领大臣行藉田礼时,首先要祭祀先农,"昼漏上水初纳,执事告祠先农"。刘昭《注补》引贺循《藉田仪》曰:"汉耕日,以太牢祭先农于田所。"同书《祭祀志下》"先农"条说:"县邑常以乙未日祠先农于乙地,以丙戌日祠风伯于戌地,以己丑日祠雨师于丑地,用羊豕。"先农崇拜在长期的流传过程中,与社神、稷神、风伯、雨师等一样,成为农业生产原始信仰的重要神灵。

皇帝正月行藉田礼时要祭祀先农,二月、三月也都是需要祭祀先农的日子。《风俗通义·祀典第八》"先农"条:"《春秋左氏传》曰:'夏四月,三卜郊,不从,乃免牲,孟献子曰:吾乃今而知有卜筮。夫郊祀后稷,以祈农事也,是故启蛰而郊,郊而后耕。今既耕而卜郊,宜其不从也。'周四月,今二月也,先农之时也。"这是说二月也是祭祀先农之时。

里耶秦简中有很多记录钱、粮、物等出入的校券,其中有一部分的内容与祭祀先农有关,时间则在三月。张春龙先生有专文介绍这部分秦简,[2]下面转引几条的简文亦作参考:

(1)☑盐四分升一以祠先农。　（简[14]4）
(2)卅二年三月丁丑朔丙申,仓是、佐狗出群一以祠先农。

---

①　孙星衍等辑,周天游点校:《汉官六种》,中华书局,1990 年,第 102—103 页。
②　张春龙:《里耶秦简祠先农、祠窖和祠堤校券》,《简帛》第二辑,上海古籍出版社,2007 年。

（简[14]639、762）

　　（3）卅二年三月丁丑朔丙申,仓是、佐狗出黍米四斗以祠先农。　（简[14]656、[15]434）

　　（4）卅二年三月丁丑朔丙申,仓是、佐狗杂出祠先农馀彻羊头一、足四,卖于城旦赫所,取钱四。　（简[14]300、764）

　　（5）卅二年三月丁丑朔丙申,仓是、佐狗出祠先农馀彻肉二斗,卖▨　（简[14]675）

　　（6）卅二年三月丁丑朔丙申,仓是、佐狗出祠先农馀彻肉二斗,卖于大▨　（简[14]490）

　　（7）卅二年三月丁丑朔丙申,仓是、佐狗出祠[先]农馀肉汁二斗,卖于城旦□所▨　（简[14]654）

　　（8）卅二年三月丁丑朔丙申,仓是、佐狗出祠[先]农馀彻酒一斗半斗,卖于城旦最所,取钱一。衡之一斗半斗一钱。令史尚视平,狗手。　（简[14]650、652）

　　（9）卅二年三月丁丑朔丙申,仓是、佐狗出祠[先]农馀彻豚肉一斗半斗,卖于城旦赫所,取钱四。令史尚视平,狗手。　（简[14]649、679）

这几枚秦简记录的内容都与祭祀先农有关,主要是关于先农祭所需要的祭品以及事后祭品如何处理的问题。此时,春天的播种很快就要开始,祭祀先农,属于耕种前对先农神的祈求、祷告,希望先农神保佑粮食等作物获得丰收。

　　秦汉时期,先农神(神农氏)的崇拜也反映在汉画像石中。例如山东省嘉祥武梁祠西壁画像第二层自右至左依次为伏羲、女娲、祝融、神农、黄帝、颛顼、帝喾、尧、舜、禹、桀等古代传说中的帝王图像。其中的神农氏头戴斜顶进贤冠,手拿耜作翻地状。左边有榜题:"神农氏因宜教田,辟土种谷,以振万民。"①(图四)江苏省徐州市铜山县苗山汉墓前室前壁门西画像石有一幅图像,图中一神人右手持耒耜,左手牵朱雀,下方是一头带翼的神牛衔草。此图像无榜题,从内容看,也应是神农氏。②(图五)这表现的是汉代民间对先农神的崇拜。

图四　武梁祠西壁画像石"神农氏"图像③

图五　徐州市铜山县苗山汉墓画像石"神农氏炎帝"图像④

---

① 朱锡禄编著:《武氏祠汉画像石》图1,山东美术出版社,1986年。
② 徐州市博物馆:《徐州汉画像石》图90,江苏美术出版社,1985年。
③ 中国画像石全集编辑委员会编:《中国画像石全集》,第1卷,河南美术出版社、山东美术出版社,图四九。
④ 中国画像石全集编辑委员会编:《中国画像石全集》,第4卷,图五一。

不仅官方举行庄重的仪式祭祀先农神,民间也很认真地进行祭祀。周家台三〇号秦墓简牍中有一组"祠先农"简,记载了平民在腊日祭祀祈祷先农的仪式与祷辞(图六):

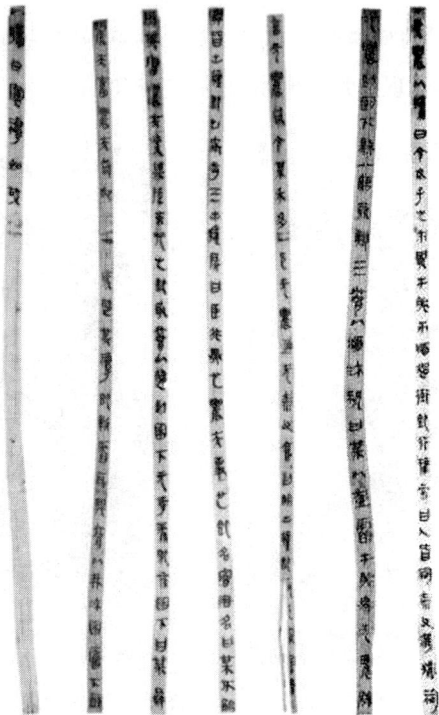

图六　周家台三〇号秦墓竹简第 347—353 号

●先农:以腊日,令女子之市买牛胙、市酒。过街,即行捽(拜),言曰:"人皆祠泰父,我独祠先农。"到囷下,为一席,东乡(向),三腏,以酒沃,祝曰:"某以壶露、牛胙,为先农除舍。先农笱

（苟）令某禾多一邑，先农恒先泰父食。"到明出种，即□邑最富者，与皆出种。即已，禹步三，出种所，曰："臣非异也，农夫事也。"即名富者名，曰："某不能肠（伤）其富，农夫使其徒来代之。"即取掇以归，到囷下，先侍豚，即言囷下曰："某为农夫畜，农夫筍（苟）如□□，岁归其祷。"即斩豚耳，与掇以并涂囷膺下。　　（《周家台三〇号秦墓简牍》简 347—简 353）①

　　这组简文很珍贵，它详细介绍了当时普通百姓是如何在腊日祭祀、祷告先农的。祭祀的时间是腊日。根据出土资料，秦代大致是定在每年的十二月二十五日。例如湖北荆州关沮秦墓出土的《秦始皇三十四年历谱》"十二月辛酉"下标注："丁酉朔，二十五日辛酉嘉平。"又《秦二世元年历谱》木牍背面有："以十二月戊戌嘉平，月不尽四日，十二[月]己卯□到。"嘉平即腊。《史记·秦始皇本纪》："三十一年十二月，更名腊曰嘉平。"据《秦二世元年历谱》，十二月甲戌朔，是小月，戊戌为二十五日，距月末恰好四日。两件不同的历谱反映秦代腊节的日期都是在十二月二十五日，这应当不是偶然。

　　祭祀的地点是囷下，即粮仓、粮囤的旁边。祭祀用的物品有牛肉、美酒，这对当时普通人来说是最好的饮食，把它们供献给先农神，可见先农神在人们心中的地位。祭祀前在席子上摆放好。腊日当天举行第一次祭祀，第二天取出粮食种子时，再次祭祀，用整只猪祭祀，最后割下猪耳朵，与其他祭品一起涂抹在粮仓上。这种仪式应该是表示把祭品成功地敬献给了先农神。祭祀时需要口念祷告之词，既为表示对

---

① 湖北省荆州市周梁玉桥遗址博物馆编：《关沮秦汉墓简牍》，中华书局，2001 年。

先农神的敬重,又向先农(简文中又称"农夫"①)提出自己的愿望,希望先农能保证祭祷者当年的耕作获得丰收,富甲于乡邑。

秦人在腊日以及取出粮种的时候,乃至于耕种之前,先后多次祭祷先农,显然是认为先农神对农作物种植的意义十分重要,希望获得先农的助佑。

周家台秦简所记录的祭祀先农神仪式比较简单,显然属于个人或小家庭类型的祭祀,一般只颂说祈祷的祝文,没有乐歌之类的排场。类似的事例也见于《史记》,其中的《滑稽列传》记载了齐威王八年(前349)淳于髡讲的一个故事:

> 髡曰:"今者臣从东方来,见道傍有禳田者,操一豚蹄,酒一盂,祝曰:'瓯窭满篝,污邪满车,五谷蕃熟,穰穰满家。'臣见其所持者狭而所欲者奢,故笑之。"

因为禳田者用微薄的祭品祈求丰厚的报偿,故而淳于髡讲这件事,想以此让齐威王明白向赵国求救兵所送的礼品太少。"禳田",司马贞《索隐》曰:"谓为田求福禳。"瓯窭,《索隐》曰:"瓯窭犹杯楼也。窭音如娄,古字少耳。言丰年收掇易,可满篝笼耳。"《正义》:"瓯楼谓高地狭小之区,得满篝笼也。"污邪,《索隐》:"司马彪云'污邪,下地田'。即下田之中有薪,可满车。"淳于髡说的这位禳田者希望自己耕种的田地能够获得大丰收,甚至高处狭小而干旱的田地和低洼易涝的田地也

---

① 也有学者认为简文中的"农夫"指农神。"农夫本为古田官名,其有功者死后即为神。先农和农夫都是农神,但先农是始教民耕种的神,农夫则是负责农作管理的神。"见王贵元:《周家台秦墓简牍释读补正》,载《考古》2009 年第 2 期。

照样有好收成,粮食盛满篝笼,刍稿积满车辆,家里堆满五谷。这里祈祷者所祈祷的对象是否是先农神,史书没有说明,但无疑应该也是主管农事的神灵,与先农属于同一类的神灵。禳田者使用的祭品确实不多,只有猪蹄一个和酒水一杯,与周家台秦简反映的情况差不多。看来,自战国到秦,民间祭祀农神的仪式都很简单,无怪乎淳于髡笑话说这是"所持者狭而所欲者奢"。汉代民间祭祀先农神的情况,史无明文,估计也大同小异。

官方祭祀先农,则庄重得多,既诵读祝文,还要配置热闹的乐歌。而且,与民间祭祀时使用的简单的口头祝词相比,官府的祝文是经过认真准备的,言辞典雅,不像民间祝文那样直白。例如湖南郴州苏仙桥十号古井出土的西晋简:[①]

> 为坛,松柏为主,白茅为籍,秬鬯为酒,其 （简1-18）
>
> ……
>
> 祖君来降,灵驾楚楚,歆享洁祀,福禄 （简1-17）
>
> ……
>
> 阳,隆惠雨施,德合无疆,赉庆我后,四方之纲。臣庶 （简3-114）
>
> ……
>
> 赐福,咸称万岁。 （简3-127）
>
> 右正月祠先农祝文。 （简1-16）

---

① 湖南省文物考古研究所、郴州市文管处:《湖南郴州苏仙桥遗址发掘简报》,《湖南考古辑刊》第八辑,岳麓书社,2009年。

　　这是西晋时期桂阳郡府祭祀先农的祝文,出土于今湖南郴州苏仙桥的一口古井中,简文散乱残缺,已经不能完整复原。这里只是根据文义试作了排比,中间的阙简用省略号表示。① 该祝文虽属西晋,但其基本内容和语言特点,应与汉代官府的祭祀祝文相去不远,这与周家台秦简的民间祝文差异很大。

　　大约自东汉章帝时始,祭祀先农时配以乐歌。《南齐书·乐志》:"汉章帝元和元年,玄武司马班固奏用《周颂·载芟》祠先农。晋傅玄作《祀先农先蚕夕牲歌诗》一篇八句,《迎送神》一篇,《飨社稷》《先农》《先圣》《先蚕歌诗》三篇,前一篇十二句,中一篇十六句,后一篇十二句,辞皆叙田农事。胡道安《先农飨神诗》一篇,并八句。乐府相传旧歌三章。永明四年藉田,诏骁骑将军江淹造《藉田歌》。淹制二章,不依胡、傅,世祖口敕付太乐歌之。"这说明早先的先农祭祀是没有乐歌的,自汉章帝开始,官府祭祀先农必配以乐歌。当然,民间的个人或小家庭祭祀应该是没有条件配以乐歌。

第五节　关于作物种子的信仰和压胜术

　　种子的选择和处理在农作物种植中是非常重要的一个环节。秦汉时期,对于作物种子形成了不少信仰。上面列举的周家台秦墓出土的祠先农简,不仅反映了当时普遍的先农崇拜,也体现了与作物种子有关的信仰习俗,即人们在每年腊日祭祷了先农,向先农祈祷、许愿之

---

① 美国学者夏德安先生复原的简文次序与本文不同,详参〔美〕夏德安:《湖南郴州苏仙桥西晋古井 J10 的"正月祠先农祝文"》,甘肃省第二届简牍学国际学术研讨会论文,2011 年,甘肃兰州。

后,才取出作物种子。当时人相信先农神能够左右着农作物的生长,决定着作物收成的好坏,而经过这种神圣仪式之后的作物种子会产生魔力,播种了这样的种子就有丰收、致富的希望。这与五谷之神的作用相同,只是角色发生了变化。

由于谷物从种植、生长再到结穗,其过程与人类女性繁育后代有着很多相似之处,这使古人认为妇女对谷物的生长有着特殊的意义,在种子的采集、贮存、播种等过程中很重视妇女的参与,许多环节需要由妇女担当。这种习俗在《周礼·天官·内宰》中还有记载:

> 上春,诏王后帅六宫之人而生穜稑之种,而献之于王。
>
> 郑玄注:"六宫之人,夫人以下分居后之六宫者。古者使后宫藏种,以其有传类蕃孳之祥。必生而献之,示能育之,使不伤败,且以佐王耕事共禘郊也。郑司农云:'先种后孰谓之穜,后种先孰谓之稑,王当以耕种于藉田。'"
>
> 贾公彦疏:"上春"者,亦谓正岁。以其春事将兴,故云上春也。内宰以上春建寅之月,又诏告王后帅领六宫之人而生穜稑之种,而献之于王者,一则助王耕事,二则示于宫内,无伤败之义也。……云"古者使后宫藏种,以其有传类蕃孳之祥"者,王妃百二十人,使之多为种类藏种者,亦是种类蕃孳之祥,故使藏种也。云"必生而献之,示能育之,使不伤败"者,生此种乃献之,非直道此种不伤败,示于宫内怀孕者,亦不伤也。

据郑玄注、贾公彦疏,古代由后宫收藏作物种子,因为妇女有孕育、繁衍后代的特性,妇女负责收藏作物种子,并在藉田前试为育种,都是借助妇女具有繁衍后代的能力,实现谷种在播种后不伤败腐烂,达到出苗整齐、生长苗壮的目的,从而保证丰收。妇女贮存谷种并作育种试验,是采用交感巫术,把妇女繁衍后代的生理本能传给作物种子,使种子的发育、生长能力更旺盛,同样,也希望育种试验的成功,使妇女容易怀孕,生育后代。这种基于巫术思想的礼仪,在南朝刘宋时依然保留。《通典》卷四十六《籍田》:"宋文帝元嘉二十一年,将亲耕。……将耕,宿设青幕于耕坛之上。皇后帅六宫之人出穜稑之种,付籍田令。"藉(籍)田所用的谷种仍由皇后率后宫之人保管、取出。可见这一习俗沿袭之久。借用妇女孕育、生殖的功能来保存谷物种子、祈祷丰产的习俗,在我国起源应该很早。考古工作者在部分新石器时代农业型文化遗址中发现一些女性或孕妇造型的彩陶罐,此类陶罐大多腹部隆鼓。有学者认为这种彩陶罐是一个"储种罐",是原始时代祈殖巫术所用器具,把腹型隆鼓的陶容器比拟为孕妇的肚腹,将储种与人类孕育相比拟,期望藏放其中的种子具有神奇的力量,获得丰产。[1]

---

[1]　张广立等:《黄河中上游地区出土的史前人形彩绘与陶塑初释》,《考古与文物》1983 年第 3 期。杨泓:《中国古文物中所见人体造型艺术》,《文物》1987 年第 1 期。按,有学者进一步指出,这种陶器所贮藏的谷种,并非一般意义的种子,应是在收获季节经精心挑选的,并被当时人们确信有谷魂寄居其中的神种,人们将容纳谷魂的圣器供奉于特殊的场合,在春播前要施行某种催殖孕化巫术,然后将这些具有特异功能及神秘效力的神种和一般谷种掺合在一起,使之相互触染后,分别播撒到土壤中。只有如此,经过孕化的神种所具有的特异的精灵之气才会传染给所有谷种以及土地,从而激发土地的生殖力和活力,促使农作物丰产。孕妇造型的陶容器,与其叫"储种罐",不如叫"谷魂罐""谷神罐"或"祈殖罐"。这类具有特殊功能的圣器数量有限,并非每个家庭所必备,通常应保存于氏族首领或年长妇女的居处。它集储种、孕种、祈殖功能于一体,主要在秋收后至第二年春播前这一段时间内具有实际用途。孕妇造型的陶器和农事巫术相辅相成,由巫师念咒,祈求丰产,在播种季节撒入田地。企图通过巫术将特异的精气注入种子,触染土地以求获丰收。详参李锦山:《从出土文物谈史前贮种育种及祈殖巫术》,《农业考古》1997 年第 1 期。

此说有道理。两汉时期,这一类巫术应该不会中断,且汉代阴阳五行思想与巫风之盛行,此类交感巫术必然为很多人认可,只是由于相关文献的记载缺略,难以举出直接的证据。但在睡虎地秦简《日书乙种·秦除篇》所附《五谷良日》中,有"己□□□□出种及鼠(予)人"的语辞,说明战国以来,人们在决定取出谷种播种时,还要考虑在哪个日子合适,如果在不合适的日子取出储存的种子,大概播种下去之后不易出苗,至少不会获得好收成。战国以来的类似禁忌由此可见一斑。

秦汉时期,与作物种子相关的信仰中,有一种处理种子的压胜术。《氾胜之书》记载有下面的处理粮种的方法:

> 薄田不能粪者,以原蚕矢杂禾种种之,则禾不虫。又取马骨挫一石,以水三石,煮之三沸;漉去滓,以汁渍附子五枚,三四日去附子,以汁和蚕矢、羊矢各等分,挠令洞洞如稠粥。先种二十日时,以溲种如麦饭状,常天旱燥时溲之,立干。薄布数挠,令易干,明日复溲。天阴雨则勿溲。六七溲而止。辄曝谨藏,勿令复湿。至可种时,以余汁溲而种之,则禾不蝗、虫。
>
> 牵马令就谷堆,食数口,以马践过为种,无好蚄等虫也。①

在取用粮食种子播种之前,用马骨汁浸泡处理粮种,以及让马吃几口存放的粮种,再让马践踏一遍,汉代人认为经过这样处理的种子长出的农作物,将来不会招蚄蚄、蝗虫之类的虫害。汉代人为什么会认为马对预防作物虫害有作用呢?《氾胜之书》佚文中有如下几段:

———————————

① "无蚄蚄等虫也",《齐民要术》卷一引作"无蚄蚄,厌蚄蚄虫也"。

尹泽取减法《神农》，复加之骨汁、粪汁溲种：挫马骨、牛、羊、猪、麋、鹿骨一斗，以雪汁三斗，煮之三沸，取汁以渍附子，率汁一斗，附子五枚。渍之五日，去附子。捣麋、鹿、羊矢，等分，置汁中，熟挠和之。候晏温，又溲曝，状如《后稷法》，皆溲汁干乃止。若无骨，煮缲蛹汁和溲。如此，则以区种之。大旱，浇之，其收至亩百石以上，十倍于后稷。此言马蚕，皆虫之先也，及附子，令稼不蝗、虫，骨汁及缲蛹汁皆肥，使稼耐旱，终岁不失于获。

这段文字也是讲使用马等动物的骨头熬制汁液来处理作物种子，其中"此言马蚕，皆虫之先也，及附子，令稼不蝗、虫，骨汁及缲蛹汁皆肥，使稼耐旱，终岁不失于获"几句话，石声汉先生认为："很怀疑是后人所加案语。"在他的辑本中未算作正文。从行文看，这几句话确实难以看作《氾胜之书》的正文，但其所表述的意思恰恰能够解除我们对汉代人钟情于用马骨、蚕粪汁浸泡，以及通过马匹吃、踏等方式来处理农作物种子的疑惑。汉代人之所以认为马对预防农作物病虫害有作用，应该是他们认为马、蚕等对农作物害虫有压胜作用。

周家台三〇号秦墓出土简牍中，有一枚简上的内容也是讲如何采用巫术的方式处理禾的种子：

●取户旁腏黍，裹臧（藏）到种禾时，燔冶，以殽种种，令禾毋闻（稂）。 《周家台三〇号秦墓简牍》简354）①

————————

① 湖北省荆州市周梁玉桥遗址博物馆编：《关沮秦汉墓简牍》，中华书局，2001年，第133页。

将门户旁边祭神用的黍饭收藏起来,等到播种时,把收藏的祭神黍饭烧成焦糊状,捣作细末,加水搅和好,与种子搅拌在一起,当时人们认为这样处理过的种子播下后,将来不会出现颗粒干瘪或无颗粒的情况。采取这种做法的依据大概是认为祭神用的黍饭被神享用过,沾上了神的力量,用它加工的细末和水搅拌种子,使得种子也有了某种魔力。这显然没什么科学依据,也是一种祈求作物丰收的巫术。这样做顶多在客观上使种子有了一点点包裹着的肥料而已,所发挥的作用也很有限。

刘道超先生在广西各地农村进行民俗调查,发现多种在清代抄录并保存至今的择吉通书,其中的内容之一就是"浸谷种吉日",如甲辰、甲午、乙巳、丙午、丁未、戊申、乙酉、己亥、庚午、辛未、壬午、乙丑、壬辰等都是浸谷种的吉日。[1] 说明与种子有关的某些信仰禁忌流传得相当久远。

第六节　五谷良日、忌日

所谓五谷良日、忌日,指的是哪天宜于播种某种谷物,哪天不宜播种某种谷物。从传世文献以及出土简牍资料看,秦汉时期有关五谷良日、忌日之类的说法很流行。在这种择日宜忌观念的指导下,耕田择吉日,播种也择吉日,而且不同的作物,播种的吉日也不相同。

《齐民要术》所征引《杂阴阳书》《氾胜之书》之类的佚文就反映这方面的吉凶禁忌:

---

① 刘道超、周荣益:《神秘的择吉》,广西人民出版社,2007 年,第 179 页。

（1）《氾胜之书》曰："小豆忌卯，稻、麻忌辰，禾忌丙，黍忌丑，秫忌寅、未，小麦忌戌，大麦忌子，大豆忌申、卯。凡九谷有忌日，种之不避其忌，则多伤败。此非虚语也。其自然者，烧黍穰则害瓠。"[1]　（《齐民要术》卷一《种谷》引）

（2）《杂阴阳书》曰："禾'生'于枣或杨。九十日秀，秀后六十日成。禾'生'于寅，'壮'于丁、午，'长'于丙，'老'于戊，'死'于申，恶于壬、癸，忌于乙、丑。"（《齐民要术》卷一《种谷》引）

（3）"凡种五谷，以'生''长''壮'日种者多实，'老''恶''死'日种者收薄，以忌日者败伤。又用'成''收''满''平''定'日为佳。"（《齐民要术》卷一《种谷》引）

（4）《杂阴阳书》曰："黍'生'于榆。六十日秀，秀后四十日成。黍'生'于巳，'壮'于酉，'长'于戌，'老'于亥，'死'于丑，恶于丙、午，忌于丑、寅、卯。穄，忌于未、寅。"（《齐民要术》卷一《黍穄》引）

（5）《杂阴阳书》曰："大豆'生'于槐。九十日秀，秀后七十日熟。豆'生'于申，'壮'于子，'长'于壬，'老'于丑，'死'于寅，恶于甲、乙，忌于卯、午、丙、丁。"（《齐民要术》卷二《大豆》引）

（6）《杂阴阳书》曰："小豆'生'于李。六十日秀，秀后六十日成。成后，忌与大豆同。"（《齐民要术》卷二《小豆》引）

（7）《杂阴阳书》曰："麻'生'于杨或荆。七十日花，后六十日熟。种忌四季——辰、未、戌、丑——戊、己。"（《齐民要术》卷二

---

① 贾思勰撰，缪启愉校释，缪桂龙参校：《齐民要术校释》，农业出版社，1982年。下同。

《种麻子》引)

（8）《杂阴阳书》曰："大麦'生'于杏。二百日秀，秀后五十日成。麦'生'于亥，'壮'于卯，'长'于辰，'老'于巳，'死'于午，恶于戌，忌于子、丑。小麦'生'于桃。二百一十日秀，秀后六十日成。忌与大麦同。虫食杏者麦贵。"（《齐民要术》卷二《大麦》引）

（9）《杂阴阳书》曰："稻'生'于柳或杨。八十日秀，秀后七十日成。戊、己、四季日为良。忌寅、卯、辰。恶甲、乙。"（《齐民要术》卷二《水稻》引）

《开元占经》卷一百十一《八谷占》"八谷生长"引《神农》的说法与《杂阴阳书》基本一致：

《神农》曰：禾生于枣，出于上党羊头之山右谷中，生七十日秀，六十日熟，凡一百三十日成，忌于寅卯。黍生于榆，出于大梁之山左谷中，生六十日秀，四十日熟，凡一百日成，忌于丑。大豆生于槐，出于沮石之山谷中，九十日华，六十日熟，凡一百五十日成，忌于卯。小豆生于李，出于农石之山谷中，生六十日华，五十日熟，凡一百一十日成，忌于卯。秫生于杨，出于农石之山谷中，七十日秀，六十日熟，凡一百三十日成，忌于午。荞麦生于杏，出于长石之山谷中，生二十四日秀，五十日熟，凡七十五日成，忌于子。麻生于荆，出于农石之山谷中，生七十日秀，六十日熟，凡一百三十日成，忌于未午辰亥日。小麦生于桃，出于须石之山谷中，生三百日秀，三十日熟，凡三百三十日成，忌于子。稻生于柳,出于农石之山谷中,生八十日秀,七十日熟,凡百五十日成,忌于亥。

又说:

> 五谷生长日种者多实,以老死日种者,无实又难生,以忌日种之,一人不食。
>
> 禾生于巳,疾于酉,长于子,老于戌,恶于丙丁,忌于寅卯。黍生于寅,疾于午,长于丙丁,老于戌,死于申,恶于壬,忌于丑。豆生于申,疾于子,长于壬,老于丑,恶于甲乙,忌于丙丁。麦生于酉,疾于卯,长于辰,老于午,死于巳,恶于戌,忌于子。

以上征引的《杂阴阳书》《氾胜之书》《神农》等文献,其形成时间大致不晚于汉代,其中《杂阴阳书》的作者不明,《汉书·艺文志》诸子当中的阴阳家中有"《杂阴阳》三十八篇,不知作者",二者或为一书亦未可知,至少应该有渊源。《神农》很可能就是《艺文志》农家中的《神农》二十篇,原注曰:"六国时,诸子疾时怠于农业,道耕农事,托之神农。"颜师古注曰:"刘向《别录》云疑李悝及商君所说。"盖此书乃汇集战国时李悝及商鞅农学思想的著作,书名则假托神农。《氾胜之书》是西汉成帝时氾胜之所撰,《艺文志》著录作十八篇,今则只有辑佚本。这些农学或与农学有关的著作都专门开辟篇章讨论五谷的良日、忌日,比较好地反映了这个时期在这方面的一些基本观念。

考古发现的秦汉《日书》类简牍中也有相类似的资料:

其一：

　　禾良日，己亥、癸亥、五酉、五丑。
　　禾忌日，稷龙寅、秫丑，稻亥，麦子，菽、荅卯，麻辰，葵癸亥。
　　各常□忌，不可种之及初获出入之。辛卯不可以初获禾。
　　（《睡虎地秦墓竹简·日书甲种·秦除篇》，简17正叁—简23正叁）

其二：

　　五种忌，丙及寅禾，甲及子麦，乙巳及丑黍，辰麻，卯及戌叔（菽），亥稻，不可以始种及获赏（尝），其岁或弗食。
　　（《睡虎地秦墓竹简·日书甲种·田忌篇》，简151背—简152背）①

其三：

　　五谷良日，己□□□□出种及鼠（予）人。壬辰、乙巳，不可以鼠（予）。子，亦勿以种。
　　五谷龙日，子麦、丑黍、寅稷、辰麻、申戌叔（菽）、壬辰瓜、癸葵。

---

① 《睡虎地秦墓竹简·日书乙种·鸡日篇》附（简46贰—简52贰）所在"五种忌日"与此基本相同。

（《睡虎地秦墓竹简·日书乙种·秦除篇》附，简 64—简 65）

其四：

　　［五］种忌：子麦，丑黍，寅稷，卯菽，辰□，巳□，未秫，亥稻。不可种、种、获及赏（尝）。

（《天水放马滩秦简·日书乙种》简 320《五种忌》）

其五：

　　●禾良日：乙亥、己亥、癸亥、甲戌、巳、庚，大吉。其忌日：六丙、①寅、卯，不可种。

　　●粟［良］日：戊午、戊戌、甲子、乙亥、甲戌、庚，大吉。其忌日：六壬、五寅丑，不□□（可种）。

　　●豆良日：庚、辛、壬、癸、五子丑寅，大吉。其忌日：戊、己、戌、亥，不可种。

　　●麻良日：六丙、辛、五□子、癸丑，大吉。其忌日：己、庚、壬、癸，五□，不可种。

　　●麦良日：丙午、戊午、庚午、壬午，大吉。其忌日：甲、乙、五

---

① 　六丙，指六十甲子中的丙寅、丙子、丙戌、丙申、丙午、丙辰六日。同样，下文的"六壬"指六十甲子中的壬申、壬午、壬辰、壬寅、壬子、壬戌；"五寅丑"即五寅和五丑，五寅指六十甲子中的甲寅、丙寅、戊寅、庚寅、壬寅，五丑指六十甲子中的乙丑、丁丑、己丑、辛丑、癸丑；五子丑寅即五子、五丑、五寅，六丙辛即六丙、六辛，等等，皆六十甲子中带有相关地支的日子。

子,不可种。

●稻良日:甲子、乙□、庚子、辛丑、癸丑,大吉。其忌日:丙、丁……不可种。

●正月、二月、三月、四月丁未、戊申,不可……

(《中国简牍集成》第十七册"湘桂甘青陕卷",杜陵墓出土汉代木牍《日书·农事篇》)

其六:

种忌日:子麦,丑黍,辰禾,亥稻,戌叔,不可种及赏。

(《印台墓地出土大批西汉简牍》图2-10,见《荆州重要考古发现》)①

其七:

始穜(种):

正月七日,二月十四日,三月廿一日,四月八日,五月十六日,六月廿四日,七月九日,八月十八日,十月七日,十一月廿日,十二月卅,以穜(种),一人弗食也。

辰、巳不可穜(种)、出穜(种),乙巳、壬[辰]不可予、入五穜(种)。五月东井利澍(树)蓝、韭,司清。

已亥、癸亥、丑、酉,皆禾吉日也。

---

① 荆州博物馆编:《荆州重要考古发现》,文物出版社,2009年。

麦龙子，稷龙寅，黍龙丑，稻龙戌，叔（菽）龙卯，麻龙辰。

（《随州孔家坡汉墓简牍·日书》简 452—简 455）[1]

　　上面列举的材料，既有传世文献，也有出土简牍，这些材料一致表明，秦汉时期种植农作物时，人们特别关注在哪些日子适合播种某种农作物，[2]哪些日子不适合播种。适合播种的日子是"良日"，不适合播种的日子是"忌日"。良日、忌日有多种情况，例如上引《杂阴阳书》提到"四季"，也属于良日的一种，而不是指春夏秋冬四季。《淮南子·天文训》以天干地支与五行相配，认为："甲乙寅卯，木也；丙丁巳午，火也；戊己四季，土也；庚辛申酉，金也；壬癸亥子，水也。"这里也提到"四季"，从中可以看出"四季"应该是指地支中属土的辰、未、戌、丑，逢此四日支的四个日子为"四季日"。

　　秦简中有"龙日"之说，则是忌日的一种。睡虎地秦简《日书》整理小组注："《淮南子·要略》：'操舍开塞，各有龙忌。'注：'中国以鬼神之

---

① 　湖北省文物考古研究所、随州市考古队编：《随州孔家坡汉墓简牍》，文物出版社，2006 年，第 184 页。

② 　秦简《日书》所说的"五谷""五种"等概念，含义比较宽泛，它并非仅限于五种主要的农作物，而是一种泛称。例如睡虎地秦简《日书》甲种中的"五种"包括六种粮食作物（禾、麦、黍、麻、菽、稻），睡虎地秦简《日书乙种》中的"五谷"包括七种作物（麦、黍、稷、麻、菽、瓜、葵）；放马滩秦简《日书乙种》中的"五种"包括八种作物（麦、黍、稷、菽、□、□、秫、稻）。可见，当时所谓"五谷""五种"等概念，不仅指麦、黍、稷、菽、豆等重要粮食作物，还涵盖了瓜、葵等蔬菜。参见刘乐贤：《睡虎地秦简日书研究》，第 45—46 页；贺润坤：《从云梦秦简〈日书〉的良、忌日看〈氾胜之书〉的五谷忌日》，《文博》1995 年第 1 期；金良年："五种忌"研究──以云梦秦简〈日书〉为中心》，《史林》1999 年第 2 期。

事日忌,北胡、南越皆谓之请龙。'故龙意即禁忌。"①"五谷龙日"即"禾忌日"。随州孔家坡汉简《日书》的"麦龙子,稷龙寅,黍龙丑,稻龙戌,叔(菽)龙卯,麻龙辰",也是说这六种谷物的播种忌日分别是子、寅、丑、戌、卯、辰。

此外,播种五谷日子的选择中还有"生""长""壮"日与"老""恶""死"日。秦汉人认为,在"生""长""壮"日播种的谷物,所结的颗粒多且饱满;在"老""恶""死"日播种的谷物,收成不好,甚至结不出颗粒,还难以存活;在忌日播种的谷物,容易出现灾害带来的败伤,没有收成。在良日或建除十二神中的"成""收""满""平""定"之日播种最好,能获得丰收。

这说明,秦汉时期有关农作物良日、忌日的观念比较复杂。

从传世文献与出土简牍记录的秦汉时期作物播种良日、忌日看,不同文献所记载的良日、忌日有同有异。为便于比较,将其中的忌日列表如下(见表一):

---

① 睡虎地秦墓竹简整理小组编:《睡虎地秦墓竹简·日书甲种》,文物出版社,1990年,第184页。过去对《日书》中"龙日"大多理解为"忌日",也有个别学者认为应作"良日"解。刘乐贤先生通过对有关"龙日"简文逐一分析,断定"龙"只能释为"忌",不能读为"良"。同时提出这种用法的"龙"字很可能是"龘"之省写,过当读"龘"省声,在简文中则应通假为"雧"。据《淮南子·氾论训》注,"雧"可训为"忌"。说详见刘乐贤:《睡虎地秦简〈日书〉"龙"字试释》,载《揖芬集——张政烺先生九十华诞纪念文集》,社会科学文献出版社,2002年,第355—362页,又收入刘乐贤:《战国秦汉简帛丛考》,文物出版社,2010年。

表一　"五谷"忌日表

忌日及出处

作物种类	睡虎地《日书甲种·秦除篇》	睡虎地《日书甲种·田忌篇》	睡虎地《日书乙种·秦除篇》附	放马滩《日书乙种》	《杂阴阳书》	《氾胜之书》	《神农》	杜陵出土汉代木牍《农事篇》	印台汉简	《随州孔家坡汉墓简牍·日书·始种》
禾		丙,黄			乙,丑	丙	寅,卯	六丙、寅卯	辰	
稷	寅		寅	寅						
栗										寅
秫				未	未,寅	寅,未	午	六壬、五寅丑		
穄(穈)										
黍	丑	乙,巳,丑	丑	丑	丑,寅,卯	丑	丑		丑	丑
小麦	子	甲,子	子	子	子,丑	戌	子	甲乙、五子	子	子
大麦					子,丑	子				
荞麦							子			
稻	亥	亥		亥	寅,卯,辰	辰	亥	丙,丁……	亥	戌

表一 "五谷"忌日表(续)

作物种类	忌日及出处									
	睡虎地《日书甲种·秦除篇》	睡虎地《日书甲种·田总篇》	睡虎地《日书乙种·秦除篇》附	放马滩《日书乙种》	《杂阴阳书》	《氾胜之书》	《神农》	杜陵出土汉代木牍《农事篇》	印台汉简	《随州孔家坡汉墓简牍·日书·始种》
麻	辰	辰	辰	辰	四季(辰、未、戌、丑)、戌巳	辰	未、午、辰、亥	巳、庚、壬、癸、戌五□①		辰
菽(大豆)	卯	卯、戌	申、戌	卯	卯、午、丙、丁	申、卯	卯	戊、巳、戌、亥(豆)		卯
荅(小豆)	卯	卯		卯	卯、午、丙、丁	卯	卯	丙、丁(豆)	戌	
瓜			壬辰							
葵	癸亥		癸							

① 《中国简牍集成·二编·陕西卷》"杜陵出土汉代木牍《农事篇》"注[十六]:"五□:'五'下一字,整理者释为'癸',且在'癸'下补一'辰'字。按,此字若是'癸',则与上文之'癸'字重复,补'辰'字更无凭据,恐非是。据图版之模糊树不清之字形,或疑作为'亥'字。亥字,五皮,指六十甲子中的乙亥、丁亥、己亥、辛亥、癸亥。"按,注中所说的整理者,指张铭洽与王育龙,他们所撰《西安杜陵汉陵〈日书〉"农事篇"考辨》,载《陕西历史博物馆馆刊》第九辑。

首先需要说明的是，一般认为禾、稷、粟乃同物而异名，[①]此表中仍将它们分别列为一栏，这是因为杜陵汉牍《农事篇》同时提到了禾忌日与粟忌日，疑此处的"禾"应另有所指。为方便计，本表仍将禾、稷、粟的忌日分别列举。

从表中可以清楚地看到，《杂阴阳书》、《氾胜之书》、《神农》、秦汉简牍《日书》等所说的忌日大部分是相同的，也有小部分存在差异。例如：

禾（稷）的忌日，《杂阴阳书》和《氾胜之书》所记就与睡虎地、放马滩、孔家坡《日书》有所不同，《神农》、杜陵汉牍、孔家坡汉简与秦简较为接近，印台汉简所载又与其他各处均不同；

稻的忌日，睡虎地、放马滩《日书》、《神农》与印台汉简相同，《杂阴阳书》与《氾胜之书》接近，杜陵、孔家坡汉代简牍与众家皆异；

秫的忌日，睡虎地与放马滩《日书》之间有不同，《氾胜之书》与《神农》所说又与两批秦简有所差异；

麻的忌日，三种秦简资料以及孔家坡汉简皆相一致，与《杂阴阳书》及《氾胜之书》也不矛盾，但与杜陵汉牍《日书》似又不同；

小麦的忌日，在诸种秦简、《杂阴阳书》、《神农》、杜陵汉牍、印台汉简、孔家坡汉简都说忌子日而不忌戌日，《氾胜之书》则说忌戌日而不言子日。

此外，忌日歧异的情况，说明了在当时与农业有关原始信仰尤其是择吉风俗盛行的情况下，供人们参考使用的相关选择类书籍也大量涌现，此类文献因为产生或流行的地域不同，出自不同的数术家之手，

① 吴荣曾：《稷粟辨疑》，载《北大史学（2）》，北京大学出版社，1994年。

吉凶日期就不可避免地存在这样那样的差异。类似现象相当普遍，当时的人已经明确指出过。《史记·太史公自序》说："齐、楚、秦、赵为日者，各有俗所用。"说明战国以来不同地域的日者所使用的选择术不尽相同。同书《日者列传》褚少孙补曰："臣为郎时，与太卜待诏为郎者同署，言曰：'孝武帝时，聚会占家问之，某日可取妇乎？五行家曰可，堪舆家曰不可，建除家曰不吉，丛辰家曰大凶，历家曰小凶，天人家曰小吉，太一家曰大吉。辩讼不决。'"褚少孙所讲的这件事也恰好可以与秦汉简牍《日书》的情况相互印证。

　　类似的习俗在近世仍有延续。刘道超先生在广西农村发现，清末以来的择吉通书中有"插田种禾吉日"，如戊辰、己巳、庚午、辛未、壬辰、癸巳、甲午、乙未、戊申、己酉、庚戌、辛亥、壬子、癸丑、甲寅、乙卯、丙辰、丁巳、戊午、己未、庚申、辛酉、壬戌、癸亥是大吉日，甲申、乙酉、丙戌、丁亥、壬寅、癸卯、甲辰、乙巳、甲子、乙丑、丙寅、丁卯等也是吉日。[1] 又如云南禄劝县傈僳族春天开犁播种一般选在过年后属虎的日子，认为这天是好日子，播种那天，要在房屋门外举行"打粗汤"仪式之后，才能将谷种拿到山上播种，秋后庄稼才会丰收。武定、元谋县的傈僳族每年春天播种时，也要依照属相看日子，另外还忌在父母去世和下葬的日子播种，因为下种是一件高兴的事，若遇父母双亲逝世或下葬的日子下种，庄稼会长不出来或长得不好。但爷爷奶奶去世和下葬的日子不在禁忌之内，相反，在这样的日子撒种，效果尤佳，收获将更好。碧江县傈僳族认为月圆之时不能下种，否则庄稼会被虫灾。[2]　可

---

① 　刘道超、周荣益：《神秘的择吉》，第 180 页。
② 　和志武等主编：《中国原始宗教资料丛编·纳西族、羌族、独龙族、傈僳族、怒族卷》，第 755、757、786 页。

见，该信仰习俗延续甚久。

秦简中还提到过在某些农神死亡的日子，不宜耕田播种。

> 田亳主以乙巳死，杜主以乙酉死，雨市（师）以辛未死，田大人
> 以癸亥死。　（《睡虎地秦墓竹简·日书甲种·田忌篇》简149背）

该条简文提到几个神的名字："田亳主""杜主""雨市（师）""田大人"。刘乐贤认为这些应是当时人所信仰的农业神，其中"田亳主"疑应读为"田宅主"，即田地与屋宅之神。

"杜主"，整理小组认为是《史记·封禅书》中的杜主，是"故周之右将军"。刘乐贤补充了另外两种可能性的解释：一是传说中古蜀国先王杜宇，"教民务农，一号杜主"；一是杜主此处可能应"读为社主或土主，释为古代的土地之神"。[①] 笔者倾向于后一种解释，"社"与"杜"同。[②] 江苏邗江胡场5号汉墓出土的神名木牍上面有"石里神杜""□□神杜""□杜""杜"四个社神，[③]"杜"即"社"字。至于古蜀国先王杜宇因教民务农而号称杜主，这一信仰在秦汉时期似乎还没有成为巴蜀以外地区的信仰构成。在中原地区的信仰中，与杜宇类似的农神是田畯。《周礼·春官·宗伯》："籥章掌土鼓、豳籥。……凡国祈年于田祖，龡《豳雅》，击土鼓，以乐田畯。"郑玄注引郑司农云："田畯，古之先教田者。《尔雅》曰：'畯，农夫也。'"贾公彦疏曰："以其教农，故号农

---

①　刘乐贤：《睡虎地秦简日书研究》，第47—48页。

②　戴家祥：《"社""杜""土"古本一字考》，《上海博物馆集刊》第三辑，上海古籍出版社，1986年。

③　李均明、何双全：《散见简牍合辑》，文物出版社，1990年。

夫。"《豳雅》即《诗·豳风·七月》,是春日祭祀先农、田神之时的歌诗,其中也提到"田畯":"三之日于耜,四之日举趾,同我妇子,馌彼南亩,田畯至喜。"旧注说诗中的田畯是管理田作的小吏,即田大夫。疑应指祭祀歌舞时由人扮演的农神田畯,未必是真的田大夫。

"雨帀(师)"为古代的司雨之神。"田大人"应是田神。

人们忌讳在与农业有关的神灵死亡的日子里耕田、播种或收获,这种习俗在后世一直被信奉。比如《类编历法通书大全》卷十"种莳"条下的"弄风旬日"云:

> 丙戌、丁亥、丁未、甲寅、乙巳、辛亥、癸巳,田祖、田父、田夫、田主、后稷死、葬日,忌。

同书同卷同条的"总论"云:

> 田事实录:田祖甲寅日死,田父丁丑死、丁未日葬,田母丙戌日死、丁亥日葬,田主乙巳日死、辛亥日葬,田夫丁亥日死、辛亥日葬,后稷癸巳日死,播种五谷,已上并忌田事。

无论田亳主""杜主""田大人",还是田祖、田父、田夫、田主,实际都是土地神,只是在民间信仰中被衍生出更加繁复的名目,这是由民间信仰不断造神的特点决定的。此类材料还有一些,这里不具引,有关考论可参见刘乐贤《睡虎地秦简日书研究》一书,[1]这里不再赘述。

---

[1]　刘乐贤:《睡虎地秦简日书研究》,第47页。

第七节　始田良日、忌日

秦汉时期,立春以后真正开始耕田必须选择吉利的日子。在吉日开耕,可以致富。否则,难有好收成。这样的文字在秦简与汉简的《日书》中都有发现:

(1) 田忌丁亥、戊戌,不可初田及兴土攻(功)。　(《睡虎地秦墓竹简·日书甲种·田忌篇》简 150 背)

(2) ●初田毋以丁亥、戊戌。　(《睡虎地秦墓竹简·日书乙种·鸡日篇》后附,简 30 贰)

(3) ●始田良日:乙未、乙亥、己亥、己未;利一(以)播种、出粪,家大富。　(《中国简牍集成·二编·陕西卷》杜陵墓出土汉代木牍《日书·农事篇》)[1]

(4) 始耕田之良日,牵牛、酉、亥。　(《随州孔家坡汉墓简牍·日书》简 453)[2]

从内容上看,简文中的"田"都是指耕田,而非田猎。因此,这四条材料都与耕田吉日的选择有关。前两条简文都出土于云梦睡虎地秦墓,分别属于《日书》的甲种和乙种,内容基本一致。"初田"不知是指对刚开垦的土地进行初次耕作,还是指春天开始耕作。笔者倾向于后

---

① 《中国简牍集成》,第 17 册,敦煌文艺出版社,2005 年,第 1399 页。

② 湖北省文物考古研究所、随州市考古队编:《随州孔家坡汉墓简牍》,第 184 页。

一种理解,即春天的"开犁"。第三条材料是 2001 年于西安市南郊曲
江乡杜陵原 5 号西汉墓出土的一方木牍上的文字。该木牍呈长方形,
全文约 177 字,其中提到"始田良日"。《中国简牍集成》第 17 册收录
此木牍并注释曰:"始田,开始耕作。睡虎地秦简称'初田'。"这一理解
是正确的。第四条材料出自湖北随州孔家坡汉墓,简文明确说"始耕
田之良日"。为便于比较,参见表二:

表二　始耕田良日、忌日表

日子种类	具体日期及出处			
	睡虎地秦简《日书甲种·田忌篇》	睡虎地秦简《日书乙种·鸡日篇》附	杜陵出土汉代木牍《农事篇》	《随州孔家坡汉墓简牍·日书》
良日			乙未、乙亥、己亥、己未	牵牛、酉、亥
忌日	丁亥、戊戌	丁亥、戊戌		

　　由于时代不同,也可能是所流传的《日书》传本有所不同,秦汉简
牍记载的"始田"或"始耕田"良日、忌日的方式各有不同。云梦秦简
《日书》甲乙种都是只指出其忌日,而杜陵、孔家坡汉代简牍则都指出
其良日。

　　每年开始耕田要选择吉日,避开忌日,这种信仰习俗直到近世在
民间仍存在。刘道超先生在广西农村发现的择吉通书中有"开耕田吉
日",如甲辰、甲午、甲寅、乙亥、乙巳、乙酉、乙未、丙寅、丁丑、丁未、戊
寅、己卯、己亥、丁巳、庚申、辛未、辛丑、辛巳、辛酉、壬午、癸未、癸巳等
都是开耕田吉日。[1]

　　事实上,为了祈求丰收,很多农业民族每年开始耕种之前除了注

---

[1]　刘道超、周荣益:《神秘的择吉》,第 179 页。

意选择良日,还要举行祭谷、祭田等相应的原始宗教信仰仪式。比如,达斡尔族忌讳在鼠日和火日开犁播种。[①]

《太平御览》卷七八六引《南州异物志》曰:"交、广之界,民曰乌浒,东界在广州之南、交州之北。恒出道间,伺候二州行旅,有单迥辈者,辄出击之,利得人食之,不贪其财货也。……春月方田,尤好出索人,贪得之,以祭田神也。"开始春耕之前,先劫杀路人祭祀田神,这是一种很原始的习俗。云南省西盟佤族在中华人民共和国成立前也一直存在砍头祭谷以祈求丰收的习俗。他们每年砍头祭谷的时间一般有两次,一次是在三月开始播种之前,一次在秋收之前。"他们认为,只有用人头祭谷,谷子才长得好,村寨才安全,人畜两旺。""他们用人头血滴在谷种或土上,把土撒在地里,认为这样会使谷子长得好。他们喜欢砍胡须多的人头,认为胡须多象征谷子长得旺。""砍头祭谷是佤族较大的宗教活动。人头砍来之后,首先供在猎头者的家里,然后有愿单独供者也可以,但最多不超过九家,最后供在木鼓房。凡愿单独供者,都要杀猪和剽牛做祭品。他们单独供,是为了使他家的谷子'长得更好,人畜更旺'。从把人头拿回村寨到供在木鼓房,往往需要十多天的时间。在这一过程中,全寨男女都穿上最好的衣服,在人头附近,敲锣打鼓,唱歌跳舞,日以继夜,连续好几天。"[②]

用人头祭田、祭谷的习俗过于血腥、野蛮,很早就被中原民族淘汰了。战国时期的齐国,民众祭田时则简单得多了,比如《史记·滑稽列

---

① 《中国少数民族社会历史调查资料丛刊》修订编辑委员会:《达斡尔族社会历史调查》(修订本),民族出版社,2009年,第224页。

② 田继周、罗之基:《西盟佤族社会形态》,云南人民出版社,1980年,第132—133页。

传》,淳于髡对齐威王说:

> 今者臣从东方来,见道傍有禳田者,操一豚蹄,酒一盂,祝曰:
> "瓯窭满篝,污邪满车,五谷蕃熟,穰穰满家。"臣见其所持者狭而
> 所欲者奢,故笑之。

唐司马贞《索隐》说禳田"谓为田求福禳"。禳田即祭祷田,齐地的
这位农人只用一块猪蹄和一盂酒祭田,却希望田地能使播种在其上的
谷物长得又多又饱满,高处狭小的旱地和低洼易淹的涝地都能产出满
筐满车的谷物,希望五谷丰收堆满家。淳于髡以此来讽刺只奉上少量
的礼物,却希冀获得丰厚回报的行为。战国时期的这位齐人在祭田时
就只用猪蹄和酒,祭品十分简单。后世的某些民族也大致保持类似的
信仰习俗。例如傈僳族在正月初五开始生产时,事先必在房前供上肉
或粑粑,祈求神灵保佑今年丰收。[1]

云南的独龙族在中华人民共和国成立前尚保留刀耕火种的原始
农耕方式,每年春天烧山播种前,要用荞麦、小米做的粑粑献祭山神,
请求山神原谅,并祈祷丰收。[2]

贡山怒族在原始森林中砍树烧山之前,要先祭祀崖神"吉姆达",
在被认为求得崖神的宽恕和同意之后,才能动手砍树烧山。他们认为
树木荒草是崖神的头发和胡须,不能乱动。[3]

---

[1]　宋兆麟:《巫与巫术》,四川民族出版社,1989年,第222—223页。
[2]　田雨晨、李坚尚:《独龙族的家族公社和婚姻状况》,《民间文学》1981年第4期。
[3]　和志武等主编:《中国原始宗教资料丛编·纳西族、羌族、独龙族、傈僳族、怒族卷》,第871页。

　　云南省墨江一带的布朗族有"土神祭"的节日,在每年农历正月下地生产之前举行。各家只留家长和巫师在屋里,其余人都要回避。祭前,先关好大门,门前插着一根木桩,桩上戴一个雨帽,告诫外人本家正在祭土神,不得入内。巫师口中念念有词:"求土神保佑今年此家人畜平安,风调雨顺,庄稼丰收。"然后将供祭的公鸡杀死,取出内脏,埋在大门右角,用石头和泥土盖住。祭毕,巫师和家长把鸡煮熟,共同享用,其他祭品(谷、米酒、茶等)由巫师拿走。祭祀完毕,家人才可以返回家里。贵州三都、荔波、都匀、独山、黎平等地区的水族,每年水历五月十五(农历正月)举行祭岩神,各家各户都要杀鸡宰鸭,打酒买肉,推豆腐,带着香烛、纸钱等祭品,敬祀岩神,求岩神保佑五谷丰登,人畜兴旺。[①]

　　这些信仰习俗与秦汉时期流行的选择"始田良日",避开"初田忌日"的习俗一样,反映了人们在决定农作物生长的许多自然规律面前无能为力,不自觉地认同了"超自然力量",甘愿接受其支配。

第八节　预测收成

　　秦汉时期的农业虽有很大发展,但人们在大的水旱病虫害等自然灾害面前,仍束手无策。自身生存和商品交换的需要,使人们有预测农业收成的愿望,"候岁美恶"的方术由此产生。《汉书·天文志》有下面一段话:

------

① 　游修龄主编:《中国农业通史·原始社会卷》第八章"原始农业与原始信仰",中国农业出版社,2008年,第350—351页。

　　凡候岁美恶,谨候岁始。岁始或冬至日,产气始萌。腊明日,
人众卒岁,壹会饮食,发阳气,故曰初岁。正月旦,王者岁首;立
春,四时之始也。四始者,候之日。

　　而汉魏鲜集腊明正月旦决八风。风从南,大旱;西南,小旱;
西方,有兵;西北,戎菽为,小雨,趣兵;北方,为中岁;东北,为上
岁;东方,大水;东南,民有疾疫,岁恶。故八风各与其冲对,课多
者为胜。多胜少,久胜亟,疾胜徐。

　　旦至食,为麦;食至日跌,为稷;跌至晡,为黍;晡至下晡,为
菽;下晡至日入,为麻。欲终日有云,有风,有日,当其时,深而多
实;亡云,有风日,当其时,浅而少实;有云风,亡日,当其时,深而
少实;有日,亡云,不风,当其时者,稼有败。如食顷,小败;孰五斗
米顷,大败。风复起,有云,其稼复起。各以其时用云色占种所
宜。雨雪,寒,岁恶。

这段话主要是说如何预测一年的年景,重点介绍了汉代的占候者魏鲜
"腊明、正月旦决八风"的方法。根据这个方法,预测年景好坏的时间
一般选在腊节的次日、正月旦、立春等日,人们通过观察风吹来的方
向,判断一年的水旱疾疫等灾害。此日,人们还按照麦、稷、黍、叔
(菽)、麻五谷分别所属的时辰,观察相应时辰云朵的有无、云色、是否
晴可见日,以及风的强弱等,从而推测新的一年适宜种植哪类农作物。
类似的方法还见于《齐民要术》卷三《杂说》引《师旷占》:

　　五谷贵贱法:常以十月朔日,占春粜贵贱:风从东来,春贱;逆
此者,贵。以四月朔占秋粜:风从南来、西来者,秋皆贱;逆此者,

　　贵。以正月朔占夏枭:风从南来、东来者,皆贱;逆此者,贵。

　　五谷,曰:正月甲戌日,大风东来折树者,稻熟。甲寅日,大风西北来者,贵。庚寅日,风从西、北来者,皆贵。二月甲戌日,风从南来者,稻熟。乙卯日,稻上场,不雨晴明,不熟。四月四日雨,稻熟;日月珥,天下喜。十五日、十六日雨,晚稻善;日月蚀。

《师旷占》的这段文字分两部分,前一部分讲如何观察风向占卜五谷的贵贱,占卜的时间选在十月、四月、正月朔日;后一部分讲如何观察风向占卜稻谷收成,占卜的时间选在正月、二月、四月的某些特定日子。这与《天文志》所载魏鲜"正月旦决八风"的方法不同。

《淮南子·天文训》也有预测年景好坏的方法,但与《天文志》《师旷占》的方法不同:

　　以日冬至数来岁正月朔日,五十日者,民食足;不满五十日,日减一斗;有余日,日益一升。有其岁司也。

　　摄提格之岁,岁早水晚旱,稻疾,蚕不登,菽麦昌,民食四升。寅。在甲曰阏蓬。单阏之岁,岁和,稻、菽、麦、蚕昌,民食五升。卯。在乙曰旃蒙。执徐之岁,岁早旱晚水,小饥,蚕闭,麦熟,民食三升。辰。在丙曰柔兆。大荒落之岁,岁有小兵,蚕小登,麦昌,菽疾,民食二升。巳。在丁曰强圉。敦牂之岁,岁大旱,蚕登,稻疾,菽麦昌,禾不为,民食二升。午。在戊曰著雍。协洽之岁,岁有小兵,蚕登,稻昌,菽麦不为,民食三升。未。在己曰屠维。涒滩之岁,岁和,小雨行,蚕登,菽麦昌,民食三升。申。在庚曰上章。作鄂之岁,岁有大兵,民疾,蚕不登,菽麦不为,禾虫,民食五

升。酉。在辛曰重光。掩茂之岁,岁小饥,有兵,蚕不登,麦不为,
菽昌,民食七升。戌。在壬曰玄黓。大渊献之岁,岁有大兵,大
饥,蚕开,菽麦不为,禾虫,民食三升。困敦之岁,岁大雾起,大水
出,蚕、稻、麦昌,民食三斗。子。在癸曰昭阳。赤奋若之岁,岁有
小兵,早水,蚕不出,稻疾,菽不为,麦昌,民食一升。

《淮南子》记录的占测方法也是两种,一种是从冬至日算起,到新年的
正月朔日,其间恰好五十日,则新的一年五谷生长正常,百姓粮食足用
不缺;不足五十日者,则会有歉收,百姓粮食会有不足;超过五十日者,
则会有增收,百姓粮食有余。第二种方法是在十二个太岁年名与年景
之间建立联系,遇到不同的太岁年,其年景就相应的有好有坏。

随州孔家坡汉墓简牍《日书》中有一篇以十天干占卜作物丰歉的
文字,整理者拟定篇题为《主岁》:

甲乙朔,青啻(帝)主岁,人炊行没。青禾为上,白中中,[1]黄
下,麦不收。吏(事)人炊。

丙丁朔,赤啻(帝)产,[2]高者行没。赤禾为上,黄中,白下,少
旱。吏(事)高者。

甲乙朔,黄啻(帝)主岁,邑主行没。黄禾为上,赤中,白下,有
风雨。兵起。

---

[1] 整理者注:"白中,'白禾为中'的省语,后文例同。第二个'中'为衍字。"见《随州
孔家坡汉墓简牍》,第 182 页。
[2] 整理者注:"产,此处可能脱一'岁'字,'主'讹为'生',又转为'产'。"见《随州孔家
坡汉墓简牍》,第 182 页。

甲乙朔，白畜（帝）主岁，风柏（伯）行没。白禾为上，赤中，黄下，兵不起，民多疾。

甲乙朔，刿（炎）畜（帝）主岁，群巫［行］没。赤黑禾为上，白中，黄下，禾不熟，水不大出，民少疾。事群巫。

（《随州孔家坡汉墓简牍·日书·主岁》简427贰—简436贰）

本篇《日书》将十天干分为五组，每组以朔日为据，占卜青、赤、黄、白、炎五帝所主之岁各种谷物的丰歉收成，谷物也按照五色作了划分，丰歉程度则分作上中下三等，另外还有不收、不熟两种极端的情况。一年十二个月，每个月都有朔日，这里的朔日是指哪个朔日呢？前面提到的几种占卜粮食收成的方法，其占卜时间都不一样，有正月、二月、四月、十月等，但无论哪种占卜方法，在占卜新的一年五谷收成时，一般会把正月朔日作为一个重要的占卜时间。本篇没有具体点明是哪几个月的朔日，则应该都是按照正月朔日来占卜。以第一段为例，"甲乙朔，青畜（帝）主岁"，是指正月朔日干支中有甲或乙者，则这一年的收成由青帝主管。因为该年的收成归青帝主管，所以在五谷当中，"青禾为上"，即青色谷物收成最好，其次是白色的谷物，再次是黄色的谷物。而本年度如果种植麦子的话，可能就没有任何收成了。这篇《主岁》把十天干、五帝、五色谷物组合在一起，其中贯穿的数术思想仍是广泛流传的五行观念。

在《主岁》之后，孔家坡汉简《日书》中还有一篇被整理者拟定篇题为《朔占》的文字，里面的内容也主要是占卜各种谷物的收成：

丙丁朔少旱，莫（暮）［澍］。

子朔有岁。

丑朔败穑(种),寡旱。

卯朔户几(饥)。

辰巳朔五穑(种)。

午未朔多雨。

申朔蚤(早)杀。

酉朔莫(暮)杀,有岁。

三以甲朔大孰(熟)。

三以乙朔中、稚为。

三以丙朔禾、麻为。

三以丁朔岁户。

三以戊朔大稙、大中、叔(菽)、盖(荅)为。

三以己朔岁大为,女子有疾。

三以庚朔岁不孰(熟)。

三以辛朔下田收。

······[大]孰(熟)。

(《随州孔家坡汉墓简牍·日书·朔占》简 439 壹—简 446)

整理者注说本篇分两部分,分别以地支及天干居朔,判断农事的吉凶。严格地讲,应该是三部分:

第一句是第一部分,与《主岁》"丙丁朔······少旱"相同,是把十天干分作五组,每组按照朔日占卜,不知为何这里只有一句。

第二至第八句是第二部分,用以地支子、丑、卯、辰、巳、午、未、申、酉居朔来占卜年岁丰歉。这一部分的朔日没有交代取哪个月,估计应该也是取正月朔日,即正月朔日为子日者,"有岁",即年岁好;为丑日者,"败稺(种),寡旱",即种子出苗率不高,较少干旱。关于年岁情况,还有"户几(饥)",意为民户将遭遇饥荒;"五稺(种)",意为五谷丰收;"多雨",意为雨水多、充足;"蚤(早)杀",意为收割较早;"莫(暮)杀,有岁",意为收割较晚,收成好。

第九至第十七句是第三部分,虽然也采用天干居朔的占卜方法,但与第一部分以及《占岁》的方法不同,它是以某一天干连续三个月居朔的情况来占卜年岁丰歉。以第九句为例,意思是说如果甲是连续三个月的朔日天干,这一年五谷将"大孰(熟)",即大丰收。其他如:"中、稺为",指收成为中等,播种时间应该较晚。《诗·鲁颂·闷宫》"稙稺菽麦"。《毛传》曰:"先种曰稙,后种曰稺。""禾、麻为",指适宜种植禾、麻。"岁户",整理者注:"户,疑读作'恶'。《汉书·薛广德传》注:'岁恶,年谷不熟也。'"即年岁不好,收成不好。"大稙"指所有庄稼的播种都应早一些。"大中",则不知何义。"叔(菽)、盖(荅)为"是说适宜种植大豆(菽)、小豆(荅)。"岁大为",也应指年岁很好。"岁不孰(熟)",谓五谷收成不好。"下田收",应是说下等田地会获得好收成,上等、中等田地获得丰收也是自然之事。

在一些民族,近世还保留预测农业收成的习俗。比如傈僳族在正月初五开始生产时,事先必在房前供上肉或粑粑,祈求神灵保佑今年丰收,然后以弩射肉或粑粑,如果射中肉,就象征今年狩猎丰收,常有肉吃;如果射中粑粑,则表示农业丰收,粮食吃不完。[1] 可见这种信仰习俗流传之久远。

---

[1]　宋兆麟:《巫与巫术》,第 222—223 页。

第二章　桑蚕养殖信仰

从文献记载和地下出土的大量丝绸制品来看,秦汉时期的桑蚕业比较发达,人们积累了丰富的技术经验。同时,与农业生产类似,桑蚕业也存在很多信仰习俗。首先是先蚕崇拜。《续汉书·礼仪志上》春二月,"皇后帅公卿诸侯夫人蚕。祠先蚕,礼以少牢"。① 在春天准备养蚕之前,先祭祀先蚕。如何祭祀,汉代史书没有记载。《晋书·礼志上》说晋代祭祀先蚕时,设祭坛,"先蚕坛高一丈,方二丈,为四出陛,陛广五尺,在皇后采桑坛东南帷宫外门之外,而东南去帷宫十丈,在蚕室西南,桑林在其东"。北周时,开始把黄帝妃嫘祖奉为先蚕,汉代的先蚕只是一个相对抽象一些的神灵,尚未用传说或历史上曾经存在过的某位代表人物作为先蚕神来崇拜。

先蚕之外,汉代所崇拜的蚕神还有苑窳妇人、寓氏公主。卫宏《汉旧仪》卷下:"皇后春桑,皆衣青,手采桑,以缲三盆茧,示群臣妾从。春桑生而皇后亲桑,于苑中蚕室,养蚕千薄以上。祠以中牢羊豕,祭蚕神曰苑窳妇人、寓氏公主,凡二神。群臣妾从桑还,献于茧观,皆赐从采桑者乐。皇后自行。"祭祀苑窳妇人、寓氏公主在开始采桑喂养蚕之

---

① 刘昭注补:"谷永对称'四月壬子,皇后蚕桑之日也',则汉桑亦用四月。"按,《续汉书·礼仪志上》所说的是在春二月祭祀先蚕之仪,谷永说的是四月采桑,即开始采桑喂蚕,二者并非一事。"皇后蚕桑之日"是皇后举行采桑的仪式,类似皇帝的藉田礼。

时,应是四月。祭祀地点在蚕室,则此二神与先蚕应无直接关联。[①] 祭祀的规格是用"中牢羊豕",《晋书·礼志上》说"用少牢",与此不同。苑窳妇人、寓氏公主如何成为蚕神的,已经不可究知,推测其情形应如后来的紫姑神。《太平御览》卷八八四引南朝宋刘敬叔《异苑》:

> 世有紫姑神,古来相传云是人家妾,为大妇所妒诬,以秽事相役,正月十五日,感激而死。故世人以其日作其形,夜于厕间或猪栏边迎之,祝曰:"子胥不在,曹氏亦归(曹即其大妇也),小姑可出戏。"捉者觉重,便是神来,莫设酒果,亦觉貌辉辉有色,即跳躁不住,能占众事,卜行来蚕桑。又善射钩,好则大舞,恶便仰眠。平昌孟氏恒不信,躬试往捉,自跃穿帐顶而去,永失所在也。

古代民间奉祀的许多神灵,往往是悲戚而亡的平民,他们因为某种偶然缘故而被世人尊奉为神灵。南朝人奉祀的蚕神紫姑就是一位生前遭遇不幸的女子。苑窳妇人、寓氏公主很有可能也是这样的女子。在男耕女织社会,从事桑蚕养殖者主要是妇女,她们崇拜的蚕神也是女性。

秦汉时期,桑蚕养殖还有许多巫术禁忌。

养蚕的过程中,最应防止鸟雀、老鼠、蚊子等带来的祸害。《天工开物》卷上《乃服》"物害"条总结说:"凡害蚕者有雀、鼠、蚊三种。雀害不及茧,蚊害不及早蚕,鼠害则与之相终始。防驱之智是不一法,唯人所行也。(雀屎粘叶,蚕食之立刻死烂。)"足见鼠害对养蚕的危害最

---

① 《搜神记》卷十四说"苑窳妇人,先蚕者也",已把先蚕与苑窳妇人合二为一。

大。故而当时对鼠害的防治很重视。崔寔《四民月令》说："三月，清明节，令蚕妾治蚕室，涂隙穴，具槌、栻、箔、笼。"整治蚕室，堵塞涂抹蚕室的洞穴、裂缝等容易使老鼠进入蚕室之处。除此之外，人们还摸索出了一些比较有效的防治老鼠的药方。例如周家台秦简就记载了一个"已鼠方"：

> ●已鼠方：取大白礜，大如母（拇）指，置晋斧（釜）中，涂而燔之，毋下九日，冶之，以　（《周家台三〇号秦墓简牍·日书》简372）①

这条材料是湖北荆州周家台秦墓竹简中的一枚简，其后应至少还有一枚简，现在简文缺少下文，意思不完整。据残存的简文推测，这种防治老鼠方法主要使用白礜。礜石也称毒砂，即硫砷铁矿，白色，煅之成末，可用于杀鼠，也可入药。《说文》："礜，毒石也，出汉中。从石与声。"段玉裁注：

> 疑本作"礜石也"，三字为句，后人改之。礜石，石名。《周礼注》曰："今医方有五毒之药，作之。合黄堥，置石胆、丹沙、雄黄、礜石、慈石其中，烧之三日三夜。其烟上箸，以鸡羽扫取之。以注创，恶肉破，骨则尽出。"《本草经》曰："礜石，味辛有毒。"《西山经》曰："礜可以毒鼠。"郭曰："蚕食之而肥。"按今世无此物。

---

① 湖北省荆州市周梁玉桥遗址博物馆编：《关沮秦汉墓简牍》，第135页。

按,《山海经·西山经》:"有白石焉,其名曰礜,可以毒鼠。"郭璞注:"今礜石杀鼠,音豫;蚕食之而肥。"可见,白礜作为灭杀老鼠的毒药,到晋代依然在使用。周家台秦简中的这一防治老鼠的药方则说明,秦汉之前,人们就已经认识到用礜石灭鼠的方法了,而且与该条简文同出的还有"浴蚕"简,则此"已鼠方"很可能与养蚕防鼠有关。

这个时期,人们为了杜绝老鼠对蚕的危害,除了总结出类似的科学方法,还经常采用一些巫术祝祷手段。例如《齐民要术》卷五《种桑柘》引《杂五行书》也说:"二月上壬,取土泥屋四角,宜蚕,吉。"《杂五行书》应该是汉代的文献,所记这种习俗明显带有巫术色彩,很有可能是针对鼠害的一种巫术,期望以此在一定程度上起到预防和减少鼠害的作用。类似的巫术还有:

> 冬以腊月鼠断尾。正月旦,日未出时,家长斩鼠,著屋中。祝云:"付敕屋吏,制断鼠虫;三时言功,鼠不敢行。"[1]
>
> 取亭部地中土涂灶,水、火、盗贼不经;涂屋四角,鼠不食蚕;涂仓、篅,鼠不食稻;以塞坎,百日鼠种绝。[2]

这两条材料都是与蚕室的鼠害防治有关的巫术,见于《齐民要术》卷五《种桑柘》引《龙鱼河图》《杂五行书》。其中第一条出自《龙鱼河图》,该书也应是汉代谶纬类文献。[3] 说的是在腊月捉取老鼠并断其尾

---

[1] 参见《齐民要术》卷五《种桑柘》引《龙鱼河图》。
[2] 参见《齐民要术》卷五《种桑柘》引《杂五行书》。
[3] 〔日〕安居香山、中村璋八辑:《纬书集成·河图类》辑有《龙鱼河图》,此条即在其中,河北人民出版社,1994年,第1157页。

巴，等到正月初一太阳还没有出来的时候，由家长斩杀这些断尾的老鼠，摆放在蚕室，然后口中念祝祷之辞，命令“屋吏”控制并杀死老鼠，使老鼠不敢进入蚕室。第二条说取来亭部地中的泥土，用这种泥土涂屋子的四角，老鼠就不敢偷吃或破坏屋子里养的蚕。古人相信灰土具有驱鬼的功效，尤其是某些特殊地方的灰土，更具有神秘力量，因此在巫术中经常会使用灰土。[①] 本条防止老鼠食蚕的方法明显属于巫术性质。此类巫术起源应该在汉代之前，如北京大学藏秦简中有“祠祝类”文献，其中有几枚简被命名为“祠祝之道”，里面就包含养蚕者通过祝祷驱除鼠患的法术：

> 前入蚕，毋令鼠居内中：以脯一朐、酒半桮、黍粟七分升一，即西北陬腏脯，祝曰：“啻女将下作，三旬而去。若肥（徘）回（徊）房（彷）皇（徨）于壄（野），汤（倘）勿与相妨，吾多成，齐（赍）子类粮。”即取黍粟，腏（餟）室中穴。　（简 06－004，简 L－001）[②]

这条材料说的是在将蚕种摆放到蚕室之前，如何驱除蚕室内的老鼠（“前入蚕，毋令鼠居内中”），施行法术的对象就是蚕室内的老鼠，具体办法是，准备好一定数量的肉干、酒和黍粟等祭品，先在蚕室的西北角摆上肉干，口中祷告，告诉老鼠说：主管蚕事的帝女就要降临了，老鼠赶紧离开室内，去到野外活动，如果你们没有在养蚕时来搞破坏，让

---

① 胡新生：《中国古代巫术》“灰土驱鬼”条，山东人民出版社，1998 年，第 212—218 页。

② 释文据田天：《北大藏秦简〈祠祝之道〉初探》，《北京大学学报（哲学社会科学版）》2015 年第 2 期。

我收成多一些了,我就多送给你们粮食。说罢,就取出准备好的黍粟,摆在蚕室的老鼠洞穴处。这种驱鼠巫术采用了请求并且以物质利益引诱的方式,基本没有使用恐吓的办法,从一个侧面反映了养蚕人对鼠害的无奈。

养蚕需要注意蚕种的选择,即淘汰劣质蚕种,选取优质蚕种,以保障蚕健康生长,确保较高的吐丝率并使之结大茧。蚕种选择一般采用浴蚕的方法。《天工开物》卷上《乃服》"浴蚕"条:

> 凡蚕用浴法,唯嘉、湖两郡。湖多用天露、石灰,嘉多用盐卤水。每蚕纸一张,用盐仓走出卤水二升,掺水,浸于盂内,纸浮其面(石灰仿此)。逢腊月十二即浸浴,至二十四日,计十二日,周即漉起,用微火烘干。从此珍重箱匣中,半点风湿不受,直待清明抱产。其天露浴者,时日相同,以篾盘盛纸,摊开屋上,四隅小石镇压,任从霜雪、风雨、雷电,满十二日方收。珍重、待时如前法。盖低种经浴,则自死不出,不费叶故,且得丝亦多也。晚种不用浴。

用浴种之法选择蚕种,可以淘汰劣种,又有消毒作用,是人工选择蚕种的常用方法。其中,石灰水、盐卤水都有消毒作用;蚕种放在露天,用露水浴种,是采用适度的低温处理,既可消毒,也可杀死劣种。浴蚕技术在先秦时期已经为人所采用。《礼记·祭义》说:"大昕之朝,君皮弁素积,卜三宫之夫人、世妇之吉者,使入蚕于蚕室,奉种浴于川,桑于公桑,风戾以食之。"在农历三月朔日的早晨,从蚕室取出蚕种,到河边,用河水浴种消毒,挑选出优质蚕种。

河水浴种的方法在秦汉时期有可能仍被继续采用。不过,不同地

域、不同时代,浴蚕的具体方法可能会有一定差别。据出土简牍,秦汉时期还有用另外一种混合液体浴蚕的,浴蚕时向神灵祝祷:

> "今日庚午利浴蚕,女毋辟(避)瞽暮暮(瞙瞙)者,目毋辟(避)胡者,腹毋辟(避)男女牝牡者。"以修(滫)清杯,礜、赤叔(菽)各二七,并之,用水多少,次(恣)也。浴蚕必以日毚(才)始出时浴之,十五日乃已。　(《周家台三〇号秦墓简牍》简 368—简 370)①

这是一种浴蚕的祝祷方。前四句是浴蚕时口颂的祝祷之辞,后面几句是浴蚕使用的配方和时间。"修(滫)清"即澄清的泔水。礜即"礜",应指白石。赤叔(菽)即赤小豆。② 浴蚕者将澄清的泔水与白石、赤小豆混合搅拌,用来浴蚕。不知这种混合物对于蚕种的选择是否确有效果,但浴蚕时的祝祷方明显属于巫术的范畴。

睡虎地秦简《日书》甲种有一条"蚕良日"的简文:

> 蚕良[日],庚午、庚子、甲午、五辰,可以入。五丑、五酉、庚午,可以出。　(《睡虎地秦墓竹简·日书甲种》简 94 正贰)

这是有关蚕事良日的一条简文。"可以入""可以出"应该指可以从蚕室取出蚕种和将蚕种送入蚕室。在这里,秦汉人把养蚕过程中的一些活动也置于择日的习俗中,并受其影响。

---

① 湖北省荆州市周梁玉桥遗址博物馆编:《关沮秦汉墓简牍》,第 134 页。
② 参《关沮秦汉墓简牍》整理者注释,第 134 页。

　　秦汉人养蚕还有其他的信仰习俗。比如《齐民要术》卷五《种榆》引《淮南万毕术》曰:"北方种榆九根,宜蚕桑,田谷好。"这并没有什么科学道理。同书卷五《种桑柘》引《五行书》曰:"欲知蚕善恶,常以三月三日,天阴如无日,不见雨,蚕大善。"这是预测蚕茧收成的习俗。同书引《五行书》又曰:"埋马牙齿于槌下,令宜蚕。"《太平御览》卷七六五引《杂五行书》曰:"常以正月三日,买箕四枚,悬堂上四壁,令人治生大得,治田、蚕万倍,钱财自入。"这是两种祈求蚕茧高产的方术,说明人们对桑蚕丰收的渴望,从一个角度反映了桑蚕业对秦汉时期人们生活的影响程度,以及当时人对桑蚕业的重视。

第三章　禽畜养殖信仰

　　家禽、家畜饲养是以家庭为单位的小农经济不可缺少的组成部分，通过饲养可提供家庭必需的肉蛋类食品，又可通过市场交换，变换成货币来补贴家用。秦汉时期特别重视对家禽、家畜的饲养，这既见诸文献，又被考古发现的陶猪圈、陶鸡舍以及陶鸡、陶鸭、陶猪等明器证实。而出土简牍则表明，当时人在家禽、家畜的饲养、买卖、宰杀，以及畜舍的修建等方面，也同样十分注意选择良日，避开忌日。当时通行的《日书》告诉人们什么日子适合买卖禽畜，什么日子适合宰杀禽畜，什么日子适合修造或改建畜舍，又有什么日子不适合做这些事。例如：

　　睡虎地秦简《日书甲种·良日篇》：

　　　　马良日，乙丑、乙酉、乙巳、乙亥、己丑、己酉、己亥、己巳、辛丑酉、辛巳、辛亥、癸丑、癸酉、癸巳、庚辰。●其忌，丙子、丙午、丙寅、丁巳、丁未、戊寅、戊戌、戊子、庚寅、辛卯。

　　　　牛良日，庚辰、庚申、庚午、辛酉、壬戌、壬申、壬午、癸酉、甲辰、甲申、甲寅。●其忌，己丑、己未、己巳、己卯、戊寅、戊戌、戊子、己巳。●戊午不可杀牛。

　　　　羊良日，乙丑、乙酉、乙巳、己酉、己丑、己巳、辛酉、辛丑、辛巳、庚辰、庚寅。其忌，壬戌、癸亥、癸酉。春三月庚辰可以筑（筑）羊卷（圈），即入之，羊必千。

猪良日，庚申、庚辰、壬辰、壬申、甲申、甲辰、己丑、己酉、己巳。●其忌乙亥、乙巳、乙未、丁巳、丁未。●市良日，戊寅、戊辰、戊申戌，利初市，吉。

犬良日，癸酉、癸未、甲申、甲辰、甲午、庚辰、庚午、辛酉、壬辰。●其忌，己丑、己巳、己未、己卯、乙巳、戊子、戊寅、戊戌。●有妻子，母以己巳、壬寅杀犬，有央（殃）。

鸡良日，甲辰、乙巳、丙午、戊辰、丙辰，可以出入鸡。鸡忌日，辛未、庚寅、辛巳，勿以出入鸡。

（《睡虎地秦墓竹简·日书甲种》简82正贰—简92正贰）

睡虎地秦简《日书乙种·良日篇》：

［马日］：

马良日，甲申，乙丑、亥，己丑、酉、亥、未，庚辰、申，壬辰，戊辰，未□□□乘之。●其忌，甲寅、午，丙辰，丁巳、未，戊☒

牛日：

牛良日，甲午、寅，戊午，庚午、寅，丙寅，壬寅，丁酉、未。甲辰，可以出入牛、服之。●其忌，乙巳，□□□□未，辛丑，戊辰，壬午。

羊日：

羊良日，辛巳、未，庚寅、申、辰，戊辰，癸未。●忌日，甲子、辰，乙亥、酉，丙寅，丁酉，己巳。

猪日：

猪良日，壬午、□，戊子、寅，己亥，庚寅、辰、午，辛丑，壬辰，癸未。●其忌，壬午，戊午，戌，丁□

犬日：

犬良日，丁丑，丁未，丙辰，己巳，己亥。●忌，壬戌，癸未，辛巳，□□□□□□戌，癸未。●忌，丁丑，丁未，丙辰，丙申。

鸡日：

鸡良日，甲辰，乙巳，丙午，丙辰，庚辰。●忌，辛巳、卯，庚寅，丁未。

（《睡虎地秦墓竹简·日书乙种》简 68—简 73，简 74 壹—简 76 壹）

上面这两篇文字都详细罗列了马、牛、羊、猪、犬、鸡六种禽畜的良日、忌日，它们出自两个不同版本的《日书》，整理者分别命名为"甲篇""乙篇"，内容大同小异。虽然没有逐一标明是做什么事的良日或忌日，但从个别地方出现的"可以出入鸡""可以出入牛"之类的语词来看，这里所说的良日、忌日应主要指买卖这些家养禽畜。类似的择日规定还见于睡虎地秦简《日书乙种·秦篇》：

（1）正月、二月，子采（穗），丑戌〔正〕阳，寅酉危阳，卯敫，〔辰〕申夏，巳未阴，午彻，丑结。

三月、四月，寅采（穗），卯〔子〕正阳，辰〔亥〕危阳，巳敫，午戌夏，未酉阴，申彻，丑结。

五月、六月，辰采（穗），巳寅正阳，午丑危阳，未敫，申子夏，酉亥阴,戌彻,卯结。

七月、八月,午采(穗),未辰正阳,[申]未危阳,酉敫,戌寅夏,亥丑阴,子彻,巳结。

九月、十月,申采(穗),[酉午正阳,戌巳危]阳,亥敫,巳辰夏,丑卯阴,寅彻,未结。

[十一月、十二月,戌采(穗),亥申正]阳,戌〈子〉[未危阳,丑]敫,寅午夏,巳卯阴,辰彻,酉结。

(《睡虎地秦墓竹简·日书乙种》简47壹—简52壹)

(2)[采(穗)],□□□车,见[人],入人民、畜生,取妻、嫁女,□□□□□□不可复(覆)室。 (《睡虎地秦墓竹简·日书乙种》简53)

(3)敫,有细丧,□□央(殃),利以穿井、盖屋,不可取妻、嫁女,祠,出入人民、畜生。 (《睡虎地秦墓竹简·日书乙种》简57)

(4)阴,先辱后庆。利居室,入货、人民、畜生。 (《睡虎地秦墓竹简·日书乙种》简60)

(5)彻,大彻,利单(战)伐,不可以见人、取妻、嫁女,出入人民、畜生。 (《睡虎地秦墓竹简·日书乙种》简62)

天水放马滩秦简《日书》甲种:

(1)●建日,良日矣,可为啬夫,可以祝祠,可以畜六生,不可入黔首。 (《天水放马滩秦简·日书甲种》简13)

(2)●收,可以民、马牛畜生,尽可及人禾稼,可以居处。(《天水放马滩秦简·日书甲种》简21)

《日书》还说在"离日"、望日（每月十五日）、"剽日"也不可买入
牲畜：

　　（1）此所胃（谓）艮山，禹之离日也。从上右方数朔之初日及
　　枳（支）各一日，数之而复从上数。□与枳（支）剌艮山之胃（谓）离
　　日。离日不可以家（嫁）女、取妇及入人民、畜生，唯利以分异。离
　　日不可以行，行不反（返）　　（《睡虎地秦墓竹简·日书甲种》简47
　　正叁—简51正叁）
　　（2）凡月望，不可取妇、家（嫁）女、入畜生。　　（《睡虎地秦墓
　　竹简·日书乙种》简118）
　　（3）剽日，不可以使人及畜六畜，它毋有为也。　　（《睡虎地秦
　　墓竹简·日书乙种》简44壹）

　　"离日"是一种根据每月反支日推算出来的日子。[1]　在这样的日子
里，不可以从事嫁娶、购入物品、外出之类事情，只有分异之类的事适
合在此日去做。这也可能是"离日"命名的原因。可能在"离日"购入
牲畜，有丢失之虞，难以保有。"剽日"也属于古代建除家所说的一种
忌日，其来历不清楚。《日书甲种·帝篇》也有"剽日"，但与此有别。[2]
　　睡虎地秦简《日书甲种·星篇》还有下面的禁忌：

　　（1）卯（昴）······不可食六畜。　　（《睡虎地秦墓竹简·日书甲

①　李学勤：《睡虎地秦简中的〈艮山图〉》，《文物天地》1991年4期。刘乐贤：《睡虎地
秦简日书研究》，第91—97页。
②　刘乐贤：《睡虎地秦简日书研究》，第129页。

种》简 85 正壹）

（2）毕……不可食六畜。　（《睡虎地秦墓竹简·日书甲种》简 86 正壹）

《星篇》是以二十八宿为占的一种占卜方法。同样的占卜内容又见于睡虎地秦简《日书乙种·官篇》。需要指出的是，这里的二十八宿并非天文学意义上的星宿概念。学者认为，篇中以二十八宿记日，有可能只是干支记日法的另一种表现形式。[①] 简文中的"食"字，是喂养的意思。按照该条禁忌，在昴日、毕日是不可以喂养六畜的。这很奇怪，不知道当时的人为什么会形成这样的禁忌。

《论衡·讥日篇》："杀牲见血，避血忌、月杀。"可见，宰杀六畜也有忌日，这在出土秦汉简牍中都得到具体验证：

（1）●杀日，勿以杀六畜……　（《睡虎地秦墓竹简·日书甲种》简 100 正—简 101 正壹）

（2）丙辰、丁未，不可□□，不隐人民。

丙寅，开财□□，不可□及杀之。

丙午，不可刹羊，不隐货。

辛□，不可刹鸡，不利田邑。

壬辰、壬戌，不可刹犬，不隐妻子。

（《江陵岳山秦汉墓》秦牍 M36∶43 背面）[②]

---

① 刘乐贤：《睡虎地秦简日书研究》，第 113—115 页。
② 湖北省江陵县文物局等：《江陵岳山秦汉墓》，《考古学报》2000 年第 4 期。

（3）三日不可以杀六畜见血

日不可以杀六畜见血

☒十八日不可以杀六畜见血

八日不可以杀六畜见血

不可以杀六畜见血　（以上为第一栏）

九月三日十九日廿四日不可以杀六畜见血

十月朔日廿日廿二日廿九日不可以杀六畜见血

十一月四日廿六日不可以杀六畜见血

十二月二日十一日廿四日卅日不可以杀六畜见血　（以上为第二栏）

（《居延新简》简 E. P. T58：21）

（4）天刺：

天刺，凡朔日，六月六日、七日，望，十八日，廿二日，此天刺，不可祠及杀。

寅不可祠。

……祠及杀。

（《随州孔家坡汉墓简牍·日书》简 236 壹、简 236 贰、简 237 壹）

（5）杀日：

戊午不可杀牛。乙丑可以杀犬。子不可杀鸡。

壬辰不可杀豕。戊己杀彖，长子死。入月旬七日以杀彖，必有死之。

（《随州孔家坡汉墓简牍·日书》简 238、简 239）

根据睡虎地秦简《日书甲种·帝篇》，"杀日"是指春三月的辰日、夏三月的未日、秋三月的戌日、冬三月的丑日，在这些日子，不可以宰杀六畜。显然，"杀日"是结合季节和地支而确定的日子，照此推算，一年十二个月中每个月的都有两三个杀日，但通常不会超过三个。江陵岳山秦牍所讲的忌杀羊、鸡、犬等家养禽畜之日分别丙辰、丁未、丙寅、丙午、辛□、壬辰、壬戌等，是从天干、地支配合组成的六十甲子日中挑选出来的某几个日子。上面的居延简也列举出每个月不可以杀六畜的日子，有两点值得注意：其一，该简列举忌杀六畜之日使用的是序数日，而不是干支日；其二，该简关于杀六畜忌日的文字记载保存比较完整的有四个月，当中的九月、十一月分别有三个和两个忌日，而十月、十二月则有四个忌日，这与睡虎地秦简中结合季节和地支来确定的杀日有所不同。孔家坡汉简所说的杀日既有干支日，也有地支日，还有序数日，在术数原理上似是综合了多家的方法。另外，孔家坡汉简《日书》还出现了"天刺日"的说法，其禁忌与杀日大致相同，只不过在天刺日也禁忌祠祭活动。当然，居延汉简中所见"不可以杀六畜见血"的日子与其他秦汉简中的"杀日""天刺日"有可能是并非完全等同的两个概念，但它们所涉及的禁忌内容都包含了宰杀六畜的择日观念，在择日习俗上有很多相类似之处。

养马者崇拜马禖等神灵。睡虎地秦简《日书甲种·马禖》：

> 马禖：祝曰："先牧日丙，马禖合神。"●东乡（向）南乡（向）各一
> 马□□□□中土，以为马禖，穿壁直中，中三朡，四厩行："大夫
> 先牧旣席，今日良日，肥豚清酒美白粱，到主君所。主君笱屏调马，
> 驱其央（殃），去其不羊（祥），令其□者（嗜）□，□者（嗜）饮，律律

弗御自行,弗驱自出,令其鼻能糗(嗅)乡(香),令耳恩(聪)目明,
令头为身衡,脊为身刚,脚为身□,尾善驱□,腹为百草囊,四足善
行。主君勉饮勉食,吾岁不敢忘。"(《睡虎地秦墓竹简·日书甲
种》简 156 背—简 160 背)

　　该篇位于《日书甲种》的最后,关于篇题,学界意见有所争论。睡
虎地秦墓竹简整理小组以及刘信芳认为"马禖"为篇题。① 饶宗颐先生
认为"马"是篇题,但将该篇称为"马禖祝辞"。② 刘乐贤、陈伟以"马禖
祝"为篇题。③ 王子今、林清源则将简 156 背面上端的"马"字与简 157
背面上端的符号"■"(方形墨块)合在一起,作为篇题。④ 郭永秉认为
篇题可能本就是"马"(指本篇祝辞所为祈祷的对象),"禖祝曰"以下则
是祝辞的正文。⑤ 按,此篇讲的是"马禖"这种祭祀的具体仪式,全篇共
三部分,首先是一句简单的祝辞,然后是告诉读者如何安排祭祀,最后
是比较长的一段祝辞。祝辞虽然在整个篇章里所占篇幅最多,但并非
全部都是祝辞,以"马禖"为篇题,于义已足,"祝"字不必入篇题,而单
以"马"字为题也不合适。睡虎地秦墓竹简整理小组的意见还是稳妥、

① 睡虎地秦墓竹简整理小组:《睡虎地秦墓竹简》,文物出版社,1990 年,第 228 页;
刘信芳:《云梦秦简〈日书·马〉篇试释》,《文博》1991 年第 4 期。
② 饶宗颐:《云梦秦简日书研究·马禖祝辞》,见饶宗颐、曾宪通:《云梦秦简日书研
究》,香港中文大学出版社,1982 年,第 42—45 页。
③ 刘乐贤:《睡虎地秦简日书研究》,第 308—313 页;陈伟:《睡虎地秦简日书〈马禖
祝〉校读》,《湖南大学学报(社会科学版)》2014 年第 4 期。
④ 王子今:《睡虎地秦简〈日书〉甲种疏证》,湖北教育出版社,2003 年,第 515—517
页;林清源:《简牍帛书标题格式研究》,艺文印书馆,2004 年,第 130—135 页。
⑤ 郭永秉:《睡虎地秦简字词考释两篇》,《出土文献与古文字研究》第 3 辑,复旦大学
出版社,2010 年。

可取的。

　　禖是古代求子之祭,也指求子所祭之神。整理者注说"马禖为祈祷马匹繁殖的祭祀"。仅从字面来讲,这一解释大体应该不错,而且秦人也应该有向马神祈求马匹多加繁育的祭祀。不过,本篇祝辞似乎看不出祈祷马匹繁殖的意思,通篇的主要旨意是祈祷神(祝辞又称"主君")驱除灾殃和不祥,使马匹饮食旺盛,耳目聪明,身体健壮,奔跑如飞。饶宗颐先生认为这一篇祭祀马神的祝文"正所以求马之肥美也",是正确的。[1] 这里的马禖似应指所祭祀的马神。祭神者反复向神提出希望和要求,也向马神允诺不会忘记定时祭祀,献上祭品。

　　周家台三〇号秦墓竹简记录了一个使马匹奔跑更快的方术:

　　●马心:禹步三,乡(向)马祝曰:"高山高郭,某马心天,某为我已之,并□侍之。"即午画地,而最(撮)其土,以靡(摩)其鼻中。(《周家台三〇号秦墓竹简》简 346)[2]

整理者注:"'马心',疑指马的某种疾病。'心'字或读为'骏',《说文》:'马行疾也。'则此为使马疾行的方术。"施行这种方术时,口中先念叨着固定的祝辞,然后在地上画纵横交叉地直线,撮起地上的泥土,在马的鼻孔之间涂抹。当时的人认为这样就能使自己马匹奔跑得更快。

　　《齐民要术》卷六《养马》引《淮南万毕术》则记录了另外一种给马匹辟邪的方术:"常系猕猴于马坊,令马不畏、辟恶、消百病也。"看来古

① 饶宗颐:《云梦睡虎地秦简日书研究》,收入饶宗颐、曾宪通:《楚地出土文献三种研究》,中华书局,1993 年,第 434 页。
② 湖北省荆州市周梁玉桥遗址博物馆编:《关沮秦汉墓简牍》,第 132 页。

人很早就认为猕猴能够驱除马瘟疫,使马匹不生病。

周家台秦简还有一条关于养牛的方术:

●肥牛,善食之,而饮以沫,一月已。　(《周家台三〇号秦墓竹简》简 373)①

运用这个方术的人认为,只要好好喂养,并给牛饮用雨潦之水,牛就能够肥壮起来。似乎雨潦水有特别的效用。

香港中文大学藏汉简中有一枚简讲的是如何促使牲畜大量繁殖:

畜生不息者,入虚也。取里社□者土以为禹(偶)人,男女各一,□之户下。　(《香港中文大学文物馆藏简牍》简 35)

简文中的"入"字,刘乐贤认为应该改释作"人"。本句的意思:畜生不蕃息,是因为人丁虚耗,解决的办法就是从社取泥土,制作成男女偶人各一个,并放置在门户之下。这大概是用土偶来代替真人,表示家中人丁兴旺的意思,以此来暗示家中的牲畜也同样繁衍兴旺。

---

① 湖北省荆州市周梁玉桥遗址博物馆编:《关沮秦汉墓简牍》,第 135 页。

第四章　狩猎信仰

狩猎是古代社会经济的重要组成部分,即便是以农业生产为主的时代,狩猎依然占有一定的地位。很多民族在狩猎之前举行一些巫术活动,或占卜是否可以出猎,或祈求兽神或山神赐予更多的猎物。

例如,前文提到,傈僳族在正月初五开始生产之前,必在房前供上肉或粑粑(饼)祭祷神灵,并以弩射肉或粑粑,如果射中肉,就象征今年狩猎丰收,常有肉吃。[①] 云南禄劝县的傈僳族出猎前,屋内地上要撒些灶灰,门头要挂几根枝条,以祈望能够打到猎物。而怒江地区的傈僳族供奉猎神,认为猎神主宰人们出猎是否有收获,凡出猎之前必定祭祀猎神。[②]

又如,独龙族出猎前,各人各备数日的干粮、酒等物,并以玉米、荞麦等面粉做成虎、豹、熊、野牛、野猪、麂子等野兽的样子。到达猎场后,以竹杯盛满酒,和上述用面粉制作的各种野兽模型一起放置于一棵大树前,献祭山神,并将各自的衣服和毯子铺在地上,齐唱着祷告的调子:"司野兽之神啊! 请听我们的祷告吧! 我们将带着酒和面做的诸兽呈献上了,请你收下吧! 我们是来打猎撵山的,我们以上述诸物

---

① 宋兆麟:《巫与巫术》,第 222—223 页。
② 和志武等主编:《中国原始宗教资料丛编·纳西族、羌族、独龙族、傈僳族、怒族卷》,第 742 页。

和你换取野兽,熊换熊,虎换虎,野牛换野牛,一点也不亏待你呀！求求你快放出你的野兽吧！若是天神因失了野兽而降罪于你,就以面做的兽充抵,就以衣服和毯子充抵兽皮吧!"然后举行弓弩竞射,以占卜山神是否放他的野兽。其法是在砍开树皮的树干上以木炭画出各种兽形,在五十米外,对之张开弓弩射击,射中什么野兽图案,就预示着会猎获什么野兽。①

　　纳西族也认为猎神掌管着山上所有的飞禽走兽,猎人如果好好供了他,他就会佐助猎人在山里获取野物,也保护猎人的猎犬、弓箭等。如果不好好祭祀他,他会作怪,伤害猎人。因此,纳西族猎人出猎前要烧香祭猎神,猎到野兽后,又要烧天香除掉身上的秽,并用所猎取野物的肉祭猎神。②

　　云南的怒族到山上狩猎或砍伐树木,首先用米饭、白酒、鸡蛋、鸡去祭祀山神,边祭边念诵"山神歌",把白米饭、白酒、白鸡血撒向群山,以求山神赐给猎物和保佑伐木平安无事,然后再进山狩猎、伐木。贡山县的怒族普遍认为山上的飞禽走兽是崖神所豢养,出猎前要祭祀崖神,一般是到山上的崖壁前供上祭品,即用炒面和酥油揉捏成的野牛、山驴、麂子、马鹿和獐子等动物形象以及一竹筒酒,向崖神口诵祭词,祈求猎获野物。祭毕,如发现酒筒里落下蝇、蚊、蠓、虻等昆虫,炒面上有类似野兽足迹的印痕,即认为崖神发了慈悲,同意赐予野物,即可出猎。反之,则认为崖神不愿赐予野物,即刻收弓回村。在猎取獐子以

---

① 　和志武等主编:《中国原始宗教资料丛编·纳西族、羌族、独龙族、傈僳族、怒族卷》,第 633—634 页。又,游修龄主编:《中国农业通史·原始社会卷》,第 377 页。
② 　和志武等主编:《中国原始宗教资料丛编·纳西族、羌族、独龙族、傈僳族、怒族卷》,第 280—281 页。

期获得经济价值很高的麝香时,还要将一种形似麝香的长满须根的植物块茎(怒语称"益默",可食用)供奉给崖神,象征和崖神以物易物,公平交易。①

鄂温克人把猎获的多寡看成是神的意志所决定的,猎人长期打不着野兽时,就请萨满跳神祈求丰收,准备两只野兽或飞龙献祭给神,并用取下箭头的箭,对着柳条制作的鹿或犴作象征性的射击,旁边看的人齐喊"打中了! 打中了!"表示以后就能百发百中了。② 这是运用比拟巫术。

国外民族也有类似的习俗。大洋洲的巴布亚人和美拉尼西亚人打猎之前,要举行一个仪式,在地面上画一只大袋鼠,猎手们各持长矛对准袋鼠画像刺去,以此比拟出猎时会得到更多的猎物。③ 中西里伯斯群岛上的托拉杰人相信,同种类的东西通过它们内在的灵气或其周围有生命力的媒介而互相吸引,于是他们就把鹿和野猪的颚骨悬挂在家里,以便赋予这些骨头以灵气,而驱使它的同类聚集到猎人经过的道上。④ 非洲黑人"在出发去打猎或者打仗以前,他用一种巫术的东西来擦自己的武器,以便使那些被关在武器里的神灵更强壮。同时,他跟它们谈话,他提醒它们,他是多么关心它们,他列举他给它们送的礼物,指出这些礼物的价值,他祈求它们不要在危险的时刻扔下他"。⑤

---

① 和志武等主编:《中国原始宗教资料丛编·纳西族、羌族、独龙族、傈僳族、怒族卷》,第 870—871 页。
② 秋浦等:《鄂温克人的原始社会形态》,中华书局,1962 年,第 99 页。
③ 转引自李仰松:《秦安大地湾遗址仰韶晚期地画研究》,《考古》1986 年第 11 期。
④ 〔英〕J. G. 弗雷泽著,徐育新等译:《金枝》,第 18 页。
⑤ 〔法〕玛丽·金斯利:《西非研究》,第 330 页。转引自〔法〕列维-布留尔著,丁由译:《原始思维》,商务印书馆,1995 年,第 59 页。

日本九州熊本县山区狩猎的山村至今仍供奉山神，猎人进山打猎时先祭祀山神，一旦打猎丰收，尤其是打到了野猪这样的大动物，一定要再次感谢山神。①

　　先秦时期集体狩猎前同样要祭神。《周礼·春官·宗伯》"甸祝"："掌四时之田表貉之祝号。……师甸，致禽于虞中，乃属禽。……禂牲、禂马，皆掌其祝号。"师甸（田）即农村公社时期每年的集体狩猎活动，同时起到练兵的作用。郑玄注："杜子春读'貉'为'百尔所思'之'百'，《书》亦或为'祃'。玄谓田者，习兵之礼，故亦祃祭，祷气势之十百而多获。"即祭神而祈祷神助佑，希望猎取十倍百倍的禽兽。郑玄注引杜子春又云："禂，祷也。为马祷无疾，为田祷多获禽牲。《诗》云'既伯既祷'，《尔雅》曰：'既伯既祷，马祭也。'"禂，是狩猎前祷请马祖（主管马匹的神），使马更强健，能驾车载人驰逐、捕猎禽兽。甸（田）祝负责在狩猎之前祭神时，口念祝祷之辞。《史记》卷三《殷本纪》记载商汤外出，"见野张网四面，祝曰：'自天下四方皆入吾网。'汤曰：'嘻，尽之矣！'乃去其三面，祝曰：'欲左，左。欲右，右。不用命，乃入吾网。'"这个故事中商汤遇见的这位捕猎者在张设好捕猎野兽的罗网之后，口诵祝辞，希望天下四方所有的飞禽走兽都进入其网，而商汤为展示其仁爱之心，去其三面之网，也口颂祝辞。可见，先秦的捕猎者无论是采用直接猎杀的方式，还是网罗捕捉的方式，都相信在狩猎时需要祈求神灵的帮助，或者采用类似巫术的手段，使得捕猎行动变得更容易成功。

----

① 刘晔原、郑惠坚：《中国古代的祭祀》，商务印书馆国际有限公司，1996年，第57页。

　　秦汉时,狩猎在经济生活中仍占有较为重要的地位。汉画像中常可见到狩猎的场面。这个时期,人们在每年立秋时节和年终腊祭之前都要外出田猎,猎得禽兽,用于腊祭先祖、五祀。而狩猎前需要先祭祀一种动物神——貙。先看下面几条材料:

　　(1)《风俗通义·祀典》"膢"条:"尝新始杀也,食新曰貙膢。"

　　(2)《汉书·武帝纪》太初二年三月,"令天下酺五日,膢五日,祠门户,比腊"。如淳曰:"《汉仪注》'立秋貙膢'。"伏俨曰:"膢音刘。刘,杀也。"苏林曰:"膢,祭名也。貙,虎属。常以立秋日祭兽王者,亦以此日出腊,还,以祭宗庙,故有貙膢之祭也。"颜师古曰:"《续汉书》作貙刘。膢、刘义各通耳。腊者,冬至后腊祭百神也。"

　　(3)《礼记·月令》:"孟冬之月,天子乃祈来年于天宗,大割祠于公社及门闾,腊先祖五祀。"郑玄注:"腊,谓以田猎所得禽祭也。五祀:门、户、中霤、灶、行也。"孔颖达疏:"'腊先祖五祀'者,腊,猎也。谓猎取禽兽,以祭先祖五祀也。"

　　(4)《风俗通义·祀典》"腊"条:"腊者,猎也,言田猎取禽兽,以祭祀其先祖也。"

　　古人以及今天的一些民族保留着秋冬狩猎的习俗。《风俗通义·祀典》"膢"条、《汉书·武帝纪》注引如淳、苏林二说,一并表明汉代在秋日收获季节举行尝新、食新仪式时,要用新收获的谷物和新猎获的禽兽祭祀祖先。《汉书·武帝纪》并颜师古注、《礼记·月令》及《风俗通义·祀典》"腊"条则表明在年终腊祭先祖和五祀时,也要用新猎获的禽兽作为祭品。为了保证狩猎有所得，狩猎之前需祭祀貙。据说貙是老虎一类的猛兽，属于兽王，山林中的各种禽兽归兽王掌管，祭祀貙大概是为了使自己的狩猎活动得到兽王的同意，希望狩猎顺利。这应是远古狩猎习俗的沿袭。

我们知道秦汉时期通行的《日书》中规定了什么日子宜于做哪些事，什么日子不宜于做哪些事，其中也有关于狩猎的吉凶日期。例如睡虎地秦简的《日书》：

（1）[外]阳日，利以达野外，可以田邋（猎）。……　（《睡虎地秦墓竹简·日书甲种·除篇》简 8 正贰）

（2）夬光日，利以登高、饮食、邋（猎）四方野外。……　（《睡虎地秦墓竹简·日书甲种·除篇》简 12 正贰）

（3）蒿，是胃（谓）其群不捸（拜），以辞不合（答），私公必闭，有为不成。亡者，得。利弋邋（猎）……　（《睡虎地秦墓竹简·日书甲种·稷辰篇》简 40 正）①

（4）卯（昴），邋（猎）、贾市，吉。……　（《睡虎地秦墓竹简·日书甲种·星篇》简 85 正壹）

（5）毕，以邋（猎）置罔（网）及为门，吉。……　（《睡虎地秦墓竹简·日书甲种·星篇》简 86 正壹）

（6）[柳]，百事吉。……可田邋（猎）。　（《睡虎地秦墓竹简·日书甲种·星篇》简 91 正壹）②

---

① 《睡虎地秦墓竹简·日书乙种·秦篇》简 59，内容与此基本相同。
② 《睡虎地秦墓竹简·日书乙种·官篇》的简 85 壹、简 86 壹、简 91 正壹，与此三简基本相同。

（7）夏三月丑数。春三月戌数。秋三月辰数。冬三月未数。……凡数日,利以渔邋(猎)、请谒、责人、挚(执)盗贼,不可祠祀、杀生(牲)。　(《睡虎地秦墓竹简·日书甲种·臽日数日篇》简136正柒—简139正捌)

（8）平达之日,……罔(网)邋(猎),获。……　(《睡虎地秦墓竹简·日书乙种·除篇》简19壹)

《日书》为人们规定了在哪些日子适合外出捕鱼、打猎或放置捕捉鸟兽的网,在这样的日子出去捕鱼、狩猎,应该可以获得更多的猎物。当时的人在这种择日观念指导下,确定外出渔猎日期。①

---

① 海上捕鱼业因为同样面临着风浪、暗流等不可预测的危险,人类也形成了一些信仰习俗,祭祀神灵,祈求护佑。《后汉书》卷八十六《西南夷列传》言哀牢夷所在出产蚌珠,李贤注引徐衷《南方草物状》曰:"凡采珠常三月,用五牲祈祷,若祠祭有失,则风搅海水,或有大鱼在蚌左右。蚌珠长三寸半,凡二品珠。"

中编　疾病与医疗信仰

第五章　疾病与鬼神

自人类出现的那一天起,就一直面临疾病的威胁。疾病带来的痛苦和灾难深刻地影响了人们的生产、生活。人类学、民族学研究表明,由于早期社会的生产力水平很低,人们对造成各种疾病的原因缺乏足够的认识,原始医学不能不受到原始宗教的深刻影响,有关疾病的观念非常神秘,"疾病永远被看成是由一种看不见的、触摸不到的原因造成的,而且这原因是以许多各不相同的方式来被想象的".[①] 比如我国的凉山彝族认为人生疾病是受鬼的祸害。西双版纳傣族相信许多鬼是造成灾疫的祸根,有家庭瘟神、村寨瘟神、勐(地方)瘟神。[②] 佤族人认为有很多神灵能导致人生病和死亡,比如"杰柚"能使人筋骨疼、头疼、脚疼,"河瑞"能使人皮肤发痒、发裂,"阿入各"能使人耳疼,"各若"能使人耳聋,"各郎"能使人得疟疾,"宏"能使人肚子肿胀,"哈"能使人抽筋,等等。[③] 古老的突厥语民族几乎都相信,人生病是魔鬼进入了人体内,如果不实施驱鬼术,人就会一蹶不振,慢慢死去。[④]

秦汉时期,是中国古代医学发展史上的重要时期,出现了一些著

---

① 〔法〕列维-布留尔著,丁由译:《原始思维》,第255页。
② 宋兆麟:《中国风俗通史·原始社会》,第440页。
③ 赵富荣:《中国佤文化》,民族出版社,2005年,第254页。
④ 戴佩丽:《突厥语民族的原始信仰研究》,中央民族大学出版社,2002年,第90页。

名的医学家和医学著作,在医学科学上取得了很大进步。但受到社会
经济和医学发展水平的客观限制,人们对疾病的成因还不可能有十分
科学而清晰的认识,对一些疾病的解释依然在相当程度上沿袭着先秦
以来的神秘观念,相信疾病与鬼怪、邪魅、恶气等有关。[①] 东汉王充《论
衡·辨祟篇》说:"世俗信祸祟,以为人之疾病死亡,及更患被罪,戮辱
欢笑,皆有所犯。起功、移徙、祭祀、丧葬、行作、入官、嫁娶,不择吉日,
不避岁月,触鬼逢神,忌时相害。故发病生祸,绁法入罪,至于死亡,殚
家灭门,皆不重慎,犯触忌讳之所致也。"又说:"人之疾病,希有不由风
湿与饮食者。当风卧湿,握钱问祟;饱饭餍食,斋精解祸,而病不治,谓
祟不得;命自绝,谓筮不审,俗人之知也。"批评当时的这种社会风气,指
出患病之后不求医而欲求诸卜筮,是浅学无知的表现。王充的批评反
映的只是少数知识人士已经开始在一定程度上具备了科学观念,而广
大的民众囿于知识获取的不足,面对疾病的痛苦之时,难以给出科学合
理的解答,仍然经常选择疫鬼邪魅致病的解释方式。这一事实在传世
文献和出土材料中都有不少记载。从各种资料记载来看,秦汉人心中
能够致病的鬼神、巫术各种各样,简单归类,可以分作以下几种类型。

第一节　正常死亡的先人鬼神

　　秦汉人对死亡的家人似乎有一种矛盾的心态,一方面希望他们保
佑子孙获取富贵,另一方面又担心死人的鬼魂会给活着的家人带来莫

[①]　《左传·昭公元年》秦医缓为晋侯诊病,说晋侯的病症是:"近女室,疾如蛊。非鬼
非食,惑以丧志。"孔颖达疏曰:"病有鬼为之者。"

名的困扰,因而总有一些恐惧和戒备。出土买地券或镇墓文中可以见
到有这样的语句:

> 自今以后,不得干□[生]人。①
> 生属长安,死属太山,死生异处,不得相防(妨)。②
> ☑□□西生人□□人出郭,死生异处,莫相干□,生人属长
> 安,死属于太山。③
> 生人自有宅舍,死人自有棺椁,生死异处,无与生人相索。④
> 死人□□,生人有乡,死人□行,生死异路,不得……相妨。⑤
> 主人、家人至老不得复相防(妨)。⑥

泰山是汉代民间信仰中所构想出来的死人聚集的地方。"生人属
长安,死属于太山",即生前能在繁华的长安生活,死后则必须归属于
泰山,由泰山神灵"泰山君"管辖。⑦ 汉代人希望死者的鬼魂要安心待
在死人聚集的泰山,不要回来妨害活着的家人。镇墓文经常出现"自
今以后,不得干□[生]人","死生异处,不得相防(妨)","死生异处,莫

----

① 延熹四年钟仲游妻镇墓券,见罗振玉:《贞松堂集古遗文》卷十五。
② 刘伯平镇墓券,见罗振玉:《贞松堂集古遗文》卷十五。
③ 残镇墓券,见罗振玉:《贞松堂集古遗文》卷十五。
④ 王泽庆:《东汉延熹九年朱书魂瓶》,《中国文物报》1993 年 11 月 7 日第 3 版。
⑤ 西安广丰公司 13 号汉墓出土朱书陶瓶,见西安市文物保护考古所著:《西安东汉
墓》,文物出版社,2009 年,第 779 页。
⑥ 陕西临潼新丰铁路编组站长条村取土场一号汉墓出土朱书陶瓶,见西安市文物
保护考古所著:《西安东汉墓》,文物出版社,2009 年,第 868 页。
⑦ 吴荣曾:《镇墓文中所见到的东汉道巫关系》,收入吴荣曾:《先秦两汉史研究》,中
华书局,1999 年,第 362—378 页。

相干□","生死异处,无与生人相索","主人、家人至老不得复相防
(妨)"之类带有命令口吻的话,反复强调死者不要妨碍生者,正是汉代
民间信仰中对死者的恐惧。这些镇墓文的年代虽然大多属于东汉后
期,但这种观念很早就有了。睡虎地秦墓竹简《日书甲种·病篇》表
明,当时人们相信某些疾病是已经亡故的父母、祖父祖母作祟的缘故:

　　(1)甲乙有疾,父母为祟,得之于肉,从东方来,裹以枲(漆)
器。戊己病,庚有[间],辛酢。若不[酢],烦居东方,岁在东方,青
色死。　　(《睡虎地秦墓竹简·日书甲种·病篇》简68正贰—简
69正贰)

　　(2)丙丁有疾,王父为祟,得之赤肉、雄鸡、酉(酒)。庚辛病,
壬有间,癸酢。若不酢,烦居南方,岁在南方,赤色死。　　(《睡虎
地秦墓竹简·日书甲种·病篇》简70正贰—简71正贰)

　　(3)戊己有疾,巫堪行,王母为祟,得之于黄色索鱼、菫酉(酒)。
壬癸病,甲有间,乙酢。若不酢,烦居邦中,岁在西方,黄色死。
(《睡虎地秦墓竹简·日书甲种·病篇》简72正贰—简73正贰)

这三段简文根据得病的时间来占卜病因、致病之物及其随后可能发生
的变化:"疾"——→"病"(《说文》:"病,疾加也。")——→"有间"(《礼记·文
王世子》注:"间犹瘳也。")——→"酢"(读为作,义为起床,即病愈)。[①]　其

────────────

[①]　详细解说参见刘乐贤:《睡虎地秦简日书研究》,第116—121页。对"酢"字的含
义,尚有不同解释,例如睡虎地秦简整理小组注:"酢,报祭。"见《睡虎地秦墓竹简》,文
物出版社,1990年。王子今《睡虎地秦简〈日书〉甲种疏证》(湖北教育出版社,2003
年)也认为"依整理小组注释解作'报祭',语义本贯通"。

中每段的前半部分有关病因和致病之物的说法值得注意,简文说:甲、乙日发生患病者,病因是死去父母的鬼魂作祟,鬼魂在患者食用从东方拿回来的盛在漆器内的肉时造成疾病;①丙、丁日患病者,是祖父的鬼魂作祟,鬼魂在患者食用红肉、公鸡、堇酒②时造成疾病;戊、己日患病者,是祖母的鬼魂作祟,鬼魂在患者食用黄色干鱼、堇酒时造成疾病。这里,给人带来疾病的是祖父母和父母的鬼魂。

类似的简文又见于睡虎地秦墓竹简《日书乙种·有疾篇》:

(1)甲乙有疾,禺(遇)御于豕肉,王父欲杀,生人为姓(眚)。有病者必五病而□有间,不间,死,烦□色亡。　(《睡虎地秦墓竹简·日书乙种·有疾篇》简181—简182)

(2)丙丁有疾,王父为姓(眚),得赤肉、雄鸡、酒,庚辛病,壬间,癸酢(作),烦及岁皆在南方,其人赤色,死火日。　(《睡虎地秦墓竹简·日书乙种·有疾篇》简183)

(3)戊己有疾,巫堪,王父为姓(眚),□□□索鱼、堇,□□□,

---

①　日本学者工藤元男先生认为,占辞中反映的病因是奉给祖庙中祖先的牺牲和供食。见氏著《睡虎地秦简〈日书〉中的病因论与鬼神之关系》,日本《东方学》第88期,1994年。

②　堇酒,有可能是酿酒时在原料中掺了堇的一种酒,也可能是在酿好的酒内添加或浸泡了堇的酒。堇,菜名,一名堇葵。《诗·大雅·绵》:"周原膴膴,堇荼如饴。"清马瑞辰《毛诗传笺通释》:"堇有三:《尔雅》:'啮,苦堇',一也;'芨,堇草',二也;《广雅》:'堇,蘜也',三也。芨堇之堇,郭注以为乌头,一名奚毒,非可食之菜。堇蘜之堇,《本草》以为似藜,一名拜,一名蒴藋,非苦荼之类。惟《尔雅》'啮,苦堇',郭注:'今堇葵也。叶如柳,子如米,汋食之滑。'与《毛传》言堇菜合。《说文》:'草也。根如荠,叶似细柳,蒸食之甘。'而《尔雅》言苦堇者,古人语反,犹甘草一名大苦也。诗人盖取苦堇之名与荼苦同类,遂并称之。《正义》以为乌头,《释文》以为蘜,并失之。"《日书》此处的堇亦应为堇葵。

□间,乙酢(作),不酢(作),□□邦中,中岁在西,人黄色,死土日。(《睡虎地秦墓竹简·日书乙种·有疾篇》简184)

睡虎地秦墓竹简《日书乙种·十二支占卜篇》①也有类似的内容:

(1) 子……以有疾,辰少翠(瘳),午大翠(瘳),死生在申,黑肉从北方来,把者黑色,外鬼父叶(世)为姓(眚),高王父谴适(谪),豕□ (《睡虎地秦墓竹简·日书乙种·十二支占卜篇》简157—简158)

(2) 巳……以有疾,申少翠(瘳),亥大翠(瘳),死生在寅,赤肉从东方来,高王父谴姓(眚)。 (《睡虎地秦墓竹简·日书乙种·十二支占卜篇》简168)

(3) 申……以有疾,子少翠(瘳),□[大]翠(瘳),死生在辰,鲜鱼从西方来,把者白色,王父谴,为姓(眚)。 (《睡虎地秦墓竹简·日书乙种·十二支占卜篇》简173—简174)

(4) 戌……以有疾,卯少翠(瘳),辰大翠(瘳),死生在酉,鲜鱼从西方来,把者白色,高王父为姓(眚),野立为□ (《睡虎地秦墓竹简·日书乙种·十二支占卜篇》简177—简178)

《日书乙种·有疾篇》和《十二支占卜篇》对疾病的占卜与《日书甲种·病篇》略有差异,《十二支占卜篇》中的患病日期是按照十二地支

---

① 本篇简文原无标题,此处题名据刘乐贤所拟,见《睡虎地秦简日书研究》,第368—371页。

计算,而《日书甲种·病篇》则是按照十天干。另外,《十二支占卜篇》占卜认为给家人带来疾病的除了祖父(王父),更多情况下是高祖父(高王父),这也与《日书甲种·病篇》不同。《有疾篇》占卜所用患病日期虽然也按照十天干,但将病因都归结于祖父(王父)的鬼魂,没有一例与祖母、父母的鬼魂相关,也没有高祖父鬼魂的影子。这三篇的类似差异,应该是因为民间从事择日占卜术的人众多,方法难免同中有异、异中有同。但无论如何,致病的鬼魂从父母、祖父母,到高祖父母,都被认定为是家中亡故的先人,致病的媒介是酒和鱼肉。

鬼魂通过饮食使人患病,这在人类学资料中也可以见到。例如罗安哥人谈到疾病时,会肯定地认为:"这是什么东西突然袭击了人,钻进他身体里面去折磨他。这个什么东西可能是从自然物、地区、软的或硬的食物发出来的力量或恶源或毒,但也可能是从灵物、人、巫师那里发出来的。这还可能是任何种类的灵魂碰上了病人并钻进了他的身体里。"在契洛基人那里,疾病的原因可能是鬼的折磨,也可能是食物被诅咒过了,等等。① 这和秦简《日书》反映的情况极为相似。

不过,秦简《日书》对疾病的巫术观念更复杂一些,似乎不同时间致人疾病的食物还与颜色和方位分不开,《日书甲种·病篇》和《日书乙种·有疾篇》中甲、乙日患病者所食用的肉来自东方,丙、丁日患病者所食用的肉是赤色,可是其方位在简文中未明确交代,参照甲、乙日有病的情况,赤色肉似乎来自南方。戊、己日患病者所食用的干鱼是黄色,所来的方位在简文中也未明确交代,参照甲、乙日有病的情况,黄色干鱼等似乎来自本地。庚、辛日患病者,其致病的鲜卵为白色,似

---

① 　见《原始思维》,第 256、259 页。

乎与西方有关。《日书乙种·十二支占卜篇》中也有"黑肉从北方来，把者黑色"，"脂肉从东方来"，"赤肉从东方来"，"赤肉从南方来，把者赤色"，"鲜鱼从西方来，把者白色"，"赤肉从北方来"，"黑肉从东方来"。此类观念无疑深深受到五行思想的影响，是以五行思想为框架搭建起来的数术世界。

为什么先人正常去世后，有可能给家人造成祸害呢？这或许与当时人们对死亡的认识有关。

第一，汉代对祖先鬼魂的态度是双重的。人们相信祖先神可以保佑家里的后人，先人的鬼魂能保佑后代，但他们又能给后代带来疾病等灾害。这种对先人鬼魂具有善恶双重性的观念，与彝族的祖灵信仰很接近。调查研究表明，彝族也有类似的观念。"彝族的祖灵具有既能保佑后代，又能致祸后代的两重属性。在一定条件下，祖灵从保佑后代转变为致祸后代，或从致祸后代转变为保佑后代。在祖灵属性的转化中，献祭祈祷和巫术咒语是两种积极引导祖灵成为福佑后代的神灵的方式。"①本文前面曾列举了汉代买地券或镇墓文中希望死人不要回来妨害生人的语句，反映的就是害怕死亡的家人、害怕家人鬼魂的观念。汉代人希望死者的鬼魂安心待在死人聚集的泰山，不要待在家中或又回人间来妨害活着的家人。这种观念在历史时期应该是普遍存在过。《南史·顾宪之传》说，萧齐的衡阳内史顾宪之在衡阳改良风俗，当时"山人有病，辄云先亡为祸，皆开冢剖棺，水洗枯骨，名为除祟"，衡阳土著民族相信得病的原因来自家中死去的人，死者的枯骨不洁净才导致家人疾病，因而在当地出现开棺用水冲洗死者枯骨的习

---

① 巴莫阿依：《彝族祖灵信仰研究》，四川民族出版社，1994年，第31页。

俗。英国弗雷泽所著《原始宗教中对死者的敬畏》一书写道，原始民族对待亡灵的态度与文明民族大相径庭。总的来说是怕而不是爱。[①] 在非洲的一些民族那里，"疾病和死亡时常被认作是祖先造成的。祖先可能会被不肖子孙的怠慢而恼怒，造成如失眠、癫痫等一些特别的疾病。尸骨未葬的死者的鬼魂也许会潜入活人体内作祟，使其虚弱不堪。只有举行仪式或施用药物，才能辟邪驱鬼，治愈病人"，"许多人似乎希望祖先离得越远越好"。[②] 这种对祖先鬼魂的恐惧意识，与汉代镇墓文所体现出来的观念是一致的。

　　直到近世，我国的独龙族仍然还有这种观念。他们认为，死人下葬三天以后，亡魂还会回来一趟，届时，到坟前摆上祭品，请巫师来家举行驱赶亡魂的仪式。巫师手持指引亡魂行路的棍杖等，口中念道："你已经死了，像摘黄瓜一样被摘掉了。这里不是你待的地方，你回去吧！酒肉饭都抬给你了，不要来到家中捣乱，好好地回到'阿细默里'（指亡魂之地），那儿才是你应该在的地方，让大家都平平安安吧！"他们相信，家中有人患病或遇到不吉祥的事，有可能是亡魂回来作祟讨吃的，除了在坟前供奉酒饭，巫师还要死者家属拿上棍棒，在坟地四周和家宅的门前房后，不断地敲打驱赶。巫师则骂着驱赶亡魂道："你怎么又回来了？为什么赖着不走？吃的喝的都抬给你了，你赶快走吧！快走！"[③]这种观念和汉代镇墓文所反映的情况很相近，都认为亡魂会

---

①　转引自〔英〕帕林德著，张治强译：《非洲传统宗教》，商务印书馆，1992 年，第59 页。
②　〔英〕帕林德著，张治强译：《非洲传统宗教》，第 60 页。
③　和志武等主编：《中国原始宗教资料丛编·纳西族、羌族、独龙族、傈僳族、怒族卷》，第 695、697 页。

回家来,而亡魂回家通常会给家中人带来祸祟,故而生人通常都会在埋葬死人时强调生死异路,死人的魂灵不要再回来为害家人。

第二,秦汉时期认为,人死亡的日子有吉凶之别,这在睡虎地秦简《日书》中已经有所反映,《日书乙种·四季天干占死者篇》:①

　　(1) 春三月,甲乙死者,其后有惪,正东有得。

　　丙丁死者,其东有惪,正西恶之,死者主也。

　　戊己死,去室西,不去有死。

　　庚辛死者,去室北,不去有咎。

　　壬癸死者,明鬼祟之,其东受凶。

　　(《睡虎地秦墓竹简·日书乙种》简202—简206壹)

　　(2) 夏三月,甲乙死者,东南受央(殃)。

　　丙丁死者,去室西南受凶,东有惪。

　　戊己死者,正西南有惪。

　　庚辛死者,其东受凶,其西北有惪。

　　[壬癸]死者,其南有惪。

　　(《睡虎地秦墓竹简·日书乙种》简207壹—简211壹)

　　(3) 秋三月,[甲乙死者,其]东受凶,男子[也]。

　　丙丁死者,其西受凶,其女子也。▢

　　戊己死者,有▢

　　庚辛死者,其东北受凶,正北有惪。

　　壬癸死者,明鬼祟之,其东受凶。

---

① 本篇原无题名,据刘乐贤说补,参《睡虎地秦简日书研究》,第388—389页。

（《睡虎地秦墓竹简·日书乙种》简 212 壹—简 216 壹）

（4）冬三月，甲乙死者，必兵死，其南恶之。

◻

戊己死者，有意。

庚辛死者，不去其室有死，正北有火起。

壬癸死者，有意，南室有亡子，且恶之。

□□后有得，东南恶之。

冬三月甲乙死者，必兵死，其南恶之。

（《睡虎地秦墓竹简·日书乙种》简 217 壹—简 223 壹）

　　这里按照十个天干日来占卜在四季中的不同日子有人去世可能
造成的吉凶情况：或者是"有意"，即有福，或者是"有咎""受凶""受央
（殃）"，即遭受罪谴、凶灾、祸害。多数的吉凶情况与方位有一定关联。

　　《随州孔家坡汉墓简牍·日书·死咎》也是与此相关的一篇文字：

……□之日，为所先室以建日，死失不出。

子死，其咎在里中，必见血。

丑死，其咎在室，必有死者三人。

寅死，其咎在西四室，必有火起。

卯死，其室必有弟弟若子死，有……

［辰死，其室必有□……］

巳死，其凶在室中。

午死，其室必三人死。

未死，其咎在里，寡夫若寡妇。

申死，其咎在二室，畜产。

酉死，不出三月，必有小子死。

戌死，其咎在室，六畜。

亥死，其咎在室，六畜。

这篇文字讲述如何根据十二地支所属之日占卜人死后作祟的方位以及何种凶咎。方位有"里中"，指间里之内；有"室中"，似指家中居室；有"西四室""二室"等，应是根据当时此类占卜使用的一种"死失图"所标的方位表述方法，这种图见于睡虎地秦简《日书》甲、乙种和孔家坡汉简《日书·死失》，如睡虎地秦简《日书乙种》中的图（图一）：

未 六月	南方	申 七月	酉 八月
午 五月	巳 四月	辰 三月	西方
东方	寅 正月	卯 二月	戌 九月
丑 十二月	子 十一月	北方	亥 十月

图一　睡虎地秦简《日书乙种》"死失图"示意图

睡虎地秦简《日书》甲、乙种只有图，没有对如何使用作说明。孔家坡汉简《日书·死失》则在图后有非常详细的说明文字，篇幅比这里所引的《死咎》长，不具引。本篇除了讲解灾咎可能发生的方位，还告诉人们会发生怎样的灾祸,灾祸大致可分三类:一是针对本家人和同间里人的,或者发生流血事故,或者会有人死亡,比如"必见血","必有死者三人","其室必有弟弟若子死","其室必三人死","其咎在里,寡夫若寡妇","不出三月,必有小子死";二是火灾,如"必有火起";三是针对畜产的,比如"其咎在二室,畜产","其咎在室,六畜"。

敦煌汉代悬泉置遗址出土简牍中有一篇题曰《死》的《日书》文字,其中同样记载了若在某日有人死亡必然会导致在某一个方向的人家中也有人员死亡:[1]

(1) ●辰死者,不幸。西南间一室必有死者,央(殃),凶不出西井上。……　(简Ⅰ0309③266 A)

(2) ●午死者,不非。西北间一室,必有死者,央(殃),凶在□□上。……　(简Ⅰ0309③:269)

(3) 死,吉凶。酉死,大事离。东南间三室凶,或死者央(殃),凶在北辟(壁)上。……　(简Ⅰ0309③:262A)

(4) ●亥死者,不主。西南间一室,必或死者,央(鞅),凶在马厩中。……　(简Ⅰ0309③:268A)

(5) ●卯死,复有丧。西南间三室,有死者,央(鞅)凶□□□上。……　(简Ⅰ0309③:146A)

(6) ●未死,□丑亡,◿央(殃),凶□□上。……　(简Ⅰ0309③:162A)

① 胡平生、张德芳:《敦煌悬泉汉简释粹》,上海古籍出版社,2001 年,第 178—179 页。

　　最后一支简背面有编号"第廿一",可见这篇《日书》简册应该有二十多支简,目前仅发现七支,还残缺不少,内容已经不完整。从残存内容看,大概在十二地支的每一天死亡,都会带来其他死亡和灾祸,所不同的只是引发死亡和灾祸的方位而已。这种对死亡产生的恐惧,实际上是秦汉时期人们面对灾疫爆发却无能为力的反映。

　　《日书》有关某日死亡会带来其他新死亡发生的这些观念,在出土镇墓文中得到某种验证。陕西西安中华世纪城小区十五号汉墓出土一件朱书陶瓶,腹侧有朱书镇墓文如下(图二):

　　　　阳嘉四年三月庚寅朔廿八日,天地告丘丞、墓伯、地下二千石、主死者名籍:王巨子以甲戌死,时日□□,死日不吉,秉信光故□故持铅人马问人□□□鸡□□□子之适,□□□□大□□□□□□□□□□□□□□□□□逞取,生死异□,生人前行,死人却步,生人□□一以□归丘墓何□□□□壬戌亡□□□□□□□□氏相妨,牢□土相侯郭□□□□□。①

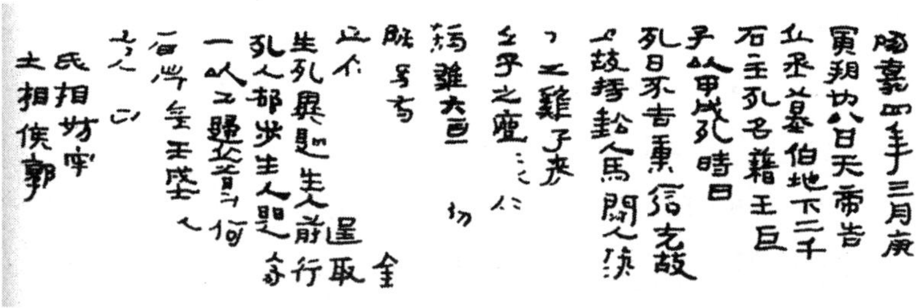

图二　陕西西安中华世纪城小区十五号汉墓朱书陶瓶摹本

① 　西安市文物保护考古所著:《西安东汉墓》,文物出版社,2009年,第742页。

陕西临潼新丰铁路编组站长条村取土场一号汉墓也出土一件朱书陶瓶,肩部以下有朱书镇墓文如下(图三):

> 敢告地下二千石、丘丞、墓伯、魂门亭长、冢士□:郭伯阳以五月六日死,死日不吉,时不良,□□□具酒脯□□鸡子,可以为伯阳千葬之日重主解天荒地荒大荒,八魁九坎,重复之央,主人、家人至老不得复相防(妨),后□以□当为□重足复足□□,急急如律令。①

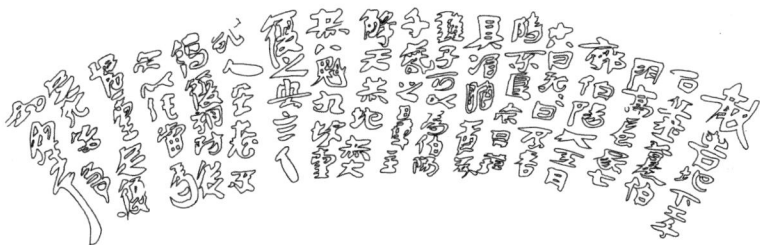

图三　陕西临潼新丰铁路编组站长条村取土场一号汉墓朱书陶瓶摹本

这两件朱书陶瓶上的文字还有一些因为模糊不清而无法释读,第一件尤甚,不过意思大致可以明白,第一件镇墓文讲的是王巨子在甲戌这一天去世,这个日子不吉("时日□□,死日不吉"),家人就请来道巫为他解谪,除了摆出包括"鸡□"在内的祭品外,还使用了铅人、铅马为死者承担罪谪。镇墓文是以"天地"("天地"应是"天帝"之误)的名义向丘丞、墓伯、地下二千石以及主管死者名籍的小吏发出命令,在为

---

①　西安市文物保护考古所著:《西安东汉墓》,第 868 页。

死者解谪的同时,还要求死者鬼魂不要妨害家人。

第二件镇墓文讲的是郭伯阳在五月六日去世,他不仅死亡的日子不吉,时辰不好,这对死者的鬼魂不利,而且其鬼魂也会对家人带来某些妨害,为此,家里准备好"酒、脯、□□、鸡子"等祭品,请道巫来举行祭祷仪式,通知地下二千石、丘丞、墓伯、魂门亭长、冢土等地下官吏,为死者解除罪谪殃咎,并警告死者不要回来妨害家人。

第一件镇墓文所署的时间是阳嘉四年(135)三月庚寅朔廿八日,而王巨子死在甲戌日,阳嘉四年三月无甲戌,二月辛酉朔,十四日甲戌,王巨子死亡的日子应是二月甲戌(十四日)。甲戌之日死亡者,凶,这与随州孔家坡汉墓简牍的《日书·死咎》"戌死,其咎在室,六畜"的记载很相符。可见,《日书》的禁忌不是徒具空文,而是切实被当时人信奉的。

第二件镇墓文中的郭伯阳死在五月六日,由于该镇墓文没有提供纪年,无法推知这个日期的干支,从而无从与出土《日书》中的有关死亡日期吉凶的记载进一步比证。尽管如此,这则材料也足以证明《日书》的相关记载确实是为当时人们所信奉。

总之,出土《日书》和镇墓文说明,当时的人相信,在某些特定的日子死亡,会给人们带来相应的灾祸,会给生者造成某些连带的坏的影响,也可能带来好的影响,人们试图通过神秘的方式来解答或掌握这种种的可能,以便有所准备,至少是对可能发生的现象作出自己认为合理的解释。毫无疑问,自己家里的亲人死亡之后,也遵循这样的数术法则,这应该是秦汉人相信家人鬼魂既能佑助生者又能祸害生者的信仰背景。

以上还只是秦汉人对死亡日期与吉凶预测之间的认识之一,出土

资料还说明，当时的人们相信，在某些凶日
死亡的人，不仅能给家人或某些方位的人带
来某种灾祸，其鬼魂干脆就是凶恶的，是一
种永远为害于家人或周围活着的人的恶鬼。
1957 年，江苏省高邮县邵家沟发现一处东汉
晚期遗址，在下层文化堆积的一个灰沟内出
土一枚书写符咒语的木牍（图四）和一枚火
烧过的"天帝使者"封泥。① 经刘乐贤研究，
木牍上部的符是北斗七星符及其他道符，北
斗七星符的斗魁内书写"北斗君"三字。② 木
牍下部为一段咒语：

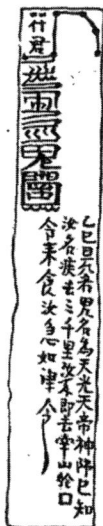

图四　江苏高邮邵家沟
东汉符咒木牍③

　　　　乙巳日死者，鬼名为天光。天帝神
师已知汝名，疾去三千里。汝不即去，
南山纷□，令来食汝。急如律令。

　　据咒语，凡是乙巳日死亡者，其鬼即称"天光"，属于恶鬼。该木牍
出自东汉晚期的灰沟内，此灰沟很有可能是汉代当地人举行祭神驱鬼
法术仪式的一个重要场所。因为举行巫术活动时往往有所焚烧，故而

① 江苏省文物管理委员会：《江苏高邮邵家沟汉代遗址的清理》，《考古》1960 年第
10 期。
② 刘乐贤：《简帛数术文献探论》（增订版），中国人民大学出版社，2012 年，第 200—
211 页。
③ 江苏省文物管理委员会：《江苏高邮邵家沟汉代遗址的清理》，《考古》1960 年第 10
期，第 21 页。

在这里有很厚的灰烬堆积。该木牍应是当时巫师举行驱除恶鬼仪式时所使用,同时出土的"天帝使者"封泥,应该是与该木牍配合使用的。"天光"这样的恶鬼不仅会给家人带来不可预测的祸害,还会给其他人造成凶灾,所以,人们需要驱除它。

第三,人死亡的日子无法把握,但给死者下葬的日子可以选择。在秦汉人看来,下葬的日子不仅可以选择,而且是必须选择。《论衡·讥日篇》:"《葬历》曰:葬避九空、地臽,及日之刚柔,月之奇耦。日吉无害,刚柔相得,奇耦相应,乃为吉良。不合此历,转为凶恶。"据此,下葬的日子需要选择一个"刚柔相得,奇耦相应"的日子,如此方能趋吉避凶。

何谓刚日、柔日?《淮南子·天文训》:"凡日,甲刚乙柔,丙刚丁柔,以至于壬癸。"《礼记·曲礼上》孔颖达疏:"刚,奇日也。十日有五奇五偶,甲丙戊庚壬五奇为刚也。乙丁己辛癸五偶为柔也。"

如何择日才能做到"刚柔相得,奇耦相应"呢?这在传世文献中找不到详细的解说。出土秦汉简牍《日书》中也没有刚日、柔日之说,但有关于牡日与牝日的记载,这些记载通常会讲到牡日、牝日与死亡、下葬之间的吉凶关系,例如《睡虎地秦墓竹简·日书甲种·娶妻出女篇》:

　　　子、寅、卯、巳、酉、戌为牡日。●丑、辰、申、午、未、亥为牝。牝日以葬,必复之。　　(简11背)

《天水放马滩秦简·日书乙种》:

(1)□□(戌)[戌]子寅为牡日
　　□□未申亥为牝日　　(简86—简87)

（2）牡日死,必以牝日葬;牝日死,必以牡日葬。不然,必复
之。　（简 89）

（3）必女日复之,以女日死,以女日葬,必复之。男日亦如是,
谓冈(刚)。　（简 92）

《随州孔家坡汉墓简牍·日书·牝牡日》:

（1）……为牡日,牡日以死及葬,必复之。　（简 186 壹）
（2）……为牝日,牝日以死及葬,必复之。　（简 187 壹）

牡日、牝日又称作男日、男子日、女日、女子日。《睡虎地秦墓竹
简·日书甲种·葬日篇》:

葬日:子卯巳酉戌,是胃(谓)男日。●午未申丑亥辰,是胃
(谓)女日。女日死,女日葬,必复之。男子亦然。●凡丁丑不可以
葬,葬必参。　（简 30 正贰、简 31 正贰）

《睡虎地秦墓竹简·日书乙种·男日女日篇》:

人日:
凡子、卯、寅、酉男子日,●午、未、申、丑、亥女子日。以女子日
病,病瘳,必复之。以女子日死,死以葬,必复之。男子日如是。
男子日:
男子日,寅、卯、子、巳、戌、酉。●女子日,辰、午、未、申、亥、

丑。(简108—简109)

《天水放马滩秦简·日书甲种》：

　　●男日:卯寅巳酉戌。　●女日:午未申丑亥辰。
　　●以女日死,以女日葬,必复之。男日亦如是。　(简1—简3)

《天水放马滩秦简·日书乙种》：

　　男日:子卯寅巳酉戌,[女日:午]未申丑亥辰。●以女☐
　　☐必女日复之。以女日死,以女日葬,必复之。男日亦如是。
(简91—简92)

　　牡日(男日、男子日)、牝日(女日、女子日)是秦汉人在阴阳观念指导下,依照地支对日子的属性作的一种区分。从这几份资料来看,牡日(男日、男子日)是指干支计日中带有子、寅、卯、巳、酉、戌六个地支的日子,牝日(女日、女子日)是指带有丑、辰、午、未、申、亥六个地支的日子。有的《日书》牡日(男日、男子日)、牝日(女日、女子日)各自缺少一至二个日子,分别只有四个或五个地支日,这很有可能是传本脱漏所致。①

　　各条有关牡日(男日、男子日)、牝日(女日、女子日)的《日书》材料尽管有完整与不太完整之别,但其阐述的禁忌内容大致相同,即认为

———————

① 刘乐贤:《睡虎地秦简日书研究》,第70—71页。

死亡和下葬的日子都是在牡日（男日、男子日）者，或都是在牝日（女日、女子日）者，家中必定会再次发生人员死亡（"必复之"）。换言之，只有死亡和下葬的日子不在同一类型的日子，一在牡日（男日、男子日）、另一在牝日（女日、女子日）者，才吉利，才不会引起家中成员的接连死亡。例如，在牡日（男日、男子日）死亡者，应该在牝日（女日、女子日）下葬，在牝日（女日、女子日）死亡者，应该在牡日（男日、男子日）下葬。此即放马滩秦简《日书乙种》所说："牡日死，必以牝日葬；牝日死，必以牡日葬。不然，必复之。"

传世古籍中的刚柔日是按照十天干划分，划分有一定规律，即《淮南子·天文训》和《礼记·曲礼上》孔颖达疏所说的奇偶日，奇日为刚日，偶日为柔日，十天干日中的刚日、柔日各自为五天。而出土《日书》的牡日（男日、男子日）、牝日（女日、女子日）是按照十二地支划分，划分没有什么规律可循，不知何所依据。

但正如学者所指出，出土《日书》关于牡日（男日、男子日）与牝日（女日、女子日）的概念，与传世文献中见到过的刚日、柔日在术数原理上是相同的。秦汉人在选择下葬日子时，往往要考虑死者去世的日子，这两个日子应该刚柔（或曰牡、牝，或曰男、女）匹配，阴阳相合，不可全为刚日（牡日、男日），也不可全为柔日（牝日、女日）。虽然出土《日书》与传世古籍对这些日子具体所指的日期上不同，它们遵循阴阳调和的原则却是一致的。①

还有一点值得注意，上引《睡虎地秦墓竹简·日书甲种·葬日篇》除了讲葬日的选择需要考虑男日、女日，另外特别提到"凡丁丑不可以

①　刘乐贤：《睡虎地秦简日书研究》，第72页。

葬,葬必参"。意思是说,给死者下葬的日子无论如何不能选择在丁丑这一天,否则就会带来家中有三人接连死亡的大不幸。类似的内容还见于敦煌悬泉置汉简《日书·死》:

> 丁丑不可入丧,丧,不出三年有人三死亡。　（简Ⅰ0309③:335A)[1]

"入丧"指吊丧等丧祭仪式。在这里,遇到丁丑日连正常的丧祭仪式都受到了限制。可见,在秦汉时期丧葬择日观念中,丁丑是令人十分忌讳的一个日子。

此外,辰日也是一个在丧葬择日中令人极力回避的凶日。《睡虎地秦墓竹简·日书甲种·十二支避忌篇》:

> 毋［以］辰葬,必有重丧。　（简105 正贰）

《睡虎地秦墓竹简·日书乙种·辰日篇》:

> 辰不可以哭、穿肆（眚）,且有二丧,不可卜筮、为屋。　（简191 贰）

《武威汉简》日忌木简丙:

---

[1]　胡平生、张德芳:《敦煌悬泉汉简释粹》,上海古籍出版社,2001 年,第178 页。

［辰］毋治丧□□□□①

敦煌悬泉置汉简《日书·死》：

　　辰不可穿。穿，不出三月有五丧。……勿以哭泣，以哭泣，不出三月复哭。   （简Ⅰ0309③266A)②

《论衡·辨祟篇》：

　　辰日不哭，哭有重丧。

　　这些记载表达了同一个意思，即在辰日这一天，不可以哭丧，不可以下葬，凡与丧事有关的活动应该暂时停止，否则，会带来二次死丧。

　　秦汉时期对丧葬日期的禁忌信仰，深刻影响了丧葬活动的正常举行。《论衡·辨祟篇》说人们下葬死者时为了避开不好的日子，把尸棺停放起来，等待吉日下葬，结果是"死者累属，葬棺至十，不曰气相污，而曰葬日凶"。十数具尸棺都停放在那里等待吉利的葬日，结果尸体腐烂，恶浊之气散布，对生者的正常生活造成负面影响。

　　第四，埋葬地点优劣也会影响被埋葬者的鬼魂是否能够庇佑家人。《太平经》卷五十《葬宅诀》说："葬者，本先人之丘陵居处也，名为初置根种。宅，地也，魂神复当得还，养其子孙，善地则魂神还养也，恶

---

① 中国科学院考古研究所、甘肃省博物馆编：《武威汉简》，文物出版社，1964年，第136页。
② 胡平生、张德芳：《敦煌悬泉汉简释粹》，第178页。

地则魂神还为害也。……欲知地效,投小微贱种于地,而后生日兴大善者,大生地也;置大善种于地,而后生日恶者,是逆地也;日衰少者,是消地也。"《太平经》成书随在东汉末年,但其中的许多认识的来源应该比较早。就选择葬地而言,《汉书》中有两件事情可以说明古人对葬地的选择比较重视。《汉书·韩信传》记载说:韩信母亲去世后,"无以葬,乃行营高燥地,令傍可置万家者"。颜师古注认为这表明韩信志气很大。又,同书《成帝纪》《陈汤传》记载,汉成帝即位之初,在渭城延陵亭部起初陵。后来,改在霸陵曲亭南建造昌陵,不少大臣反对新的选址,而将作大匠解万年赞成,自称三年可成,终究耗费钱财工时而未能成功,陵址仍回到延陵亭部。大臣反对的理由之一是"昌陵因卑为高,积土为山,度便房犹在平地上,客土之中不保幽冥之灵,浅外不固"。这两件事,一在秦末,一在西汉后期,再结合《太平经》的记载,说明在秦汉时期葬地选择的观念中,神秘的内容越来越复杂,日渐把葬地的好或坏与鬼魂对家人善或恶的影响联系起来。

第二节　外鬼

在《睡虎地秦墓竹简·日书》中有一种"外鬼"。比如《日书甲种·病篇》:

(1) 庚辛有疾,外鬼伤(殇)死为祟,得之犬肉、鲜卵白色,甲乙病,丙有间,丁酢。若不酢,烦居西方,岁在西方,白色死。 (简74 正贰—简75 正贰)

(2) 壬癸有疾,母(毋)逢人,外鬼为祟,得之于酉(酒)脯修节

肉。丙丁病,戊有间,己酢。若不酢,烦居北方,岁在北方,黑色死。(简 76 正贰—简 77 正贰)

《日书乙种·有疾篇》简 185—简 187 仅仅个别文字与此略有差异,也明确认为在庚、辛、壬、癸这样的日子患病者,是遇到外鬼的侵扰,其中有的外鬼属于殇死之鬼,即未成年而死的鬼魂。

《日书乙种·十二支占卜篇》按照十二地支占卜疾病,其中也有认为外鬼致病的简文,如:

(1) 丑(中略)[以有]疾,卯少瘳(瘳),巳大瘳(瘳)、死生,脯肉从东方来,外鬼为姓(眚),巫亦为姓(眚)。　(简 159—简 160)

(2) 午(中略)有疾,丑少瘳(瘳),辰大瘳(瘳),死生在寅,赤肉从南方来,把者赤色,外鬼兄世为姓(眚)。　(简 169—简 170)

(3) 未(中略)以有疾,子少瘳(瘳),卯大瘳(瘳),[死]生在寅,赤肉从南方来,把者[赤]色,母世外死为姓(眚)。　(简 171—简 172)

(4) 酉(中略)[有]疾,戌少瘳(瘳),子大瘳(瘳),死生在未,赤肉从北方来,外鬼父世见而欲,巫为姓(眚),室鬼欲狗(拘)。(简 175—简 176)

(5) 亥(中略)以有疾,巳少瘳(瘳),酉大瘳(瘳),死生在子,黑肉从东方来,母世见之为姓(眚)。　(简 179—简 180)

这五段简文谈到纠缠病人的鬼神都是外鬼。"为姓(眚)"即《日书甲

种·病篇》中的"为祟",①是纠缠人使之患病的意思。比较值得注意的
是,第二、三、四段简文中的外鬼分别为"外鬼兄世""母世外死""外鬼
父世","兄世"即兄弟辈的人,"母世"即母亲辈的女性人员,"父世"即
父亲辈的男性人员。

那么,什么样的鬼是外鬼? 外鬼为什么会对家人造成危害呢? 有
学者认为外鬼在"父母""王父母"这样的祖先神灵之外的鬼,包括一般
的鬼魂(外鬼)和厉鬼(外鬼伤死)。② 另有学者认为外鬼应该就是外死
之鬼,③即不是在家中死亡。笔者倾向于后一种解释。文献和民族材
料表明,古人认为一个人在外地死亡是不吉祥的,其鬼魂被列入恶鬼。
例如敦煌藏经洞发现的唐咸通三年(862)五月写本《发病书》(图五),
其中"推五子病法"中列举了不同时日患病与各种恶鬼之间的关系,其
中多次提到客死鬼:

　　壬子日病者,至己未差(瘥),客死鬼作,水解之吉。
　　乙丑日[病],至辛卯差(瘥),丈人、客死鬼作。丁丑日病,至
丙寅日差(瘥),祟在客死鬼,水解之[吉]。
　　戊寅日病者,庚戌日差(瘥),祟在客死鬼,大重,九死一生。
　　甲寅病,至戊午日差(瘥),祟在客死鬼,解之吉。
　　庚辰日病者,丙寅日差(瘥),祟在客死鬼、山神,解之吉。
　　壬午日病者,至庚子日差(瘥),祟在客死鬼,求之吉。
　　辛未日病,至丙子日差(瘥),水解,客死鬼。

① 刘乐贤:《睡虎地秦简日书研究》,第370页,注[三]。
② 林富士:《汉代的巫者》,稻乡出版社,1999年,第109页。
③ 刘乐贤:《睡虎地秦简日书研究》,第118页,注[十]。

丁酉日病，至壬午日差（瘥），祟在客死、土公，解[之吉]。①

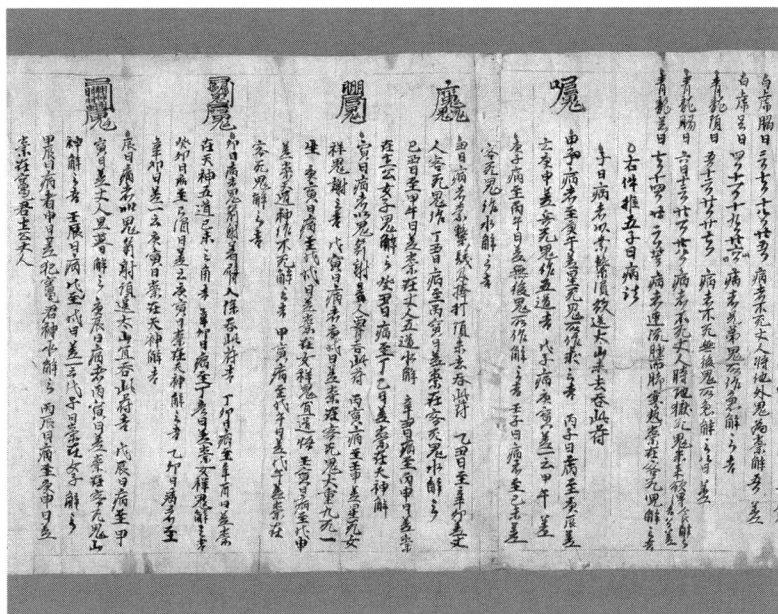

图五　敦煌唐咸通三年(862)五月写本《发病书》(P. 2856)(局部)

客死的意思是死在外地，客死他乡。《发病书》中如此频繁地出现客死鬼，足见人们对这种鬼的恐惧。与此类似的鬼在《医心方》中也有记载，该书卷十四《治鬼疟方》引《范汪方》说，疟疾在平旦时发作的，是受客民鬼侵害，在食时发作者，是受客死鬼侵害。② 说明客死鬼给人带

① 上海古籍出版社、法国国家图书馆编：《法国国家图书馆藏敦煌西域文献》第19册，上海古籍出版社，2001年，第140页。
② 〔日〕丹波康赖撰，翟双庆、张瑞贤等点校：《医心方》，华夏出版社，1993年，第234页。

来疾患的说法在民间早就颇有流传。民族学资料也有例证。我国瑶族人相信,鬼有善恶之分,触犯了恶鬼就会致病。恶鬼之中有野山鬼,他们是在本地摔死或被杀死的外来人,其魂无所依附,便经常摄取人的魂以报复,这种鬼最恶。有家山鬼,他们是在当地摔死或被杀死在途中的本地人,因为祖宗不容,魂魄便到处游荡,摄取人的魂。瑶族的这两种鬼都是因为人死于外地而成为恶鬼的。《范汪方》说的客民鬼类似瑶族说的野山鬼,是在本地非正常死亡的外来人员。《发病书》和《范汪方》中的客死鬼类似瑶族说的家山鬼,即本地人外出而死在异乡。秦简把兄弟辈、父亲辈、母亲辈的某些鬼魂称作外鬼,认为它们会给家人带来疾病,这些外鬼很有可能是死亡在外地或在本地山野中意外死亡的鬼魂,因为它们不是在家中正常死亡,故称为外鬼。

第三节　非正常死亡的恶鬼

人死亡的情形很多,古代把不同情况下死亡而变成的鬼作了划分,尤其是凶死者,因为他们的鬼魂通常被归入恶鬼之列,古人更加重视。秦汉时期,人们想象中能够带来疾病乃至死亡的这类恶鬼名称繁多。《睡虎地秦墓竹简·日书甲种·诘咎篇》就记录了很多致人疾病的此类恶鬼:

> (1)人毋(无)故鬼攻之不已,是是刺鬼。以桃为弓,牡棘为矢,羽之鸡羽,见而射之,则已矣。　(简27背壹—简28背壹)
> (2)一宅中毋(无)故而室人皆疫,或死或病,是是棘鬼在焉,正立而狸(埋),其上旱则淳,水则干。屈(掘)而去之,则止矣。

（简 37 背壹—简 39 背壹）

（3）一宅之中毋（无）故室人皆疫，多瞢（梦）米（寐）死，是是匀鬼狸（埋）焉，其上毋（无）草，如席处。屈（掘）而去之，则止矣。
（简 40 背壹—简 42 背壹）

（4）人毋（无）故一室人皆疫，或死或病，丈夫女子隋（堕）须羸发黄目，是宎宎〈是是宎〉人生为鬼，以沙人一升控其春白，以黍肉食宎人，则止矣。　（简 43 背—简 46 背壹）

（5）一室人皆毋（无）气以息，不能童（动）作，是状神在其室，屈（掘）沓泉，有赤豕，尾犬首，享（烹）而食之，美气。　（简 36 背贰—简 38 背贰）

（6）鬼恒嬴（裸）入人宫，是幼殇死不葬，以灰渍之，则不来矣。
（简 50 背贰）

（7）鬼恒逆人，入人宫，是游鬼，以广灌为戟以燔之，则不来矣。（简 51 背贰）

（8）毋（无）故室皆伤，是粲迓之鬼处之，取白茅及黄土而西（洒）之，周其室，则去矣。　（简 57 背贰—简 58 背贰）

（9）鬼婴儿恒为人号曰："鼠（予）我食。"是哀乳之鬼。其骨有在外者，以黄土渍之，则已矣。　（简 29 背叁—简 30 背叁）

（10）一室人皆养（痒）膗（体），疠鬼居之，燔生桐其室中，则已矣。（简 52 背叁）

这里讲述了各种恶鬼和瘟疫、疾病之间的关系。

其一是刺鬼。这种鬼对人纠缠、攻击不止。有学者认为刺鬼即厉鬼，[①]不知是否确当。从文献对厉鬼的记载来看，刺鬼似与厉鬼有些不同。厉鬼是绝后之鬼，在古代鬼神信仰中出现很早，流传很久。这种鬼因为无后，没有亲人祭祀他们，得不到血食，无所归依，就会给其他人带来祸害。[②] 为了避免祸害，古人专门为这样的鬼举行祭祀，给予安抚。《礼记·祭法》说：

> 王为群姓立七祀，曰司命，曰中霤，曰国门，曰国行，曰泰厉，曰户，曰灶。王自为立七祀。诸侯为国立五祀，曰司命，曰中霤，曰国门，曰国行，曰公厉。诸侯自为立五祀。大夫立三祀，曰族厉，曰门，曰行。适士立二祀，曰门，曰行。庶士、庶人立一祀，或立户，或立灶。

在祭典上规定了对厉鬼的祭祀，从周王到诸侯，再到大夫，不同身份级别的人都有义务按时祭祀这种厉鬼。从规定看，普通人没有这个义务。这大概是因为在宗法制度下，对此类鬼的祭祀应该归由不同级别的宗族来承担，通过宗族出面，为本宗族内的无后之鬼举行祭祀。但在宗法制度解体之后，厉鬼的信仰依然延续，民间对厉鬼的畏惧也依然不减，祭祀厉鬼自然就应成为一种民间行为。

---

① 刘钊：《谈秦简中的"鬼怪"》，见氏著《出土简帛文字丛考》，台湾古籍出版有限公司，2004 年，第 137 页。

② 古代的厉鬼似乎不止一种，比较复杂，大概古人把好多种能给人带来疾疫、灾害的恶鬼都称作厉鬼。从文献记载看，至少节令类型的疫鬼也被称作厉鬼。见本文相关论述。

早期的厉鬼主杀罚,会给生人带来严重伤害,[1]但与疾病似乎没有很明确的关系。从秦简的记载来看,战国至秦时期的厉鬼大概已经成为疾病的制造者。敦煌文献中称作"无后鬼""断后鬼",例如唐写本《发病书》(P.2856):

> 庚子病,至丙午日差(瘥),无后鬼所作,解之吉。
> 乙未日病,至子日差(瘥),一云庚寅,断后鬼。
> 癸酉日病,至辰日差(瘥),祟在井、灶、断后鬼,解[之吉]。
> 乙酉日病,壬午日差(瘥),祟在灶、井、断后鬼,解之吉。[2]

顾名思义,"无后""断后"就是没有宗法意义上的后代,这类人死后成为"无后鬼""断后鬼",是经常给其他人带来比较多疾病的一种鬼。

在民族学资料中,也有绝后鬼给人带来灾咎的说法,比如纳西族的一个故事传说中就有绝后鬼把人的眼睛弄瞎的情节。[3]

《诘咎篇》里的刺鬼纠缠、攻击人,这与厉鬼的危害不完全相同。《睡虎地秦墓竹简·日书甲种·除篇》说:"害日,利以除凶厉,兑(说)不羊(祥)。"此"厉"不知是否即厉鬼。

其二是棘鬼。这种鬼能使一家人在毫无征兆的情况下染患瘟疫,

---

① 《礼记·祭法》郑玄注:"厉,主杀罚。"
② 上海古籍出版社、法国国家图书馆编:《法国国家图书馆藏敦煌西域文献》第19册,第140页。
③ 和志武等主编:《中国原始宗教资料丛编·纳西族、羌族、独龙族、傈僳族、怒族卷》,第173页。

他们或病倒或死亡。棘鬼埋在地下的土中，藏身之处在干旱之时保持湿润，好像用水浇灌过一样，在雨水季节却又呈现干燥的样子。棘鬼之名未见于其他文献，有学者认为"棘"或读为"瘠"，瘠鬼即瘦鬼。[1] 按《吕氏春秋·任地》："棘者欲肥，肥者欲棘。"高诱注："棘，赢瘠也。《诗》'棘人之栾栾'，言赢瘠也。"则"棘"正可训作"瘠"。

其三是匀鬼。这种鬼是秦简中的另一种致病的恶鬼，它也能使一家人在毫无征兆的情况下染患瘟疫，他们在睡眠之时死去。匀鬼埋藏之处没有杂草生长，好像铺过席子。这种鬼不知与文献中所见之鬼中的哪一种接近。睡虎地秦简整理小组注释说："匀，疑即'包'字。一说，即'孕'字。"若依此，则匀鬼应是指妇女怀孕尚未生产即意外死亡之鬼。或释"匀"作"字"。[2]《说文》："字，乳也。从子在宀下，子亦声。""人及鸟生子曰乳，兽曰产。"则匀鬼有可能是"乳死鬼"，即妇女因难产而死之鬼。陕西省长安县三里村东汉墓出土朱书陶瓶符文中提到四种恶鬼名字中也有"乳死咎鬼"。[3] "孕死""乳死"同样是死于非命，故被归入恶鬼之列。《医心方》卷十四《治鬼疟方》引《范汪方》也说"乳死鬼"能使人患疟疾。[4] 乳死鬼亦见于《汉书·郊祀志》："是时上求神君，舍之上林蹄氏馆。神君者，长陵女子以乳死，见神于先后宛若。"颜注引孟康曰："产乳而死也。"神君因为灵验，被汉武帝请入上林苑供奉。表面上看，这件事情好像说明因生子而死亡的长陵女子没有变成恶

---

① 刘钊:《谈秦简中的"鬼怪"》,第 141 页。

② 刘乐贤:《睡虎地秦简日书研究》,第 236 页。

③ 王育成:《文物所见中国古代道符述论》,载《道家文化研究》第九辑,生活·读书·新知三联书店,1996 年。

④ 〔日〕丹波康赖撰,翟双庆、张瑞贤等点校:《医心方》,第 235 页。

鬼,事实上与常理恐怕并不矛盾。我们推测,长陵女子产子而死之后,妯娌们之所以感到她变成的鬼神灵验,应该是妯娌开始时害怕她同样变成恶鬼而进行祭祀祷请,在这个过程中,发现神君好像不是凶恶的样子,反而有求必应,很灵验,长陵女子这才由人人害怕的乳死鬼,变成有求必应的神君,成为人们争相崇祀的对象,甚至引入宫中。

其四是化为小儿身形的鬼。饿死鬼能使一家人毫无征兆地染患瘟疫,或死或病,须发脱落,眼珠发黄。秦简记载这种鬼"宎人生而为鬼"。①

其五是伤死之鬼。一家人都没有了气息,不能动作,这是因为居室内的地下埋藏有因伤而死之鬼("状神")。② 伤死之鬼,见于《淮南子·俶真训》:"伤死者,其鬼娆。"《说文》:"娆,苛也。一曰扰、戏弄也,一曰嬲也。从女尧声。"《集韵》:"音饶。娇娆,妍媚貌。"《淮南子》说的伤死鬼虽然不属于仁善者,但其形象似乎也不是那么凶恶。这与秦简中的伤死鬼不同。

与秦简所说的伤死鬼情况比较接近的是兵死鬼。古人称死于刀兵者为兵死鬼。《淮南子》卷十七《说林训》:"战兵死之鬼憎神巫。"高诱注:"兵死之鬼善行病人,巫能祝劾杀之。憎,畏也。"王念孙《读书杂志·淮南内篇第十七》曰:"'战'字后人所加。故人所谓兵者,多指五兵而言,兵死谓死于兵也。《曲礼》曰:'死寇曰兵。'《释名》:'战死曰

---

① 宎,整理小组注:"宎,疑即宝字,此处疑读为窔。"刘乐贤的《睡虎地秦简日书研究》认为宎人可能指小童,是一种幻化作孩童之形的疫鬼。详见该书第237页,注[二十八]。
② 状神,应是受伤而死之鬼。整理小组注:"状,读为戕。《国语·晋语》注:'犹伤也。'"

兵。言死为兵所伤也。'《周官·冢人》曰:'凡死于兵者不入兆域。'皆
是也。后人谓战士为兵,故妄加'战'字耳。"古代兵刑合一,兵死者身
体皆受亏损,如同刑杀者,故而兵死鬼与刑死鬼都被看作凶鬼。高诱
说兵死之鬼善于给人带来疾病,而巫师能消灭他们。可见,兵死鬼为
人所害怕和痛恨的就是作祟于人,使人染病。

我们可以再举两个有关兵死鬼作祟、使人患病的例子。《九店楚
简》的"告武夷"简(图六):

　　　[□]敢告□䰩之子武夷:尔居复山之㞢(基),不周之野,帝谓
尔无事,命尔司兵死者。今日某将欲食,某敢以其妻□妻女(汝),
聂币、芳粮以(量)牘(赎)某于武夷之所:君昔(夕)受某之聂币、芳
粮,囟(思)某来归食故。

这条材料广为人知,讨论比较多。学术界通称这篇祝文为"告武
夷"。这是一篇向主管兵死者之神武夷祷告之文,对此,大家已有共
识。但对其具体内容和性质,学者间还存在一些分歧。[①] 笔者倾向于
李家浩先生的意见,这应该是巫祝为受兵死之鬼作祟而害病者招魂的
祷辞,巫祝向掌管兵死鬼的神灵武夷祝告,希望武夷能让病人之魂归
来,饮食如故。[②] 古代人普遍认为,兵死鬼能致人疾病乃至死亡。祝文

① 李零:《古文字杂识(二则)》,《第三届国际中国古文字学研讨会论文集》,香港中
文大学中国文化研究所、中国语言及文学系,1997年,第759—760页;〔美〕夏德安著,
陈松长译:《战国时代兵死者的祷辞》,《简帛研究译丛》第二辑,湖南人民出版社,1999
年,第30—42页;李家浩:《九店楚简"告武夷"研究》,收入《著名中年语言学家自选
集·李家浩卷》,安徽教育出版社,2002年,第318—338页。
② 李家浩:《九店楚简"告武夷"研究》。

中提到的兵死鬼很可能已经作祟某人,使之患病,患者长久不愈,在人们看来,患者的魂魄是被兵死鬼抓走了。为了使其魂魄回来,就向主管兵死鬼的武夷神祷告,希望武夷神命令兵死鬼放开这个人的魂魄,使之归来。

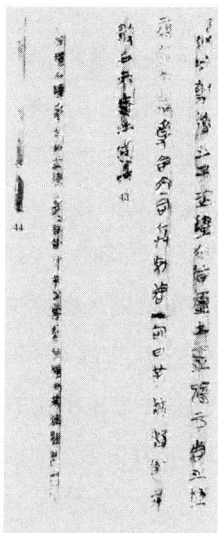 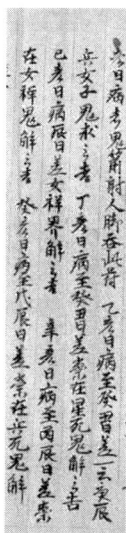

图六　《九店楚简》"告武夷"简　　　图七　唐写本《发病书》
（简43—简44）　　　　　　　　（P. 2856）（局部）

敦煌藏经洞发现的唐写本《发病书》(P. 2856)"推五子"病法中也提到兵死鬼与疾病的关系(图七)：

> 丙子日病,至庚辰差(瘥),一云庚申差(瘥),兵死鬼作,五道,吉。

　　　　癸亥日病，至戊辰日差(瘥)，祟在兵死鬼，解[之吉]。①

　　这条材料也说某日发作、某日痊愈的疾病是兵死鬼造成的。所有这些记载都与秦简中的伤死之鬼的危害很类似。

　　其六是小儿鬼。这是幼小未成年的小孩死后变成的鬼。秦简《日书》认为殇死者如果没有埋葬入土，鬼魂就会经常赤裸身体进入人家的室内。殇死者的尸骨如果露出土外，其鬼也会经常前来，并像婴儿一样呼喊："给我吃的！"秦人称这种小儿鬼为哀乳之鬼，"哀乳"的意思是哀求哺乳。② 古人认为，殇死的小儿鬼容易侵扰人并使人患病。《医心方》卷十四《治鬼疟方》引《范汪方》就说，疟疾在鸡鸣和人定时发作，都是因为小儿鬼的侵害。③ 汉代人不仅相信小儿鬼与疾病存在必然关系，还流行一个传说，认为小儿鬼与颛顼帝三个夭亡的儿子有关系。

　　在马王堆汉墓帛书《五十二病方》中，有一种惊骇小儿的疫鬼——魅，书中收录了两个驱除小儿鬼以治病的祝由方，其中第二个具体如下：

　　　　祝曰："渍(喷)者魅父魅母，毋匿，符实□北，皆巫妇，求若固得，县(悬)若四体，编若十指，投若于水，人殹(也)人殹(也)而比鬼。晦行□＝，以采〈奚〉蠡为车，以散箕为舆，乘人黑猪，行人室家，□[□□□□]□□□□若□[□]彻胆，魅□魅妇[□]□□所。"

───────────

① 　上海古籍出版社、法国国家图书馆编：《法国国家图书馆藏敦煌西域文献》第19册，第140页。

② 　刘钊认为"哀"也可以训为"求"，说是。见刘钊：《说"魅"》，载《中国典籍与文化》2012年第4期。

③ 　〔日〕丹波康赖撰，翟双庆、张瑞贤等点校：《医心方》，第234、235页。

这是诅咒、驱除魃的祝文。魃鬼在古代传说中出入居室，使人生病。祝文通过诅咒这种疫鬼的父母，说出各种令其恐惧的惩罚办法，以此迫使魃鬼离开。

《论衡·订鬼篇》引《礼》曰："颛顼氏有三子，生而亡去为疫鬼：一居江水，是为虐鬼；一居若水，是为魍魉鬼；一居人宫室区隅沤库，善惊人小儿。"[①]应劭《汉旧仪》的记载与此差不多。在古代鬼神传说的演变过程中，许多鬼神往往被后人拿来与历史上的某个人物相附会。小儿鬼与颛顼帝三个儿子的关系，也应该是遵循了这一规律。目前所知这个传说最早的记载大概就是《论衡》，再次是《汉旧仪》，可见这个传说出现的时间应该不早于东汉。

其七是游鬼。这种鬼经常冲撞人，进入人家的室内。

其八是粲迓之鬼。如果室内有粲迓之鬼，一家人会无缘无故都受伤。秦简整理小组注："迓，疑读为牙。粲牙，露齿。"粲牙，似指鬼的嘴长着獠牙。长着獠牙的凶恶之鬼，其攻击性必定很强，故而一家人都会无故受伤。

其九是疠鬼。这种鬼进入某家之后，这家人就会全部感到身体瘙痒。疠指麻风病，疠鬼即患麻风病而死的鬼。因为麻风病具有传染性，令人恐怖，患者身上的皮肤肌肉通常发生溃疡、腐烂，所以秦人就认为一家人突然全都皮肤瘙痒，是受到麻风病鬼的侵扰。麻风病鬼是

---

① 《太平御览》卷五百三十引《礼纬》曰："颛顼有三子，生而亡去，为疫鬼。一居江水，是为虐鬼魍魉鬼；一居人宫室区隅，善惊人小儿。于是常以正岁十二月，令礼官方相氏蒙熊皮，黄金四目，玄衣缥裳，执戈扬盾，帅百隶及童子而时傩，以索室而驱疫鬼，以桃弧、苇矢、土鼓且射之，以赤丸、五谷播洒之，以除疫殃。"据此，《论衡》所说的《礼》应指《礼纬》。

人们在不知道麻风病原因的情况下，心中想象出的一种能给人带来此类疾患的恶鬼，也有可能指麻风病人死后变成的恶鬼。

秦简《日书》记录下的这些鬼，在汉代应该仍存在于民众的信仰中。在秦汉人看来，人死后变成恶鬼的情形很多，这一时期出现过的此类恶鬼远不止这些。1957 年，陕西省长安县三里村的一座东汉墓葬中，出土七个写有朱书文字的陶瓶，其中一个陶瓶上的朱书由图形、咒文和竖写的符文组成（图八）：

> 北斗君(北斗星图斗魁内)
>
> 主乳死咎鬼
>
> 主自死咎鬼
>
> 主市死咎鬼
>
> 主星死咎鬼(道符)①

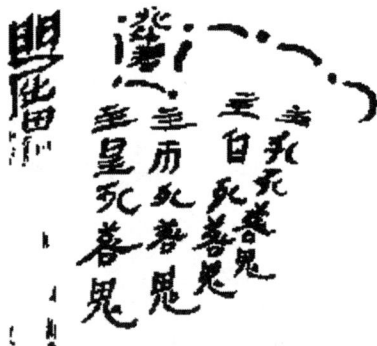

图八　陕西省长安县三里村东汉墓陶瓶朱书摹本

---

① 释文据刘乐贤：《简帛数术文献探论》(增订版)，第 198 页。

　　该符文中提到了四种咎鬼的名字："乳死咎鬼""自死咎鬼""市死咎鬼""星死咎鬼"。

　　西安市西北有色金属研究院三号汉墓出土一件朱书陶瓶（图九）上也书写有与此相同或类似的四种鬼：

北斗君（北斗星图斗魁内）

主佚注亡一旬神

主乳死咎鬼

主自［杀］咎鬼

主市死咎鬼

主星死咎鬼

主帝使者

……里君无死者

或……主闭四□百鬼不

……从，如律令（道符）①

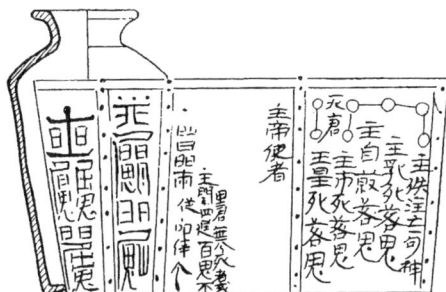

图九　西安市西北有色金属研究院三号汉墓陶瓶朱书摹本

---

①　西安市文物保护考古所著：《西安东汉墓》，文物出版社，2009年，第46—47页。

　　该镇墓陶瓶上的朱书文字提到的四种咎鬼,有三种与长安县三里村陶瓶上的鬼名完全相同,第二种"自[杀]咎鬼"的"杀"字在公布的释文中未释读出来,从摹本字形看,似乎应是"杀"字。"自杀咎鬼"也就是"自死咎鬼"。"咎鬼"乃恶鬼。这些鬼之所以被当作恶鬼而被施加符咒,就是因为它们都属于非正常死亡之鬼。"乳死咎鬼"是妇女因难产而死之鬼,乳即生产。"自死咎鬼"("自杀咎鬼")是自杀者变成的恶鬼。"市死咎鬼"即被处死于市场上之人的鬼魂。古代行刑多选择在市场上,市死即弃市。"星死咎鬼"是因血腥而死之鬼,敦煌文献中有"血星产鬼女妇""血星产死之鬼"(P. 2859、P. 3464、S. 6167),[1]从名称上看,似乎应指妇女产子时因大出血而死亡之鬼,这种鬼与"乳死咎鬼"都是妇女在产子时意外而死。无论是产子时意外死亡,还是自杀、刑杀,这类鬼均因凶死而被视作凶恶之鬼。《淮南子·地形训》:"人死为鬼。"高诱注:"不终其命,死而为鬼,能为妖怪病人也。""不终其命"即死于非命,非寿终正寝。当时相信凡是属于非正常死亡者,其所变之鬼能给人造成疾病。

　　汉代人说的凶死还有一种类型,即暴病死亡。《汉书·五行志下之上》:"(梁孝王)既退归国,犹有恨心……发疾暴死,又凶短之极也。"据《汉书·文三王·梁孝王武传》,梁孝王刘武患热病六天之后就去世,[2]故曰"发疾暴死""凶短之极"。发暴病而死,对活着的人来说是极凶极

---

① 刘乐贤:《简帛数术文献探论》(增订版),第 199—200 页。
② 《汉书·文三王·梁孝王武传》:"三十五年(景帝中六年)冬,复入朝。上疏欲留,上弗许。归国,意忽忽不乐。北猎梁山,有献牛,足上出背上,孝王恶之。六月中,病热,六日薨。"按《汉书·景帝纪》、荀悦《汉纪》均曰中六年夏四月梁孝王薨,不在夏六月。则本传之"六月中"应指梁孝王出猎见牛足出背上之后的六个月之内,非谓夏六月。"六日薨",谓发病六日而死。颜师古注引张晏曰:"牛者,丑之畜,冲在六月。北方数六,故六月六日王薨也。"谓孝王薨于六月六日,牵强附会,不可取。

恶的事,不吉祥。在西安理工大学发现的汉墓(M33)出土两块镇墓砖(图十、图十一),上面刻划隶书文字,字口填朱砂,有助于理解汉代人对暴死者的忌讳,图版及铭文如下:

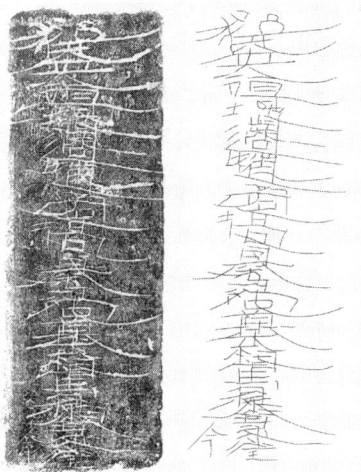

图十　西安理工大学 M33 汉代镇墓砖 M33:19

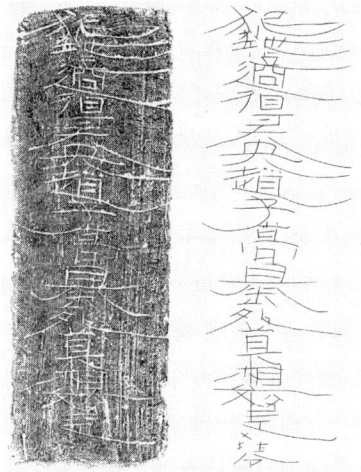

图十一　西安理工大学 M33 代镇墓砖 M33:23

犯天央得地适,赵子高暴死,莫相贵(害?)□建(律?)令。(M33:19)

犯地适得天央,赵子高暴死,莫相妨□建(律?)令。(M33:23)①

铭文称赵子高"犯天央(殃)""得地适",暴病死亡,因为属于凶死,家人在为他下葬时,随葬此二铭文砖,希望(也是命令)死者不要妨害

①　西安市文物保护考古所著:《西安东汉墓》,文物出版社,2009 年,第 448—450 页。

活着的人。铭文字口填朱砂,巫术厌胜的特点很鲜明。

这种信仰在其他民族同样存在。例如粤北排瑶认为,"凡被人杀死的,患恶疾病死等死于非命的成年男女,都不能入阴府,其灵魂无着落,只会到处游荡,作祟人间"。被水淹死的人会变成水鬼,住在水中,使行人不宁,容易失足落水。还有一种在生前为非作歹、专做坏事,被人痛恶而杀掉者变成的鬼;好搬弄是非被杀者变成的鬼,横遭意外(如被虎、蛇咬死,饿死、跌死,被枪、雷打死,被火烧死等)而死亡者变成的鬼,染天花、霍乱等瘟疫而死亡者变成的瘟疫鬼,这些都是恶鬼。恶鬼一贯作恶,给人带来疾病。[①]《医心方》卷十四《治鬼疟方》引《范汪方》所说的各种能够在不同时间使疟疾发作的鬼,就有"市死鬼""缢死鬼""溺死鬼""亡死鬼""自经死鬼""盗死鬼""囚死鬼""寒死鬼""乳死鬼"等凶死之鬼。[②] 凶死鬼带来的灾祸往往不仅仅是伤病,而且通常会使别人凶死。例如云南碧江怒族认为,家人遇到跌伤、滚伤、被巨石砸死,掉进江里淹死,雪山上冻死,械斗中被对方的刀箭所伤,这些都不是正常的伤亡,原因是伤亡者遇到了凶死鬼,这时,需要请巫师来家中作法术,把凶死鬼从家中驱除送走。[③]

当然,也有极其个别的情况,比如《汉书·郊祀志》:"是时上求神君,舍之上林蹄氏馆。神君者,长陵女子以乳死,见神于先后宛若。"颜注引孟康曰:"产乳而死也。"因难产而死的长陵女子因为灵验,被汉武

---

① 李绍明等主编:《中国各民族原始宗教资料集成·土家族卷、瑶族卷、壮族卷、黎族卷》,中国社会科学出版社,1998年,第236—238页。

② 〔日〕丹波康赖撰,翟双庆、张瑞贤等点校:《医心方》,第234—235页。

③ 和志武等主编:《中国原始宗教资料丛编·纳西族、羌族、独龙族、傈僳族、怒族卷》,第881页。

帝请入上林苑供奉。

第四节　仇人的鬼魂

巫蛊是活着的仇敌借用巫术给对手造成疾病乃至死亡,仇敌被杀死之后,还会给活着的对手制造祸害吗?古人的回答是肯定的。他们相信,被害死的仇人的鬼魂仍然能够给人带来疾病并最终造成死亡。比较早的一例见于《国语·周语上·内史过论神》说杜伯射杀周宣王于镐京。韦昭注引《周春秋》曰:

> 宣王杀杜伯而不辜。后三年,宣王会诸侯田于圃,日中,杜伯起于道左,衣朱衣,冠朱冠,操朱弓、朱矢射宣王,中心折脊而死也。

周宣王因为冤杀杜伯,结果在三年之后,杜伯的鬼魂趁宣王田猎之时,操朱弓、朱矢射死宣王。这是鬼魂报仇的一个很著名的故事,这个故事中,杜伯的鬼魂直接杀死周宣王,而没有通过给周宣王造成疾病致死的方式实行报复。《左传·成公十年》记载下面的这个故事就是一个仇人鬼魂通过制造疾病报仇的典型:

> 晋侯梦大厉,被发及地,搏膺而踊曰:"杀余孙,不义。余得请于帝矣。"坏大门及寝门而入。公惧,入于室。又坏户。公觉,召桑田巫。巫言如梦。公曰:"何如?"曰:"不食新矣。"公疾病,求医于秦,秦伯使医缓为之。未至,公梦疾为二竖子,曰:"彼良医也,

惧伤我,焉逃之?"其一曰:"居肓之上,膏之下,若我何?"医至,曰:
"疾不可为也,在肓之上,膏之下,攻之不可,达之不及,药不至焉,
不可为也。"公曰:"良医也。"厚为之礼而归之。六月丙午,晋侯欲
麦,使甸人献麦,馈人为之。召桑田巫,示而杀之。将食,张,如
厕,陷而卒。小臣有晨梦负公以登天,及日中,负晋侯出诸厕,遂
以为殉。

晋景公梦见有一个大鬼,披散的长发一直到地,捶胸顿足地喊叫
说晋景公杀了他的孙子,不义,自己已经从天帝那里获得旨意,要向景
公报仇。不久,景公患病,又梦见两个小孩商量怎样躲藏,使医缓这样
的名医都治不了景公的病。这两个小孩应该就是疾病。最终晋景公
的病没有治好便去世了。杜预注:"厉,鬼也。赵氏之先祖也。八年,
晋侯杀赵同、赵括,故怒。"孔颖达《正义》:"景公即位以来,唯有杀赵
同、赵括,故知是赵氏之先祖。赵氏先祖,其人非一,鬼不自言其名,未
知谁之鬼。"可见,仇人家中的任何一个鬼都有可能前来报仇,使当事
人患病并最终死亡。

春秋时,郑国大夫伯有骄奢刚愎,被驷带、子晳等杀死,他的鬼魂
就发誓对杀死他的人进行报复。《左传·昭公七年》记载这件事,说:

铸刑书之岁二月,或梦伯有介而行,曰:"壬子,余将杀带也。
明年壬寅,余又将杀段也。"及壬子,驷带卒,国人益惧。齐、燕平
之月,壬寅,公孙段卒,国人愈惧。其明月,子产立公孙泄及良止
以抚之,乃止。子大叔问其故。子产曰:"鬼有所归,乃不为厉,吾
为之归也。"大叔曰:"公孙泄何为?"子产曰:"说也。为身无义而

图说,从政有所反之,以取媚也。不媚,不信。不信,民不从也。"

伯有身披甲胄托梦他人,说在某日某日分别杀死驷带和公孙段,结果二人真的在这样的日子死去,这让不少人感到恐慌,后来子产立伯有之子良止为大夫,使其有宗庙血食,才结束了这场恐怖事件。这件事的发生,显然也是基于人们相信仇敌的鬼魂会给杀害他的人带来疾病乃至死亡等灾难。

先秦时期的这种信仰,在两汉依然盛行。《汉书·郊祀志中之上》:"高后八年三月,祓霸上,还过枳道,见物如仓狗,㦸高后掖,忽而不见。卜之,赵王如意为祟。遂病掖伤而崩。先是高后鸩杀如意,支断其母戚夫人手足,摧其眼以为人彘。"高后在出行返回的路上,恍惚看见一个像仓狗一样的鬼怪抓住自己的腋部,忽然又不见了。占卜的结果是赵王刘如意的鬼魂在作怪。随后高后腋部有伤而死。为什么赵王刘如意会冲着高后作祟,直至使高后死亡呢?因为高后采用残忍手段,杀死了戚夫人和赵王刘如意母子。这就是当事人对这件奇怪事情的理解。以今天的理解,高后当时身体健康状况肯定已经不好了,她见到的仓狗之类的怪物,应该是恍惚的错觉。但占卜人员的占卜结果被高后自己和其他人都理解和接受了,没有人对这种病亡是来自仇人鬼魂报复的原因有任何疑问。

《汉书·田蚡传》也记载了类似的一个故事。丞相田蚡因与窦婴、灌夫有矛盾,遂排陷二人至死。元光四年(前131)春,"蚡疾,一身尽痛,若有击者,呼服谢罪。上使视鬼者瞻之,曰:'魏其侯与灌夫共守,笞欲杀之。'竟死"。汉武帝派去的视鬼者一定是一个巫师。能够看见鬼,是某些巫师的特殊本领。依照这位巫师的说法,之前被田蚡害死

的窦婴、灌夫来到田蚡身边，共同笞杀了田蚡。也就是说，田蚡的病痛
是窦婴、灌夫死后的鬼造成的，二人的轮番笞打，使得田蚡浑身疼痛难
忍。而田蚡大概也认为是有鬼在击打自己，所以疼痛之下，不得不向
看不见的鬼魂哭喊求饶。这件事情反映了当时人们关于疾病的观念，
他们相信，某些疾病和死亡事件是仇人鬼魂报复的结果。

　　《汉书·广川王去传》记载了另一件事：广川王刘去的王后阳成昭
信为获得专宠，先后诬告并杀死了刘去的幸姬王昭平、王地馀以及她
们的婢女。不久，昭信患病了，并梦见王昭平等。昭信把梦告知刘去，
刘去认为这是王昭平等来报复。为了消除危害，他们把这几个人的尸
身挖出来，烧成灰烬，认为死者没有了完整的尸身，其鬼魂就失去了依
附，从而不可能给自己带来疾病等祸害。之后，昭信又诬杀了宠姬陶
望卿，昭信"椓杙其阴中，割其鼻唇，断其舌。谓去曰：'前杀昭平，反来
畏我，今欲靡烂望卿，使不能神。'与去共支解，置大镬中，取桃灰、毒药
并煮之，召诸姬皆临观，连日夜靡尽"。昭信因为害怕陶望卿的鬼魂也
会像王昭平、王地馀等一样来报复，同样采取了消灭其肉体的残忍方
式，把陶望卿的尸身煮烂，没有了完整的身形，而且还使用桃灰和毒药
和在里面一起煮。桃灰和毒药的使用应该与厌胜术有关。与桃有关
的东西向来是古人制鬼的有力武器。毒药煮尸大概是为了让死者不
但没有完整的尸身，连同其鬼魂都难以存活，也就不用担心鬼魂报复
了。这种巫术手段的用意相当狠毒。这个事例也说明了当时人们相
信死者鬼魂会让活着的仇人患病，以达到报仇的目的。

　　再举一个例子。《三国志·管辂传》说："利漕民郭恩兄弟三人，皆
得躄疾，使辂筮其所由。辂曰：'卦中有君本墓，墓中有女鬼，非君伯
母，当叔母也。昔饥荒之世，当有利其数升米者，排著井中，啧啧有声，

推一大石,下破其头,孤魂冤痛,自诉于天。'于是恩涕泣服罪。"郭氏兄弟三人在灾荒年月为贪占数升米,把自己的叔母推入井中,并推下一块大石头,将尚未死亡的叔母砸死在井中。郭氏兄弟三十多年来都患跛脚的疾病,脚下好像扎了棘刺一样疼痛,那就是井中冤死的叔母鬼魂报复。

随着国家对社会各个方面控制的强化,鬼魂报复人的故事出现了比较复杂的情节。《后汉书·王忳传》记载说,广汉新都人王忳被任命为郿令,在赴任途中,经过斄亭需要住宿,发生了一件事:

> 亭长曰:"亭有鬼,数杀过客,不可宿也。"忳曰:"仁胜凶邪,德除不祥,何鬼之避!"即入亭止宿。夜中闻有女子称冤之声。忳咒曰:"有何枉状,可前求理乎?"女子曰:"无衣,不敢进。"忳便投衣与之。女子乃前诉曰:"妾夫为涪令,之官过宿此亭,亭长无状,贼杀妾家十余口,埋在楼下,悉取财货。"忳问亭长姓名。女子曰:"即今门下游徼者也。"忳曰:"汝何故数杀过客?"对曰:"妾不得白日自诉,每夜陈冤,客辄眠不见应,不胜感恚,故杀之。"忳曰:"当为汝理此冤,勿复杀良善也。"因解衣于地,忽然不见。明旦召游徼诘问,具服罪,即收系,及同谋十余人悉伏辜,遣吏送其丧归乡里,于是亭遂清安。

故事中的女子随同丈夫赴任,途中经过斄亭,一家十多口人被当时的亭长伙同他人谋杀,财物遭劫取,此案因为被害方无一人生存,冤沉海底,无从申诉。该女子的鬼魂每到夜里就到留宿该亭的过客那里求助,无奈所有人都沉睡而未予理会,愤恚之下,皆予杀死。此次因遇到王忳,得以申诉冤情,凶手伏法,女子与丈夫等人的尸骨亦被迁归乡里,麓亭再也没有发生过鬼杀害人的事情。这个故事中的被害一方的鬼魂没有直接去找仇敌报复,而是试图通过司法的途径处理此案件,这与其他故事的报复方式不同。这应该是限制血亲复仇,严禁私相斗殴,加强国家行政权威的背景下的产物。

被冤杀或被妄杀的鬼魂终究会对凶手进行报复,这种信仰流传很久,也很广。瑶族的鬼信仰中有一种冤家鬼,这是因两家争斗而死者,死后其灵魂将纠缠对方全家老小,直至灭绝为止。① 纳西族认为善死者所变鬼是安分和平之鬼,不会给生人带来灾祸;而自杀或冤死者变成的鬼就会常常作祟作厉于生人。②

第五节　未得祭祀的神灵

《国语·晋语八·郑子产来聘》讲述了这样一件事:

　　郑简公使公孙成子来聘,平公有疾,韩宣子赞授客馆。客问君疾,对曰:"寡君之疾久矣,上下神祇无不遍谕也,而无除。今梦黄熊入于寝门,不知人杀乎,抑厉鬼邪!"子产曰:"以君之明,子为大政,其何厉之有? 侨闻之,昔者鲧违帝命,殛之于羽山,化为黄熊,以入于羽渊,实为夏郊,三代举之。夫鬼神之所及,非其族类,

① 李绍明等主编:《中国各民族原始宗教资料集成·土家族卷、瑶族卷、壮族卷、黎族卷》,第236页。
② 吴泽霖:《麼些人之社会组织与宗教信仰》,收入《吴泽霖民族研究文集》,民族出版社,1991年,第169页。

则绍其同位,是故天子祀上帝,公侯祀百辟,自卿以下不过其族。
今周室少卑,晋实继之,其或者未举夏郊邪?"宣子以告,祀夏郊,
董伯为尸,五日瘳。公见子产,赐之莒鼎。

晋国的国君平公病了很长时间,他向很多神灵都祷告过,但没有
效果。后来又梦见一头黄熊进入他的寝室门内,不知是否与厉鬼有
关。恰好子产受郑简公派遣出使晋国,得知此事,分析说黄熊是夏禹
的父亲鲧的化身,鲧死后,从夏禹开始,夏商周三代都祭祀他。晋侯的
病应该是没有好好祭祀鲧所引起的。晋侯听说子产的分析,隆重祭祀
鲧,五天之后病就好了,他接见子产,予以赏赐。这个故事告诉我们,
早期的人们相信,如果死去的鬼神得不到正常的祭祀,享用不到祭品,
它就会生气,就会找有关人员报复,让当事者得病。

在民众心中,这种鬼神通常比较有名,其本质也不是坏的,不属于
凶恶之鬼,但它们需要有人祭祀,享受祭品,否则就会以疾疫的方式给
人以警告。这也是古代人对众多神灵长期祭祀的原因之一。东汉末
年,民间盛传广陵人蒋子文死后成为江东一带土地神,该故事也很能
说明这个问题。故事记载于《搜神记》卷五:

　　蒋子文者,广陵人也。嗜酒好色,挑挞无度。常自谓:"己骨
清,死当为神。"汉末,为秣陵尉,逐贼至钟山下,贼击伤额,因解绶
缚之,有顷遂死。及吴先主之初,其故吏见文于道,乘白马,执白
羽,侍从如平生。见者惊走。文追之,谓曰:"我当为此土地神,以
福尔下民。尔可宣告百姓,为我立祠。不尔,将有大咎。"是岁夏,
大疫,百姓窃相恐动,颇有窃祠之者矣。

　　文又下巫祝："吾将大启祐孙氏,宜为我立祠;不尔,将使虫入人耳为灾。"俄而小虫如尘虻,入耳,皆死,医不能治。百姓愈恐。孙主未之信也。

　　又下巫祝："吾不祀我,将又以大火为灾。"是岁,火灾大发,一日数十处。火及公宫。

　　议者以为鬼有所归,乃不为厉,宜有以抚之。于是使使者封子文为中都侯,次弟子绪为长水校尉,皆加印绶。为立庙堂。转号钟山为蒋山,今建康东北蒋山是也。自是灾厉止息,百姓遂大事之。

　　蒋子文在任秣陵尉期间,因追击贼寇受伤而死,葬在钟山。死后的蒋子文告诉人们,他要成为本地的神灵,保佑这里的人民,要求百姓为他立祠祭祀,否则就会遭受殃咎。其祠尚未立,当年夏天就爆发大规模的传染病,许多百姓私下里开始奉祀。接着,又借助巫祝之口再次警示,说不立祠就会有小虫灾祸,果然出现很多像尘、虻一样小的虫子,钻入人的耳中,被钻者皆死,医也不能治愈。然后又以蔓延的火灾相威胁。经过这么多的疾疫、火灾等灾咎,上自官府,下至百姓,不得不对蒋子文的鬼魂予以封侯,设立庙堂,而灾害也随之停息。蒋子文从此成为当地奉祀的山神,钟山也因此又名蒋山。这个传说中的蒋山神显然是在自然灾害、巫祝人员和百姓恐惧三种因素的共同作用之下形成的。蒋山神本身不仅不是坏的神灵,反而是以福佑当地百姓为己任的,但正因为一开始没有为他立祠祭祀,他就给当地接二连三地制造灾祸,显示威力。

第六节　自然界中的鬼魅精怪

许多原始民族都信奉万物有灵,不仅人有灵魂,人的灵魂死后变成鬼,自然界的其他动物、植物甚至山水也有灵魂或精怪。《抱朴子·微旨》:"山川草木,井灶洿池,犹皆有精气。"人类杀死动物或冒犯自然界的某些神怪,它们就会寻机报复。例如有的民族把猎人的疾病看成是野兽的报复:"契洛基人关于风湿病的最普遍的信仰,是把它看成被杀死的动物的鬼魂,通常是由想要报复猎人的鹿的鬼魂所引起的疾病。这个以意为'钻进去的'比喻名称来命名的疾病本身是被看成一种生物。……这种生物是狭长的,像蛇或者鱼一样。它是由鹿的领袖领来迫使它钻进猎人的身体里(特别是钻进关节和四肢里):这时立刻就感到剧疼。只有更强的动物的神灵,鹿的天然敌人,通常是狗或狼的神灵,才能驱走这位'不速之客'。"在巴西的波罗罗人那里,"如果猎人患病或者死去,是谁对他干出这种坏事的呢? 是那个被猎人打死了的想要报复他的动物的鬼魂干的"。[1]

秦汉人的鬼神信仰中虽然未见到动物鬼魂报复猎杀者的例子,但自然界的精怪还是比较多的,有些精怪对人没有多少危害,有些则比较邪恶,给人带来疾病、灾祸,乃至杀伤。《睡虎地秦墓竹简·日书甲种·诘咎篇》提到几种精怪就是这样:

(1)一室人皆夙(缩)筋,是会虫居其室西臂(壁),取西南隅,

---

[1] 〔法〕列维-布留尔著,丁由译:《原始思维》,第 255 页。

去地五尺，以铁椎椯（段）之，必中虫首，屈（掘）而去之。弗去，不出三年，一室皆夙（缩）筋。　（简 39 背贰—简 41 背贰）

　　（2）人毋（无）故一室人皆棰（垂）延（涎），爰母处其室，大如杵，赤白，其居所水则干，旱则淳，屈（掘）其室中三尺，燔豕矢焉，则止矣。　（简 50 背叁—简 51 背叁）

这里说了两种自然精怪，一是会虫，它进入居宅之后，一般藏在居室西墙壁，能使一家人都抽筋，如果不赶紧把这种虫子掘出除掉，三年之内，全家人都会得更为严重的怪病。另一种是爰母鬼，它到人们的家中后，通常埋藏在室内地下，能使一家人无缘无故都流口水。[①]

《后汉书·寿光侯传》记载：

　　初，章帝时有寿光侯者，能劾百鬼众魅，令自缚见形。其乡人有妇为魅所病，侯为劾之，得大蛇数丈，死于门外。又有神树，人止者辄死，鸟过者必坠，侯复劾之，树盛夏枯落，见大蛇长七八丈，悬死其间。帝闻而征之。乃试问之："吾殿下夜半后，常有数人绛衣被发，持火相随，岂能劾之乎？"侯曰："此小怪，易销耳。"帝伪使三人为之，侯劾三人，登时仆地无气。帝大惊曰："非魅也，朕相试耳。"解之而苏。

此事后亦收入《搜神记》卷二。故事叙述了发生在寿光侯身上的三件事，前两件事都与具体的自然界精怪有关，其一是一条大蛇化作

---

① 刘乐贤认为，爰母可能是一种精怪之名，见《睡虎地秦简〈日书〉研究》，第 251 页。

鬼魅纠缠乡里的一位妇人,妇人得病,经寿光侯施展劾鬼法术,使大蛇现形并死亡;其二也是一条大蛇盘踞神树之上,凡是经过的飞鸟和人必定死亡,也是经过寿光侯劾鬼,杀死大蛇。两件事中都是大蛇化作鬼魅使人生病或者直接杀死人。这里汉代人显然把伤害人的蛇与鬼魅混合在一起,蛇在伤害人时已经不是以看得见的蛇的形象,而是像鬼魅一样无形,只有寿光侯这样具有劾鬼魅本领的人,才能制服它们。

类似的故事在《风俗通义》卷九《怪神》中也有一则:

汝南汝阳西门亭有鬼魅,宾客宿止,有死亡,其厉厌者,皆亡发失精,寻问其故,云:"先时颇已有怪物,其后,郡侍奉掾宜禄郑奇来,去亭六七里,有一端正妇人,乞得寄载,奇初难之,然后上车,入亭,趋至楼下,吏卒檄白:'楼不可上。'奇曰:'我不恶也。'时亦昏冥,遂上楼,与妇人栖宿,未明发去。亭卒上楼扫除,见死妇,大惊,走白亭长。亭长击鼓会诸庐吏,共集诊之,乃亭西北八里吴氏妇新亡,以夜临殡,火灭,火至失之;家即持去。奇发行数里,腹痛,到南顿利阳亭加剧,物故,楼遂无敢复上。"

谨按:北部督邮西平郅伯夷,年三十所,大有才决,长沙太守郅君章孙也,日晡时到亭,敕前导人,录事掾白:"今尚早,可至前亭。"曰:"欲作文书,便留。"吏卒惶怖,言当解去,传云:"督邮欲于楼上观望,亟扫除。"须臾便上,未冥楼镫,阶下复有火,敕:"我思道,不可见火,灭去。"吏知必有变,当用赴照,但藏置壶中耳。既冥,整服坐诵《六甲》《孝经》《易本》讫、卧有顷,更转东首,絮巾结两足帻冠之,密拔剑解带,夜时,有正黑者四五尺,稍高,走至柱屋,因覆伯夷,伯夷持被掩足,跐脱几失,再三,徐以剑带系魅脚,

呼下火上，照视老狸正赤，略无衣毛，持下烧杀，明旦发楼屋，得所
髡人结百余，因从此绝。伯夷举孝廉，益阳长。

　　根据这则故事所说，汝南郡汝阳西门亭楼上据传有鬼魅，凡是男
性宾客在该亭楼上留宿过夜者，鬼魅即与之同寝，并致其死亡，死者
"亡发失精"，头上的毛发不见了，令人恐惧。故事里还举了一个生动
的例子，说汝南郡的郑奇在来到这个亭的途中，在距离该亭六七里的
地方遇到一位容貌端正的妇人，请求搭车同行，西门亭的吏卒告诫他
楼上有鬼魅，住宿不安全，郑奇不听，还与搭车的妇人栖宿，次日天不
亮就出发上路，亭卒收拾房间，发现该妇人的尸首，经调查，才知道是
距亭西北八里的一位刚去世不久的妇人尸首，而死者家属在夜间给死
者殡殓之时，灯火无故熄灭，尸首瞬间不见踪影。此时，死者家人方才
找到尸首并取回。郑奇则在离开西门亭之后不久，腹痛发作，且越来
越加剧，最终死亡。显然，郑奇所遇到的妇人是鬼魅借该妇人的尸首
外形来魅惑、加害于他的。有了这么一件事情，再也没有人敢到那个
房间过夜。北部督邮郅伯夷是东汉初年原长沙太守郅恽的孙子，胆子
很大，他在视察途中经过此亭，故意在此亭留宿，最终发现造成留宿者
死亡的罪魁祸首是一个身上一丝不挂的老狸（老野猫），被它杀死的人
的头发都藏在楼上，有一百多个发髻。故事里的老狸就属于祸害人的
鬼魅精怪。这是当时流传的鬼魅精怪害人的一个典型故事，大概流传
颇广，而且被众人相信，到应劭时，收入《风俗通义》。

　　魖魖也是众所周知的一种害人精怪。比较早的记载见于《国语·
鲁语下》："季桓子穿井，获如土缶，其中有羊焉。使问之仲尼曰：'吾穿
井而获狗，何也？'对曰：'以丘之所闻，羊也。丘闻之：木石之怪曰夔、

蜩蛃,水之怪曰龙、罔象,土之怪曰羵羊。'"据韦昭注,木石指山。这里讲了三类自然精怪:山精是夔、蜩蛃(魍魉),水怪是龙和罔象,土怪是羵羊,这些精怪或神兽中,对人有害的有蜩蛃(魍魉)、罔象、羵羊。三国时期韦昭注曰:"蜩蛃,山精,效人声而迷惑人也。""罔象食人,一名沐肿。"羵羊的危害见载于宋代唐慎微《证类本草》卷四:"诸土有毒怪曰羵羊,掘土见之,不可触。已出上土部,土有气,触之令人面黄色,上气身肿。掘土处谨之,多断地脉,古人所忌。地有仰穴,令人移也。"

　　精怪和其他鬼一样,原本只是人类想象出来的东西,因此,关于精怪的想象和传言,不同地域、不同时代总会发生一些变化。比如魍魉的形象,《论衡·订鬼篇》引《礼》曰:"颛顼氏有三子,生而亡去为疫鬼:一居江水,是为虐鬼;一居若水,是为魍魉鬼;一居人宫室区隅沤库,善惊人小儿。"南朝陈顾野王《玉篇》说:"魍魉,水神,如三岁小儿,赤黑色。"这里的魍魉被当作水中的鬼怪,而且与颛顼的儿子联系到一起,这与《国语》中作为山中鬼怪的魍魉有所不同。

　　同样属于水中精怪的还有蜮,或作"魊",古字通。这是传说中一种在水里暗中害人的怪物,据说蜮含沙射向人的身影就能使人患病,受其影响严重者会死亡。《汉旧仪》曰:"魊,鬼也。"很多文献有对蜮记载和描述。《诗·小雅·何人斯》:"为鬼为蜮,则不可得。"孔颖达疏引《洪范五行传》云:"蜮如鳖,三足,生于南越。南越妇人多淫,故其地多蜮,淫女惑乱之气所生也。"又引陆机《疏》云:"一名射影,江淮水皆有之。人在岸上,影见水中,投人影则杀之,故曰射影。南人将入水,先以瓦石投水中,令水浊,然后入。或曰含沙射人皮肌,其疮如疥。"《玉篇》:"魊,短狐,如龟,含沙喷人。"《抱朴子内篇·登涉》:"短狐,一名蜮,一名射工,一名射影,其实水虫也,状如鸣蜩,状似三合杯,有翼能飞,无目而利耳,口中有横物角弩,如闻人声,缘口中物如角弩,以气为矢,则因水而射人,中人身者即发疮,中影者亦病,而不即发疮,不晓治之者煞人。其病似大伤寒,不十日皆死。"蜮究竟是怎样一种东西,最终没有人说得清,如龟鳖、鸣蜩云云,都不过是猜测和想象;淫女惑乱之气所生云云,尤为无稽;含沙射影,更是充满了神秘。《诗》"为鬼为蜮,则不可得",郑玄笺云:"使女为鬼为蜮也,则女诚不可得见也。"可见,蜮和其他鬼一样,是看不见的,它应是包括秦汉时期在内的古人想象出来的一种自然界水虫与鬼魅的结合体,南方水乡民众把所患一种严重的疥疮病的病因归结到蜮的身上,为这种疾病的发生增添了很多神秘的成分。病因是神秘的,治病的方法就摆脱不了神秘性。《马王堆汉墓帛书·杂疗方》有"令蜮毋射"方,都属于巫术类的祝由方,其中七种是防止蜮射人的祝由术,一种是治疗蜮虫射人的祝由术。可见当时这种疾病之普遍,它对百姓的危害很大。

这种观念在后世不断流传,敦煌唐写本《发病书》(P. 2856)"推五子"病法中也提到致人疾病的各类鬼神,里面就有山神、山林树神。[1]直至近代,民间鬼魅精怪魅惑人的故事仍时有流传,其影响甚为久远。

第七节 节令类的疫鬼

鬼神与疾病发生大多是随机的,但疾病的发生往往还与季节变化存在相当密切的关系,具有一定的规律性。古人很早就发现了这种规

---

① 上海古籍出版社、法国国家图书馆编:《法国国家图书馆藏敦煌西域文献》,第19册,第140页。

律，只是受科学的局限，知其然而不知其所以然，不可能认识到是季节变换以及酷暑、严寒等极端天气引起的气温、病毒等各种因素对人的健康产生了不利影响，所以他们往往把季节性高发疾病的原因归结为疫鬼盛行。例如，据《月令》及郑玄注，季春、仲秋，"此月之中，日行历昂，昂有大陵积尸之气，气佚则厉鬼随而出行"。季冬时节，一年之中最严寒的天气到来，"此月之中，日历虚危，虚危有坟墓四司之气，为厉鬼将随强阴出害人也"。①《续汉志·礼仪中》说，夏至日阴气萌作，有恶气。《汉旧仪》说，伏日，万鬼出行。《风俗通义》卷八《祀典》"雄鸡"条引太史丞邓平说，腊日，大寒至，阴气太盛。汉代人认为，在这样的一些时节，疫鬼出行，人很容易被疫鬼缠身而患病。因此，当时想出了各种驱疫、避疫的办法，有关内容放在本编相关章节讨论，此处不赘言。

第八节　巫蛊

上面着重谈了一下秦汉时期疾病观念中的各种鬼神与疾病之间的关系。古代还有一种与疾病有关的非科学现象，即巫蛊。这在秦汉的疾病观念中是不可忽略的一个方面。我们注意到，在前文列举的睡虎地秦简《日书》中，除了推定疾病有可能是死人鬼魂造成的，在多处还提到"巫"也是病因之一，如《日书甲种·病篇》中"戊己有疾，巫堪行"。又如《日书乙种·十二支占卜篇》：

---

① 《礼记·月令》郑玄注。这里的厉鬼应是对疫鬼的泛称。

（1）寅（中略）以有疾,午少瘳（瘳）,申大瘳（瘳）,死生在子,☐
巫为姓（眚）。　（简 161—简 162）

（2）辰（中略）以有疾,酉少瘳（瘳）,戌大瘳（瘳）,死生在子,干
肉从东方来,把者精（青）色,巫为姓（眚）。　（简 165—简 166）

同篇中的简 159—简 160、简 175—简 176 在提到"外鬼""外鬼父
世"是致病原因外,占卜结果认为也有"巫亦为姓（眚）""巫为姓（眚）"
的可能,都是说患病的原因在于巫。这里的巫指巫师,具体而言,是
说巫师使用巫术手段使人致病。古代称这类巫术为巫蛊,属于黑巫
术。黑巫术通常有两种类型:一种是对仇敌偶像施害术,另一种是施
放蛊毒。

对仇敌偶像施害术是用木头等材料雕塑成偶像,象征仇人,施术
者对偶像或刀砍、油炸、火烧,或用针、锥、剪刺其心,并伴以咒语,借助
法术力量使仇人伤病或死亡。弗雷泽《金枝》一书谈到顺势巫术时总
结过这种巫术,他说:

在各种不同的时代,许多人都曾企图通过破坏或毁掉敌人的
偶像来伤害或消灭他的敌人。他们相信,敌人将在其偶像受创伤
的同时,本人也受到伤害,在偶像被毁掉的同时,本人也会死去。
这可能是"同类相生"这个原则的最常见的应用了。只要从大量
事实中列举少数例证,即可说明这种习俗在全世界流传之广和持
续年代之久。数千年前的古代印度、巴比伦、埃及以及希腊、罗马
的巫师们都深知这一习俗,今天澳大利亚、非洲和苏格兰的狡诈
的、心怀歹意的人仍然采用这种做法。我们还听说过北美印第安

人也有一种类似的做法：他们把某个人的像画在沙子上、灰烬上、泥土上，或任何其他被认为可以代替其真身的东西上，然后用尖棍刺它或给予其他形式的损伤。他们相信，这样一来，画像所代表的那个人就会受到相应的伤害。例如：当一位奥吉布威印第安人企图加害于某人时，他就按照那仇人的模样制作一个小木偶，然后将一根针刺入其头部或心脏，或把箭头射进去。他相信就在他刺入或射穿偶像的同时，仇人身体上相应部位也立即感到剧痛，如他想马上杀死这个人，便一面念咒语，一面将这个木偶焚烧或埋葬；秘鲁的印第安人用脂肪和谷粉捏制出他所讨厌或惧怕的人的塑像，并在那位受害者将要经过的路上把它烧毁，他们将此称为"烧掉那人的灵魂"。马来人有类似的法术：你如想使某人死掉，首先你就得收集他身上每个部分的代表物，如指甲屑、头发、眉毛、唾液等等。然后，从蜜蜂的空巢中取来蜂蜡，将它们粘在一起做成此人的蜡像，连续七个晚上将此蜡像放在灯焰上慢慢烤化。烤时还要反复说："我烧的不是蜡啊。烧的是某某人的脾脏、心、肝！"在第七晚上烧完蜡像之后，你要谋害的人就将死去。①

通过破坏或毁掉仇敌的偶像，使仇敌患病或受伤来达到伤害或消灭仇敌的目的，这种巫术在我国古代社会也并不少见。仅以汉代而言，汉武帝征和二年（前 91）发生巫蛊之祸，所谓的巫蛊就是此类黑巫术的典型。

征和二年正月，京师大侠阳陵朱安世举报丞相公孙贺的儿子公孙

---

① 〔英〕J. G. 弗雷泽著，徐育新等译：《金枝》，第 13—14 页。

敬声"与阳石公主私通，及使人巫祭祠诅上，且上甘泉当驰道埋偶人，祝诅有恶言"，最终公孙贺"父子死狱中，家族"。① 数月后，卫皇后女诸邑公主、阳石公主也都坐"巫蛊"死。② 此时的汉武帝已经年老多病，江充担心有朝一日太子即位，对自己不利，遂利用巫蛊陷害太子，"奏言上疾祟在巫蛊"，说武帝的病因是巫蛊造成的。汉武帝相信了江充的话，就任命他为使者，调查、办理巫蛊。江充先从民间下手，"将胡巫掘地求偶人，捕蛊及夜祠，视鬼，染污令有处，辄收捕验治，烧铁钳灼，强服之。民转相诬以巫蛊，吏辄劾以大逆亡道，坐而死者前后数万人。是时，上春秋高，疑左右皆为蛊祝诅，有与亡，莫敢讼其冤者"。江充了解到武帝心里的想法后，胆子就大了，进一步把追查巫蛊的行动延伸进宫中，"因言宫中有蛊气，先治后宫希幸夫人，以次及皇后，遂掘蛊于太子宫，得桐木人。太子惧，不能自明，收充，自临斩之"。③

　　江充追查巫蛊，收捕验治数万人的重要物证就是从当事人居住之处的地下挖掘出所谓的桐木人，桐木人无疑是作为祝诅汉武帝患病的关键物件。关于江充在戾太子宫中掘地得到的桐木人，颜师古注："《三辅旧事》云：'(江)充使胡巫作而埋之。'"④《太平御览》卷八百三十引《三辅旧事》曰："江充为桐人，长尺，以针刺其腹，埋太子宫中。充晓医术，因言其事。"《礼记·王制》孔颖达疏引《汉书》云，"武帝时，江充埋桐人于大子宫"，又说江充"为桐人六枚，埋在大子宫中，乃谗大子于帝曰：'臣观大子宫有巫气。'王遂令江充检之，果掘得桐人六枚，尽以针刺之。太子以自无此事，意不服，遂杀充"。孔颖达所引资料来源虽

① 班固：《汉书》卷六六《公孙贺传》。
② 班固：《汉书》卷六《武帝纪》。
③④ 班固：《汉书》卷四五《江充传》。

然标作《汉书》，但应该不尽为《汉书》，还应有《三辅旧事》等文献。通过这些记载，我们大致可以知道，当时的"巫蛊"，应是用桐木削制成所要加害的人的形象，桐木人长约一尺，施行巫蛊之术者用针刺入桐木人腹部，埋入地下，用恶语诅咒，认为这样可以使受害者患病、罹祸，乃至死亡。这种巫术使用的是同类同态感应法则，施术者相信通过在甲地对乙地某人的某种替代物进行攻击，即可伤害到乙地某人的本身。巫蛊之术为何将针刺入桐木人的腹部呢？《素问·诊要经终论》云："凡刺胸腹者，必避五脏。中心者环死，中脾者五日死，中肾者七日死，中肺者五日死，中膈者，皆为伤中，其病虽愈，不过一岁必死。"针刺桐人之腹是欲致汉武帝于必死。① 江充以此种桐木人栽赃戾太子刘据，确实是要把戾太子置于死地。戾太子被逼入绝地，故而把江充以及配合江充的胡巫全都杀死，发兵自卫。而江充之所以采用这种方式以达到去除戾太子的目的，毫无疑问是因为这种巫术在当时必然在民间广为人知，且有不少实例。睡虎地秦简《日书》中以巫而致人疾病的很可能也是使用这种黑巫术。

　　施放蛊毒术，利用蛊毒使人中祟致病，是另一种黑巫术。《说文》："蛊，腹中虫也。《春秋传》曰：'皿虫为蛊。'晦淫之所生也。枭磔死之鬼亦为蛊。从虫，从皿。皿，物之用也。"许慎说蛊有两类，一类是蛊毒，一类是被处以枭磔之刑而死者变成的厉鬼，这种厉鬼能附着人身上，使人昏乱迷惑，失去常态。但通常所说的蛊主要指前者，造蛊者蓄养蛊虫制作蛊毒，暗自置放于饮食中，使他人食用中毒，或者直接放出蛊虫伤人。中蛊者一般都处于神志不清，昏惑狂乱，歇斯底里的状态。

---

① 　马继兴：《针灸铜人与铜人穴法》，中国中医药出版社，1993 年，第 5 页。

《左传·昭公元年》孔颖达疏云:"蛊者,心志惑乱之疾。若今昏狂失性,其疾名之为蛊。"又云:"蛊是惑疾。""以毒药药人,令人不自知者,今律谓之蛊毒。"

放蛊是蓄意谋害他人的行为,在古代是被严令禁止的。《周礼·秋官·司寇》:"庶氏掌除毒蛊,以攻说檜之,嘉草攻之。"郑玄注:"毒蛊,虫物而病害人者。《贼律》曰:'敢蛊人及教令者,弃市。'"庶氏是《周礼》中专门除毒蛊的人。从郑玄的注可以知道,汉代对施行蛊术的人处以极刑,惩治很严厉。但在民间,放蛊的现象难以禁绝。马王堆汉墓帛书《五十二病方》中专门列有治疗蛊毒的药方,可以说明蛊术在当时之存在(图十二):

　　□蛊者:燔扁(蝙)辐(蝠)以荆薪,即以食邪者。
　　一,燔女子布,以饮。
　　人蛊而病者:燔北乡(向)并符,而烝(蒸)羊尼,以下汤敦(淳)符灰,即□□病者,沐浴为蛊者。
　　一,病蛊者:以乌雄鸡一、蛇一并直(置)瓦赤铺(䰝)中,即盖以□,为东乡(向)灶炊之,令鸡、蛇尽燋,即出而冶之。令病者每旦以三指三最(撮)药入一杯酒若鬻(粥)中而饮之,日壹饮,尽药,已。
　　一,蛊,渍女子未尝丈夫者布,□□音(杯),冶桂入中,令毋臭,而以□饮之。①

――――――――

① 马王堆汉墓帛书整理小组:《马王堆汉墓出土医书释文(二)》,《文物》1975年第9期。

图十二 马王堆帛书《五十二病方》(局部)

《五十二病方》里说的蛊,可能指癫痫,患者神智昏迷,抽搐吐沫,令人惊怖,古人不知其病理,以为是中了蛊毒所致。施蛊者既用蛊毒,也伴随巫术。与之相对应,治蛊之方也往往是解药与巫术相伴。《五十二病方》记录了五个治疗蛊毒的药方,从药方的内容看,里面的巫术成分占了很大比重,巫术色彩很浓重。例如选择用荆条来焚烧蝙蝠,加工药方;把未婚女子的月经布作为药的主要成分;画符并烧作灰,用来疗蛊;烧煮药方的火灶需要朝东,等等,这些药方无一不属于厌胜巫术。荆在中国古代常用作辟邪的巫术灵物,尤其是牡荆。《淮南万毕术》曰:"南山牡荆,指础自愈。节不相当,有月晕时克之。"①《汉书·郊祀志上》:武帝元鼎五年(前112)秋,"为伐南越,告祷泰一,以牡荆画幡日月北斗登龙,以象太一三星,为泰一鏠,命曰灵旗"。灵旗的旗杆用牡荆,也是借取其厌胜的功能。荆成为驱邪的工具,应该与古代使用荆条作为抽打罪犯的刑具有关,古人想象鬼邪之物也像人一样,畏惧荆条笞打,一见到荆条就吓走了。② 配制除蛊方时特意强调点燃荆条焚烧蝙蝠,无疑是想把荆的驱邪魔力通过烧焦的蝙蝠转移给中蛊毒者,以此来去除蛊毒。女人的月经布是污秽之物,古人相信鬼邪也厌恶、害怕污秽之物,故而巫术中常常把月经布作为道具,尤其以未婚女子的月经布更受重视,③《五十二病方》的五个治蛊方中就有两个以月经布为主,足见此类药方的性质。

湖南张家界古人堤出土东汉简牍中,有一方木牍上面书写一个药方:

> 治赤谷方:乌头三分,朱臾五分,细辛三分,防己三分,桂三分,术三分,白沙参三分,黄芩三分,茯令三分,麻黄七分,干姜三分,付子三分,桔梗三分,人参三分,贷堵七分。 (木牍1正面)
> 凡十六物,当熬之令[变]色。 (木牍1背面)④

---

① 《太平御览》卷九五九引。又清茆泮林辑《淮南万毕术》(丛书集成初编本),中华书局,1984年,第4页。
② 胡新生:《中国古代巫术》,第123页。
③ 胡新生:《中国古代巫术》,第197—200页。
④ 湖南省文物考古研究所、中国文物研究所:《湖南张家界古人堤简牍释文与简注》,《中国历史文物》2003年第2期。

"赤谷方"未见史载。"赤"或指气色。马继兴、王淑民二先生认为"谷"或通"蛊"。[①] "赤谷（蛊）"可能是指中了蛊毒之后，除了神智昏迷等症状外，患者的面部气色发红。受限于医学发展的不足，古人往往把患病之后神智昏迷之类症状的疾病看作是中了蛊毒。与《五十二病方》不同的是，这个药方虽然还是把疾病当作蛊毒所致，但在所开药方的成分上，已经看不出有任何巫术的成分，反映了古人在医学探索上艰难而有成效的进步。

以上利用现有资料，对汉代人关于疾病成因的某些观念作了梳理，这些观念都是基于民间信仰的背景而形成。人类对客观世界的认识有很大的局限性，越在远古，人们对自然界和人类自身的认识越是充满了神秘，这是科学进步过程中的必然规律，中西方无不如此。对疾病的神秘主义解释虽然是错误的，但也是一种解释。当我们了解到，包括汉代在内的古代社会一度对疾病成因的认识存在这样的神秘主义现象，有助于我们更加客观全面地评价古代医疗发展面貌，既不会一味地强调、夸饰其科学的一面，也不会因其包含大量的神秘主义的巫术成分而否定古人为探索未知世界所作出的努力和取得的成就。

---

① 湖南省文物考古研究所、中国文物研究所：《湖南张家界古人堤简牍释文与简注》，《中国历史文物》2003 年第 2 期。

第六章　医疗信仰之一：驱鬼辟邪

　　上古时代的医学处于初级阶段，医巫不分，巫师与医师一身而二任，医疗方法往往与巫术不容易截然划界。《山海经》第十一《海内西经》："开明东有巫彭、巫抵、巫阳、巫履、巫凡、巫相，夹窫窳之尸，皆操不死之药以距之。"巫彭、巫抵、巫阳、巫履、巫凡、巫相，都是传说时代曾有过重大影响的巫的名字。郭璞注曰："皆神医也。《世本》曰：'巫彭作医。'"《说文》"医"字下曰："治病工也。"又曰："古者巫彭初作医。"段玉裁注："此出《世本》。巫彭始作治病工。"这说明早期担负人治病职责者都是巫，巫与后世所说的医者在这个时候是同一个角色。可以说，春秋战国之前，医术与巫术、医者与巫往往不分，故而被称作巫医，这是人类医疗史发展的一个必经阶段。

　　汉代在医学方面有了相当的进步之后，受知识水平、认知能力的限制，以及信仰力量的制约，民间依然比较普遍地相信疾病的发生与鬼神等神秘力量有很大关系，在这种观念的支配之下，受到广泛认可的医疗手段自然包含了大量原始宗教内容，这一现象在传世文献尤其是出土文献中有大量的记载。马王堆帛书《五十二病方》《杂疗方》中，记录了一些具有一定医药学原理的药方，但也有很多治病方法实质属于驱除鬼怪邪魅的巫术，表现出了巫术、医术混杂不分的显著特点。[①]
人们在患病之后倾向于采用巫术，其根源在于当时很多人相信是邪恶
的鬼神侵入人体，导致了疾病，所以需要采取巫术驱除恶鬼，恢复健康。
人们还相信，通过某种巫术也能使人患病乃至死亡。王符《潜夫论·浮
侈篇》说东汉时期巫风盛行，巫师"欺诬细民，荧惑百姓。妇女羸弱，疾
病之家，怀忧愦愦，皆易恐惧，至使奔走便时，去离正宅，崎岖路侧，上漏
下湿，风寒所伤，奸人所利，贼盗所中，益祸益祟，以致重者不可胜数。
或弃医药，更往事神，故至于死亡，不自知为巫所欺误，乃反恨事巫之
晚，此荧惑细民之甚者也"。人们信巫不信医，将疾病的发生归结为鬼神
作怪，这是巫师能够大行其道的社会基础，民间的愚昧迷信与巫师的推波
助澜相互促动，其结果是民间面对疾病不是去寻医求药，而是求巫祷神。

　　从史书与出土简帛资料看，汉代民间在原始宗教信仰指导下对疾
病的处理，形成了节令类的定期驱邪，患病时的驱邪、祷赛神灵，以及
其他巫术方式。节令类的定期驱邪是在某些固定的节令进行驱逐疫
鬼活动，此类活动既有集体组织的，也有家庭采用的。驱除鬼魅是预
防疾疫的手段，其目的是在疫鬼容易发作的时节使其不能发作，或在
疫鬼发作的条件出现弱化的情况下，趁势迫使疫鬼尽早离开。患病时
的驱邪是在遇到患病的情况下请巫师以巫术手段把想象中造成疾病
的鬼驱走，以此达到患者病愈。祷赛神灵是在患病时，亲人或身边的

---

① 　湖北荆州周家台秦墓出土的竹简中有一部分为药方简，所记录的药方里面也有
不少带有很强的巫术色彩。与药方简一同出土的秦简中有秦始皇三十四年（前213）、
三十六年（前211）、三十七年（前210）历谱，以及秦二世元年（前209）历谱。从时间上
看，该墓出土药方与西汉初人所使用的药应该相差不远。详见湖北省荆州市周梁
玉桥遗址博物馆编：《关沮秦汉墓简牍》，中华书局，2001年。

其他亲近之人向想象中能够治愈疾病的某些神灵祷告,向神灵许诺,请神灵将疾病带走。下面从这几个方面探讨汉代的医疗信仰。

第一节　节令类的定期驱鬼辟邪

在古代人的观念里,各种鬼神充斥天地之间,这些鬼神给人类带来各种影响,其中一些鬼神的活动具有一定的规律,会在某些固定时间段出来给人带来凶灾疫病。为了躲避疫病,人们就想出了各种办法来驱除鬼神,他们或者是在疫鬼刚刚要出来的时候驱赶,或者是在疫鬼比较活跃时采取办法躲避,或者是在疫鬼活动趋于低潮的时候驱赶,后者颇有追逐穷寇的劲头。在古代村社体制之下,人们的许多活动都是在村社集体管理的框架下进行,这一类的驱逐疫鬼行动通常也是一种集体活动,时间则相对固定在某些节令,形成定期驱邪的信仰习俗。这样的习俗在秦汉之前已经存在,在秦汉之后的很长历史时期也仍然延续不断,表现出民间信仰的强大生命力。根据文献记载,节令类的定期驱邪主要有季春毕春气、仲秋御秋气、季冬送寒气等几种情况。另外在夏至及之后(如伏日等)的一段时间内也有一些驱邪、辟邪的习俗。

一、季冬(腊月)、季春(三月)、仲秋(八月)驱傩、磔禳

众所周知,我国绝大部分地区属于温带大陆性季风气候,四季鲜明,在季节转换时节,天气会阴晴冷暖无常,这个时间,人们比较容易感染疾病,尤其是受风、寒、暑热等外因引起的伤寒类疾病。古人很早就发现这一规律,只是在早期不明其理,以为是疫鬼出来活动造成的。《礼记·月令》"季春之月"下郑玄注:

阴寒至此不止,害将及人。所以及人者,阴气右行,此月之
中,日行历昴,昴有大陵积尸之气,气伏则厉鬼随而出行。

孔颖达疏:

> 云"有大陵积尸"者,《元命包》云"大陵主尸"。熊氏引《石氏
> 星经》:"大陵八星,在胃北,主死丧。"

大陵是星座名,有八颗星,位于昴宿西北、胃宿北部。古人认为大陵有
积尸气。《开元占经》卷六十六《大陵星占》引石氏曰:"大陵一名积京,
其星明,藩国多有大丧,民多疾病,诸侯有丧。"又曰:"大陵中有积尸
星,明则有大丧,死人如丘山。"引甘氏曰:"大陵丧墓,积尸随居。"石氏
赞曰:"大陵八星主崩丧。"同书卷六十九《积尸星占》引石氏曰:"大陵
中有朽骨,故大陵中有积尸。若其星明大者,有大丧,死人如丘山。"因
为春三月时节,太阳运行经过昴宿,而大陵八星就在昴宿附近,这意味
着凶灾。此时,大陵积尸之气会散逸,而厉鬼随同跑了出来,预示着人
世间疫病发作流行。

与季春相同,《礼记·月令》"仲秋之月"下,郑玄注:

> 阳暑至此不衰,害亦将及人。所以及人者,阳气左行,此月宿
> 直昴、毕,昴、毕亦得大陵积尸之气,气伏则厉鬼亦随而出行。

"季冬之月"下,郑玄注:

> 此月之中,日历虚、危,虚、危有坟墓四司之气,为厉鬼将随强
> 阴出害人也。

可见，自先秦至秦汉，人们把世间因为季节变化引起的疾病，与天上的星宿联系起来，认为某一星宿中有积尸之气，主管人间的死亡，凡是太阳或月亮经行它的时节时，就有厉鬼出来，人间就很有可能发生疾病死亡等灾难。人们对此已经产生了某种恐惧心理。

这种相信存在某种给人类带来疾疫死亡的恶鬼、其活动带有季节性规律的观念，在世界的其他民族也一度流行过。《金枝》中提到说：深秋时分，暴风雨在地面狂啸，海面还没有形成大面积的牢固冰面，流动的冰块彼此撞击，发出响亮的破裂声，乱冰堆积。巴芬岛的因纽特人认为，在这时节，死人的鬼魂疯狂地敲着小屋的门，不幸让鬼捉住的人马上就会生病死去。无数的妖精全都出笼了，给因纽特人带来疾病、死亡以及恶劣的天气和打猎的失败。[1]《金枝》一书中类似的例子还有不少。可见这种观念带有一定的普遍性。

既然在这三个时节都会有大量的厉鬼等凶邪害人之气出来，先秦以来，人们为了避免在这时被恶鬼感染疾病，就组织起来，请方相氏驱傩，驱赶疫鬼，求得安宁。《礼记·月令》说：季春之月，"命国傩，九门磔攘，以毕春气"。

　　郑玄注：此难（傩），难阴气也。……命方相氏帅百隶索室殴疫以逐之，又磔牲以攘于四方之神，所以毕止其灾也。《王居明堂礼》曰："季春出疫于郊，以攘春气。"

《月令》又说：仲秋之月，"天子乃难（傩），以达秋气"。

---

① 〔英〕J. G. 弗雷泽著，徐育新等译：《金枝》，第 478 页。

郑玄注：此难（傩），难（傩）阳气也。……亦命方相氏帅百隶而难之。《王居明堂礼》曰："仲秋，九门磔禳，以发陈气，御止疾疫。"

孔颖达疏：谓秋时凉气新至，发去阳之陈气，防御禁止疾疫之事也。

季冬之月，"命有司大难（傩），旁磔，出土牛，以送寒气"。

郑玄注：此难，傩阴气也。……旁磔于四方之门。磔，禳也。出犹作也。作土牛者，丑为牛，牛可牵止也。送犹毕也。

孔颖达疏：此月之时，命有司之官，大为难祭，令难去阴气，言大者，以季春唯国家之难，仲秋唯天子之难，此则下及庶人，故云"大难"。"旁磔"者，旁谓四方之门，皆披磔其牲，以禳除阴气。

根据《月令》记载和郑玄注、孔颖达疏，知道先秦以来每年三次定期的驱除疫鬼活动主要包括两项内容，一是方相氏带领一百人举行的驱傩仪式，一是磔禳于城邑的各个门。

先说驱傩。驱傩是巫术的一种表演形式。主角方相氏是大巫师。《周礼·夏官·方相氏》："方相氏掌蒙熊皮，黄金四目，玄衣朱裳，执戈扬盾，帅百隶而时傩，以索室驱疫。"方相氏上身穿黑色衣、下着朱红裳，头戴黄金打造的有四只眼睛的面具，蒙着熊皮，持戈执盾，率领部下，在季春、仲秋、季冬分别举行驱傩仪式，进入室内搜索疫鬼，驱逐疫鬼。方相氏所披的熊皮，应该是一头熊自头到尾的完整毛皮，取熊之凶猛，以惊吓、驱逐疫鬼。戈和盾牌是兵器，舞动戈盾，也是为恐吓疫鬼。

《周礼》所记载先秦的季节性驱傩仪式，在汉代依然有所保留。例如郑玄在《方相氏》"冒熊皮"下注曰:"如今魌头也。"根据官方记载,现在只能了解到汉代岁末十二月腊祭前一日的宫廷驱傩活动,本次傩礼很隆重。《续汉志·礼仪中》说:

> 先腊一日,大傩,谓之逐疫。其仪:选中黄门子弟年十岁以上,十二以下,百二十人为侲子。皆赤帻皂制,执大鞀。方相氏黄金四目,蒙熊皮,玄衣朱裳,执戈扬盾。十二兽有衣毛角,中黄门行之,冗从仆射将之,以逐恶鬼于禁中。
>
> 夜漏上水,朝臣会,侍中、尚书、御史、谒者、虎贲、羽林郎将执事,皆赤帻陛卫。乘舆御前殿。黄门令奏曰:"侲子备,请逐疫。"于是中黄门倡,侲子和,曰:"甲作食凶,胇胃食虎,雄伯食魅,腾简食不祥,揽诸食咎,伯奇食梦,强梁、祖明共食磔死寄生,委随食观,错断食巨,穷奇、腾根共食蛊。凡使十二神追恶凶,赫女躯,拉女干,节解女肉,抽女肺肠。女不急去,后者为粮!"因作方相与十二兽舞。嚾呼,周遍前后省三过,持炬火,送疫出端门;门外驺骑传炬出宫司马阙门,门外五营骑士传火弃雒水中。

张衡《东京赋》也说:

> 尔乃卒岁大傩,驱除群厉,方相秉钺,巫觋操茢。侲子万童,丹首玄制。桃弧棘矢,所发无臬。飞砾雨散,刚瘅必毙。煌火驰而星流,逐赤疫于四裔。然后凌天池,绝飞梁。捎魑魅,斫獝狂。斩蜲蛇,脑方良。囚耕父于清泠,溺女魃于神潢。残夔魖与罔像,殪野仲而歼游光。八灵为之震慑,况魃蛊与毕方。度朔作梗,守以郁

垒。神荼副焉,对操索苇。目察区陬,司执遗鬼。京室密清,罔有不韪。

《吕氏春秋·季冬纪》东汉高诱注:

大傩,逐尽阴气,为阳导也。今人腊岁前一日,击鼓驱疫,谓之逐除,是也。

根据这些记载,汉代在腊祭前一日必定举行驱傩仪式。仪式中有三个主要角色值得关注,即方相氏、侲子和人假扮的猛兽(即甲作、胇胃、雄伯、腾简、揽诸、伯奇、强梁、祖明、委随、错断、穷奇、腾根),他们是驱逐疫鬼仪式的主角。侲子由十岁以上、十二岁以下的中黄门子弟扮演,共一百二十位。猛兽则由中黄门扮演,共十二位。方相氏是驱傩仪式的总指挥,在他的率领下,一百二十个侲子、十二个假扮的猛兽一边作出恐吓疫鬼的舞蹈动作,一边口中唱念所扮演猛兽的名称和被猛兽杀死或吞食的各种疫鬼名称,并威胁疫鬼,若不尽快离开,就会被撕碎,以此恫吓疫鬼快快逃离。如此表演前后凡三遍,最后手持火炬,把疫鬼送出门,一直送出城外,到洛水边,把火炬扔进水中,象征疫鬼也被驱逐出城,扔进水中淹死。逐疫的场面十分激烈,处处显示出人们对疫鬼的痛恨和决不留情,大概只有以这种决绝的态度和狠辣的手段才能保证将疫鬼驱逐至荒远僻地,且使之心怀忌惮,不敢返回。

在驱逐疫鬼的舞蹈过程中,方相氏等手执斧钺、戈盾挥舞,用桃木制作的弓朝着想象中的疫鬼发射荆棘制作的箭。斧钺、戈、盾、桃弓、荆矢、茢①等都是古代驱鬼巫术中常用的道具，人们深信这些东西有神奇的力量，令恶鬼们害怕。驱鬼的人们还要敲打鼓（土鼓和鼗鼓等）之类能够发出巨声、制造声势的乐器。《汉旧仪》说在这种场合，"方相帅百隶及童子，以桃弧、棘矢、土鼓，鼓且射之，以赤丸、五谷播洒之"。播撒赤丸和五谷，不知是为了请来驱鬼的猛兽之神，还是在威逼、恫吓厉鬼的同时，又通过播撒赤丸和五谷来引诱厉鬼离开。总之，赤丸和五谷肯定是有助于驱除疫鬼。

另外，从《续汉志》和《东京赋》的描写看，汉代所驱逐的厉鬼不止一种，名称很多。《续汉志》提到的厉鬼有凶、虎、魅、不祥、咎、梦、磔死寄生、观、巨、蛊。《东京赋》提到的厉鬼有魑魅、獝狂、蝼蛇、方良、耕父、女魃、夔魖、罔像、野仲、游光。两处所说疫鬼名称相同的只有魑魅一种，其他各种恶鬼名称各不相同，总计二十种，足见疫鬼名目之多。这里面有不少厉鬼应该是先秦以来人们陆续加进去的。

在汉代画像石中，经常可以见到方相氏驱傩逐疫的画面，大多数较为简单。场面最为宏大的是山东沂南北寨汉墓前室北壁正中立柱和横额上的《大傩图》，该图形象地展示了汉代大傩的场景。墓室立柱上雕刻方相氏，它面覆虎头面具，头顶弩矢，四肢持刀剑，腹下悬盾牌。墓室横额上雕刻形态姿势各异的十二神兽，周边是各种被驱逐的鬼魅精怪，四方有青龙、白虎、朱雀、玄武四神相助驱傩，场面很震撼。②

----

① 茢，扫帚，古代用以辟邪除秽。详见下文。
② 参曾昭燏等合著，南京博物院、山东省文物管理处合编：《沂南古画像石墓发掘报告》，文化部文物管理局，1956年。山东博物馆编著《沂南北寨汉墓画像》，文物出版社，2015年。王培永：《大傩驱疫——汉画像石拓片艺术图鉴》，"北寨汉墓博物馆"微信公众号，2020-02-22，插图皆据此文。

图一 沂南北寨汉墓前室北壁横额画像石《大傩图》

图二　沂南北寨汉墓前室北壁正中立柱画像石中的方相氏

图三　沂南北寨汉墓前室北壁横额画像石《大傩图》中的部分神兽

再说磔禳。《礼记·月令》与郑玄注说，季春、仲秋、季冬之月逐疫时，要在城邑各个方向的城门举行磔牲仪式，禳除春气、秋气和冬寒之气，阻止疾疫接近人类，防止疾病发作。与驱傩是把室内的疫鬼赶走不同，磔禳的目的是把疫鬼阻挡在人们生活居住的区域（比如城、闾里、各家门户之内等）之外，为此，人们就在居住区域的四方施行磔牲仪式，驱逐并阻止鬼邪之气。

当时所磔的是何种禽畜？《月令》及郑注、孔疏都没有说。根据其他文献记载看，应是以磔犬为主，民间则兼亦磔鸡、羊。比如《太平御览》卷二十六引《月令》"季冬"条下有古注解释"旁磔"云：

> 旁谓王城四旁十二门也。磔谓磔犬于门也。春磔九门，冬礼大，故遍磔于十二门，所以扶阳抑阴之义。犬属金，冬尽春兴，春为木，故杀金以助木气。

这条古注明确说磔牲就是磔犬。古人是如何磔犬的呢？

　　(1)《周礼·春官·大宗伯》："以疈辜祭四方百物。"郑玄注："疈，疈牲胸也。疈而磔之，谓磔禳及蜡祭。"

　　(2)《尔雅·释天》："祭风曰磔。"邢昺疏："磔谓披磔牲体，象风之散物，因名云。"

　　(3)《说文》："磔，辜也。从桀，石声。"段玉裁注："凡言磔者，开也，张也。剖其胸腹而张之，令其干枯不收。"

就是把犬从胸腹部剖开，使用竹木竿撑开其皮肉，使之平展，直至干枯定型,不会收缩。磔牲禳除春气、秋气和冬寒之气,实际是因为这些季节的风较多,加上气温变化较大,作为疾病多发的时节,人们自然对这些季节多而大的风产生疑惧,认为厉鬼是随着风进入城邑之内,带来了害人的疾疫,所以要磔牲于城邑之门,祭祀祈祷,止住大风,阻止厉鬼疾疫从城门进入,消除灾殃。早在殷商时期的甲骨文中已有止风、御风的记载:

　　(1)庚戌卜,宁于四方,其五犬。　(明义士藏甲骨)
　　(2)甲戌贞,其宁风,三羊、三犬、三豕。　(《甲骨文合集》
　　34137)

　　"宁"指"宁风之祭""御风之祭",使风停止。第一条卜辞是说在庚戌这一天,占卜询问用五只犬祭神是否能使风停止。第二条卜辞是说在甲戌这一天,占卜询问用三只羊、三只犬、三头猪祭神是否能使风停止。只是祭风的羊、犬、豕是怎样使用? 瘗埋? 还是疈辜? 今皆不可知。[1] 从民族学的资料看,疈辜的可能性比较大。这一信仰习俗在周秦依旧存在,[2]每年三次在城邑的各个门磔犬止风。一直到汉晋时期仍然延续:

　　(1)《周礼·春官·大宗伯》:"以疈辜祭四方百物。"东汉郑众注:"疈(罢)辜,披磔牲以祭,若今时磔狗祭以止风。"

---

[1]　丁山:《中国古代宗教与神话考》,龙门联合书局,1961年,第162、510页。
[2]　《史记·六国年表》秦德公二年,"初作伏,祠社,磔狗邑四门"。

(2)《太平御览》卷九百五引《风俗通》曰:"杀狗,磔邑四门。俗云狗别宾(主),善守卫,著以辟恶。"①

(3)《风俗通义》卷八:谨按《月令》:"九门磔禳,以毕春气。"……犬者金畜,禳者却也,抑金使不害春之时所生,令万物遂成其性,火当受而长之,故曰以毕春气。功成而退,木行终也。《太史公记》:"(伏日,)秦德公始杀狗磔邑四门,以御蛊灾。"今人杀白犬以血题门户,正月白犬血辟除不祥,取法于此也。

(4)《尔雅·释天》:"祭风曰磔。"晋郭璞注:"今俗,当大道磔狗以止风。此其象也。"

从汉郑众、晋郭璞注中用"今时""今俗"作解,知道汉晋时期依旧保留磔犬止风逐疫的习俗,只是把磔犬止风的地点逐渐从城邑的四门扩展到通往城邑或人类集中居住的其他区域的大路口,甚至于各家亦有以白犬之血涂洒在门户上辟除不祥者。《风俗通义》的记载表明,汉代受阴阳五行思想的影响,包括磔犬辟恶在内的许多原始信仰往往披上了阴阳五行理论的外衣,用五行相生相克的理论解释某些原始信仰的形成原因,"犬属金,春为木,故杀金以助木气"云云就是这一思想背景下的产物。事实上,磔犬来辟恶,就是因为犬在人类狩猎、游牧,乃至日常家居生活中是重要的帮手,在守护人类自身安全和财产安全方面起到了无以替代的作用。人类正是看到犬的守护作用,才用磔犬的方式来保护自己不受所谓疫鬼、恶风、不祥等的侵害。但为什么不使

---

① 今本《风俗通义》卷八"辟恶"作"辟盗贼"。按,此处言磔犬著门辟邪,非养犬守门,应以"辟恶"为是。

用活的犬放置在某些地点来防止恶鬼靠近,而是要将其杀死、展开,并高悬起来呢? 人类这样做的目的是否是故意利用比较恐怖血腥的方式来恐吓恶鬼呢?

图四   西双版纳爱伲人村寨门前高悬狗皮祭风

磔犬祭祷的风俗在个别少数民族地区还能见到。云南西双版纳爱伲人(亦称阿卡人)笃信鬼神,禁忌很多。每当春季寨子中有人生病,就杀狗,破其腹,以竹木棒撑开其皮,悬于村寨入口处用竹木搭建的寨门上空,迎风飘扬,直至枯干,他们认为如此可以辟邪免灾(图四)。[①] 这和先秦秦汉时期的磔犬止疫的信仰习俗基本一致。对某些民族而言,杀犬防疫鬼的习俗有了些许变异,他们不是悬挂张开的狗

---

① 汪宁生:《汪宁生论著萃编·古俗新研》"磔狗祭风"条,云南民族出版社,2001年,第419页。

皮，而是悬挂狗的四肢，或尾巴，或头骨，或犬血等。比如生活在泰国
境内的阿卡人（即爱伲人）不仅在寨门张悬狗皮，而且还挂狗头。①云
南景洪县雅奴寨基诺族每年三次举行预防瘟疫发生的祭祀时，会杀狗
两条，在村寨出入口竖立高桩，上悬挂狗头，并涂以狗血，贴附以狗
毛。②云南省麻栗坡县一些地方的苗族，为祈求全村人丁健康平安，常
在夏历过年后的正月、二月，由巫师主持"拦鬼"活动，以狗血涂在七八
片木刀上，再用草绳把木刀挂在寨门上，以阻拦邪鬼入寨。③

　　魏晋时期，磔禳所用不一定是犬，有时也可用羊或鸡来辟邪。

　　　　（1）《太平御览》卷二十九引裴玄《新书》曰："正旦县官杀羊，
　　悬其头于门，又磔鸡以覆之，俗说厌疠气。今以问河南伏君。伏
　　君曰：是日也，土气上升，草木萌动。羊吃百草，鸡啄五谷。故杀
　　之助生气。"

　　　　（2）《太平御览》卷三十三引王肃《议礼》曰："季冬大傩，旁磔
　　鸡，出土牛以送寒气，节令之腊，除逐疫。磔鸡，苇茭、桃梗之属。"

　　　　（3）《宋书·礼志》曰："案明帝大修禳礼，故何晏《禳祭议》据
　　鸡牲供禳衅之事，磔鸡宜起于魏也。"

　　据此，磔鸡、杀羊以禳邪，其始于魏晋。事实上，早在汉代已经用
鸡来辟邪。崔寔《四民月令》说："十二月……及腊日……东门磔白头

①　汪宁生：《汪宁生论著萃编·古俗新研》"磔狗祭风"条，第419页。
②　宋恩常等：《景洪县雅奴寨基诺族宗教调查》，见云南省编辑组编：《云南民族民俗和宗教调查》，云南民族出版社，1985年，第192页。
③　杨通儒等：《解放前苗族的民间宗教》，见宋恩常编：《中国少数民族宗教初编》，云南人民出版社，1985年，第374页。

鸡。"清楚地告诉我们当时在腊日磔鸡于东门。此东门应是村邑的东门。磔鸡于东门无疑是为了辟邪迎吉。《风俗通义》卷八《祀典》"雄鸡"条也说：

> 俗说：鸡鸣将旦，为人起居；门亦昏闭晨开，扞难守固；礼贵报功，故门户用鸡也。
>
> 《青史子书》说："鸡者，东方之牲也，岁终更始，辨秩东作，万物触户而出，故以鸡祀祭也。"
>
> 太史丞邓平说："腊者，所以迎刑送德也，大寒至，常恐阴胜，故以戌日腊。戌者，土气也，用其日杀鸡以谢刑德，雄著门，雌著户，以和阴阳，调寒暑，节风雨也。"
>
> 谨按：《春秋左氏传》："周大夫宾孟适郊，见雄鸡自断其尾，归以告景王曰：'惮其为牺也。'"《山海经》曰："祠鬼神皆以雄鸡。"鲁郊祀常以丹鸡，祝曰："以斯翰音赤羽，去鲁侯之咎。"今人卒得鬼刺痱，悟，杀雄鸡以傅其心上，病贼风者，作鸡散，东门鸡头可以治蛊。由此言之：鸡主以御死辟恶也。

可见，在汉代民间已经使用杀死的雌雄鸡置于门户之上，驱除阴寒之气。其巫术道理与磔犬没有实质差异。

《续汉书·礼仪志中》记载，方相氏的驱傩仪式完成之后，"百官官府各以木面兽能为傩人师讫，设桃梗、郁櫑、苇茭毕，执事陛者罢。苇戟、桃杖以赐公、卿、将军、特侯、诸侯云"。用苇茭制作的绳索是用来捆绑疫鬼的，用芦苇制作的戟是用来击刺疫鬼的，用桃木制作的杖是用来击打恶鬼的，还有桃梗、郁櫑，都是吓唬鬼的东西。傩仪之后布置出这些物件，或分赐给大臣，大概也是摆放在各处门口，用来辟邪，其作用与磔禳相同，防止各类厉鬼恶气再次回来。沈约《宋书·礼志》曰："旧时岁旦，常设苇茭、桃梗，磔鸡于宫及百寺门，以禳恶气。"所谓"旧时"，大概不会晚于汉魏。当然，随着历史的发展，人们用来辟邪之物的种类也在增加。《太平御览》卷三十二引《风土记》曰："九月九日，律中无射而数九，俗于此日以茱萸气烈成熟，当此日折茱萸房以插头，言辟恶气而御初寒。"这就是后来广为流行的重阳节插茱萸习俗的最早出现。

在季春、仲秋、季冬这三个节令，除了集体举行定期的大规模驱邪、止邪仪式，汉代还有其他一些成为习俗的辟邪活动。例如季春三月上巳的祓禊。《史记·吕后本纪》七年三月，"吕后祓"。《汉书·卫皇后传》："武帝祓霸上还，因过平阳主。"都是三月到河水边祓除不祥。《续汉书·礼仪志上》"祓禊"条：

> 三月上巳，官民皆洁于东流水上，曰洗濯祓除，去宿垢疢，为大洁。洁者，言阳气布畅，万物讫出，始洁之矣。
>
> 刘昭注补引蔡邕曰："《论语》'暮春者，春服既成，冠者五六人，童子六七人，浴乎沂，风乎舞雩，咏而归'。自上及下，古有此礼。今三月上巳，祓禊于水滨，盖出于此。"

《风俗通义》卷八《祀典》"禊"条：

> 谨按：《周礼》："男巫掌望祀望衍，旁招以茅；女巫掌岁时以祓除衅浴。"禊者，洁也。春者，蠢也，蠢蠢摇动也。《尚书》："以殷仲春，厥民析。"言人解析也。疗生疾之时，故于水上衅洁之也。巳

者,祉也,邪疾已去,祈介祉也。

从诸处记载看,春三月祓禊习俗起源应该比较早,是古人在经过漫长的冬天初春之后,去除邪气的一种信仰习俗,人们在此日来到水滨,象征性地作一些洗浴,表示洁净全身,驱除疾疫,祈求平安幸福。祓禊活动在汉代很盛,这一天人们几乎都出动了,王公贵族、平民百姓,男男女女都来到水边,很是热闹。①既然这类活动与驱邪密切相关,在这时就必然举行各类的巫术祈福,比如《续汉书·礼仪志上》"祓禊"条刘昭注补引杜笃《祓禊赋》曰:"巫咸之徒,秉火祈福。"表明此时的巫师们昼夜忙碌着做各种法事,为人们驱邪祈福。

又如仲秋八月,民间也有相应的一些辟邪习俗。《风俗通义·佚文·释忌》说:"八月一日是六神日,以露水调朱砂蘸小指,宜点灸,去百疾。"在八月一日用朱砂在身上点,可以除去所有疾病。这是民间在集体驱傩仪式之外新形成的预防疾病的巫术信仰。

再如季冬十二月,在腊日前后的一段时间内,民间除了驱傩、摆放桃人、悬挂苇茭绳索、在门上画虎等驱除、阻止疾疫厉鬼的习俗外,②另有其他一些阻止疫鬼来临的巫术行为。《太平御览》卷三十三引《淮南

---

① 《艺文类聚》卷四引杜笃《祓禊赋》:"王侯公主,暨乎富商,用事伊雒,帷幔玄黄。于是旨酒嘉肴,方丈盈前,浮枣绛水,酹酒酬川。若乃窈窕淑女,美媵艳姝,戴翡翠,珥明珠,曳离袿,立水涯,微风掩壒,纤縠低徊,兰苏盼蜗,感动情魂。若乃隐逸未用,鸿生俊儒,冠高冕,曳长裾,坐沙渚,谈《诗》《书》,咏伊、吕,歌唐、虞。"
② 《风俗通义》卷八《祀典》"桃梗、苇茭、画虎"条:"谨按:《黄帝书》:'上古之时,有荼与郁垒昆弟二人,性能执鬼,度朔山上立桃树下,简阅百鬼,无道理,妄为人祸害,荼与郁垒缚以苇索,执以食虎。'于是县官常以腊、除夕,饰桃人,垂苇茭,画虎于门,皆追效于前事,冀以卫凶也。虎者,阳物,百兽之长也,能执搏挫锐,噬食鬼魅,今人卒得恶悟,烧虎皮饮之,击其爪,亦能辟恶,此其验也。"

万毕术》曰:"岁暮腊,埋圆石于宅隅,杂以桃弧七枚,则无鬼疫。"在居宅的各个角落内分别埋下一块圆石,并一同埋下七副桃木弓箭,就可以达到避疫鬼的目的。桃木的驱邪作用在古代巫术中很常见。至于石头,也是古人心中辟邪的灵物。这应该是远古人类以石器作为狩猎、采集、切割肉食与毛皮等生产、生活中主要工具的经历在信仰观念中留下的印痕。石器在人类早期发挥过重要作用,使人类对石头产生崇拜,最终石头在人的心中具有了驱邪的功能。腊日埋圆石镇宅驱邪的习俗在汉代以后仍然可以见到。《荆楚岁时记》说:"十二月暮日,掘宅四角,各埋一大石为镇宅。"①石头崇拜在古代中国始终是民间信仰的内容之一。

二、仲夏(五月五日、夏至、伏日)辟邪

(一)五月五日,臂系五彩缯(丝)

值得注意的是,汉代,夏至之后出现的使人致病的众多鬼魅中出现了一个具体的名字——游光。《风俗通义·佚文》:

> 夏至著五彩,辟兵,题曰游光。游光,厉鬼也,知其名者无温疾。五彩,避五兵也。案:人取新断织系户,亦此类也。谨案:织取新断二三寸帛,缀著衣衿,以己织缣告成于诸姑也。后世弥文,易以五彩。又永建中,京师大疫,云厉鬼字野重、游光。亦但流言,无指见之者。其后岁岁有病,人情愁怖,复增题之,冀以脱祸。今家人织新缣,皆取著后缣二寸许,系户上,此其验也。②

① 《政和证类大观本草》卷三引。又见宗懔撰,宋金龙校注:《荆楚岁时记·佚文》,山西人民出版社,1987年,第136页。
② 王利器校注:《风俗通义·佚文》,中华书局,2010年,第605页。

　　应劭说厉鬼游光信仰的出现是与东汉顺帝永建年间(126—131)的一场传染很严重的疾疫有关。事实上,游光作为令人恐惧的一种恶鬼,其出现还要早一些。《后汉书·马融传》,汉安帝元初二年(115),马融上《广成颂》以讽谏,其文有"捎罔两,拂游光"。李贤注:"游光,神也,兄弟八人。"时间在顺帝之前。《文选》卷三张衡《东京赋》:"殪野仲而歼游光。"薛综注:"野仲、游光兄弟八人,恒在人间作怪也。"野仲即《风俗通》之野重。《后汉书·张衡传》:"永元中,举孝廉不行,连辟公府不就。时天下承平日久,自王侯以下莫不逾侈。衡乃拟班固《两都》作《二京赋》,因以讽谏。精思傅会,十年乃成。"张衡撰写《二京赋》始于永元年间(89—104),历时十年。至于此赋的完成时间,陆侃如《中古文学系年》、刘跃进《秦汉文学编年史》均系于和帝元兴元年(105),[①]孙文青《张衡年谱》系于安帝永初元年(107),[②]这比马融《广成颂》还要略早一些。据此可知,厉鬼游光在汉代人信仰中出现的时间应该比较早,这种厉鬼成为汉代人心中特别畏惧的夏季传染病制造者。人们为了防止这种恶鬼带来的疾疫,就想出了一些简便可行的辟邪巫术,把五彩缯或五彩丝缠系在胳膊上,或缝在衣衿上,或把新织成的缣剪取二寸左右,系在门户上。《潜夫论·浮侈篇》说东汉人们相信巫术,"或裂拆缯彩,裁广数分,长各五寸,缝绘佩之;或纺彩丝而縻,断截以绕臂:此长无益于吉凶,而空残灭缯丝,萦悸小民"。为辟邪驱鬼而不惜毁坏、浪费大量丝织品,由此可见信仰习俗对人类社会的影响之深之

① 　陆侃如:《中古文学系年》,人民文学出版社,1985年,第133页。刘跃进:《秦汉文学编年史》,商务印书馆,2006年,第456页。
② 　孙文青:《张衡年谱》,商务印书馆,1956年。

大，以及人们对信仰之执着。①

　　我国传统的二十四节气是参照地球绕太阳公转的周期变化而总结出来的气候变化规律，它与阳历月日之间有相对固定的对应关系，与阴阳合历的农历月日之间的对应关系则变化较大。以夏至为例，一般在阳历六月二十一日至二十二日交节，若依照农历，则有时在农历五月初，有时在五月中旬或下旬。汉代在夏至日有系五彩丝辟邪的习俗，后来提前至五月五日，不知是否与此有关。《风俗通义·佚文·释忌》记载：

　　　　五月五日，赐五色续命丝，俗说以益人命。
　　　　五月五日，以五彩丝系臂，名长命缕，一名续命缕，一名辟兵
　　缯，一名五色缕，一名朱索，辟兵及鬼，命人不病温。

"益人命""长命""续命"之语，都是驱疫辟邪的同义词，通过系五彩丝而辟除疫鬼，避免染瘟疫而亡，得以长命。再到后来，许多辟邪的习俗大多集中到了五月五日端午节。在这一天，某些地方的人还举行某种大的迎神活动。《后汉书·列女传》记载：

　　　　孝女曹娥者，会稽上虞人也。父盱，能弦歌，为巫祝。汉安二
　　年五月五日，于县江沂涛婆娑迎神，溺死，不得尸骸。娥年十四，

――――――――――――――――

① 陕西长安县南李王村东汉墓出土一件朱书陶瓶，上面的解除文一开头就列举了地柱、南组、北斗、三和、七星等能够解除墓主罪谪的神灵，在这些之前还有一个神灵，但两个字都有残缺，王育成先生释读作"游光"（见王育成：《南李王陶瓶朱书与相关宗教文化问题研究》，《考古与文物》1996 年 2 期）。但所有神灵都是制服恶鬼、护佑人的，游光是恶鬼，是祸害人的鬼，不可能与北斗等列在一起，因此，开头的两个字恐怕是某一种天神的名字，不是恶鬼游光。

> 乃沿江号哭,昼夜不绝声,旬有七日,遂投江而死。至元嘉元年,
> 县长度尚改葬娥于江南道傍,为立碑焉。

曹娥的父亲身为巫祝,在五月五日这一天到江水中迎神而溺水死亡,曹娥为寻父尸,也亡身江水。这个故事流传久远,很令人悲伤,它反映了汉代至少在会稽地区,五月五日有迎神的习俗。他们所迎的神灵应该是春秋时期被吴王逼迫自杀的伍子胥。伍子胥死后,被当地民间奉为涛神。会稽人在五月五日迎涛神,大概与夏季江水开始泛滥、田农会受水灾破坏有关,这与其他地域预防疾疫的巫术有一定区别。看来,进入夏季之后,除了辟邪、驱邪,不同地区的民众还会从事其他的巫事活动。

五月五日正值仲夏,天气酷热,中暑、皮肤病等疾病频发,而受社会发展程度的限制,人们无力控制疾病,人们面对疾疫有时未免无奈,这直接导致禁忌增多起来。例如《风俗通义·佚文·释忌》说:"五月盖屋,令人头秃。"又说:"五月五日,不得曝床荐席。"类似的零星记载,反映了当时人面对疾疫而无力救治,不得不转向神秘主义。

(二)伏日闭门,御蛊祭神

夏季是一年之中的炎热季节,其中尤其以伏日为最。《史记·秦本纪》云"德公二年初伏"。《集解》引孟康曰:"六月伏日初也,周时无,至此乃有之。"可见,伏是春秋时期出现的概念,并一直沿用到今天。

伏日在汉代成为人们生活中的一个重要节令,简牍历注中经常会标出伏日。例如银雀山出土《元光元年历谱》(前134),[1]居延出土

---

① 吴九龙:《银雀山汉简释文》,文物出版社,1985年,第235—236页。

《五凤三年历谱》(前55)、①敦煌出土《永光五年历谱》(前39)、②《元延元年历谱》(前12)，③里面标注有初、中、后三伏，《元延二年日记》(前11)中有中伏、后伏，④敦煌出土《永始四年历谱》(前13)有初伏。⑤

关于三伏的安排，《太平御览》卷三一引《阴阳书》曰："从夏至后第三庚为初伏，第四庚为中伏，立秋后初庚为后伏，谓之三伏。"《阴阳书》系唐初吕才整理删定，是汉以后演变而成，唐宋以降多用之，后散佚。将《阴阳书》关于三伏的规定与汉简牍历谱的历注作一比较，列表如下：

表一　三伏对照表

文献	夏至	初伏	中伏	立秋	后伏
吕才《阴阳书》	夏至	至后三庚	至后四庚	立秋	秋后一庚
银雀山汉简《元光元年历谱》(前134)	六月初三戊子	六月十五日庚子(至后二庚)	六月廿五日庚戌(至后三庚)	七月二十日甲戌	七月廿六日庚辰(秋后一庚)
居延肩水金关汉简《五凤三年历谱》(前55)	五月八日癸未	六月五日庚戌(至后三庚)	六月廿五日庚午(至后五庚)	六月廿四日己巳	七月十六日庚寅(秋后三庚)
敦煌汉简《永光五年历谱》(前39)	五月四日丁未	六月八日庚辰(至后四庚)	六月十八日庚寅(至后五庚)	六月廿一癸巳	七月八日庚戌(秋后二庚)

① 五凤三年历谱出土于居延金关，见《中国古代天文文物图集》图版三六[一]。又参张培瑜：《汉简的几个年代和伏腊建除注历问题》，载《南京大学学报》(哲学人文社会科学版)1991年第3期。

② 甘肃省文物考古研究所：《敦煌汉简》，简1560，中华书局，1991年。

③ 连云港市博物馆、中国社会科学院简帛研究中心等：《尹湾汉墓简牍》，中华书局，1997年，第127页。

④ 连云港市博物馆、中国社会科学院简帛研究中心等：《尹湾汉墓简牍》，第139、143页。

⑤ 甘肃省文物考古研究所：《敦煌汉简》，简2263。

续表

文献	夏至	初伏	中伏	立秋	后伏
敦煌汉简《永始四年历谱》(前13)	五月廿二日甲子	六月十九日庚寅(至后三庚)	六月廿九日庚子(至后四庚)	七月九日庚戌	七月廿九日庚午(秋后三庚)
尹湾6号汉墓木牍《元延元年历谱》(前12)	五月三日己巳	五月廿四日庚寅(至后三庚)	六月五日庚子(至后四庚)	六月廿日乙卯	六月廿五日庚申(秋后一庚)
尹湾6号汉墓竹简《元延二年日记》(前11)	五月十四日甲戌		六月廿日庚戌(至后四庚)	七月二日辛酉	七月十一日庚午(秋后一庚)

通过比较,可以发现汉代三伏的安排有三个特点:

第一,不同年份,三伏的日子往往不同,尚未如后来的《阴阳书》那样有统一规定。

第二,每年三伏的日子尽管不尽相同,但初伏与中伏都无一例外地确定在夏至后的某个庚日,后伏则无一例外地确定在立秋后的某个庚日。

第三,从这六件标注三伏的历谱来看,时代越晚一些的历谱,三伏的日子越趋向于规律性,例如后三件历谱的初伏、中伏基本上分别固定在夏至后三庚和夏至后四庚,后伏则基本上固定在立秋后一庚,这就与《阴阳书》中的规定相同了,说明《阴阳书》对三伏日子的规律化,应当始于汉代,具体大约在西汉末。

众所周知,三伏所对应的太阳空间视位置基本固定,是一年中最热的日子。酷热的天气容易使人中暑,严重者会致死。古人认为这是恶鬼带来的热毒恶气之类的蛊毒出来伤害人。例如《太平御览》卷三十一引《汉官仪》曰:"伏日万鬼所行,故伏。"认为这一天四处活动的鬼特别多。又如《秦本纪》说秦德公在伏日"以狗御蛊"。《正义》曰:"蛊者,热毒恶气为伤害人，故磔狗以御之。"把伏日的暑热之气当作蛊毒。总之，古人对三伏天的暑热缺乏足够的科学认识，只能归咎于恶鬼和蛊毒。

汉代人既然认为很多恶鬼在伏日出来，那么为了躲避恶鬼和蛊毒给人带来的危害，最直接、最简单的办法是待在家中，关闭家门，停止一切生产活动，官府也在此日停止办公。《后汉书·和帝纪》永元六年（94）"六月己酉，初令伏闭尽日"。李贤注引《汉官旧仪》曰："伏日万鬼行，故尽日闭，不干它事。"是年初伏在夏至后第三庚，即六月庚戌。这是在初伏前一日下诏，令伏日终日闭门，停止一切生产和公务。该条材料中有一个"初"字，是否可以说这是首次以政府的名义统一颁布这样一项关于伏日停止一些活动的政策呢？出土资料告诉我们还不能作如此判断。张家山汉简《二年律令》是西汉初年通用的法律，其中的《户律》就有这样一条：

> 自五大夫以下，比地为伍，以辨［券］为信，居处相察，出入相
> 司。有为盗贼及亡者，辄谒吏、典。田典更挟里门籥（钥），以时
> 开。伏闭门，止行及作田者。①

该条律令规定如何通过闾里的日常监督管理，实现对平民人身和活动的控制。田典掌管着里门的钥匙，按时开闭。田典一职亦见于睡虎地秦墓竹简《秦律十八种·厩苑律》："有（又）里课之，最者，赐田典日旬；殿，治（笞）卅。"②睡虎地秦简整理小组注："田典，疑为里典之误。

---

① 张家山二四七号汉墓竹简整理小组：《张家山汉墓竹简〔二四七号墓〕（释文修订本）》，文物出版社，2006年，第51页。
② 睡虎地秦简整理小组：《睡虎地秦墓竹简》，第22页。

秦里设里正,见《韩非子·外储说右下》,简文作里典,当系避秦王政讳
而改。"①此说或有未当。张家山汉简《二年律令·钱律》关于盗铸钱的
处罚有这样一条规定:"盗铸钱及佐者,弃市。同居不告,赎耐。正典、
田典、伍人不告,罚金四两。"②其中的正典,整理小组注曰"里典"。则
田典当非里典之误。且秦律、汉律皆作田典,似不至于皆误。虽然不
清楚田典这一职务的具体所指,但至少可以确认这是与里典同一级别
的乡里小吏,负责对闾里民众的日常管理。伏,张家山汉简整理小组
注说是指伏日。"伏闭门,止行及作田者",即在入伏的第一天关闭里
门,禁止出行和农田劳作。可见,至迟在汉初已经统一控制伏日的民
众活动了。至于东汉和帝永元六年(94)"六月己酉,初令伏闭尽日",
有学者指出,这不是说汉代在此时才统一推行这样一条政策,也不是
史书的笔误,"可能涉及汉代诏令与文书记录用语的习惯,即每一位皇
帝在颁布新诏令时,只要是其自己没有重复之前的内容,都可以称为
'初'"。③ 是否如此,还有待更多新资料佐证。

　　伏日还要祭祀宗庙,向祖先供祭新收获的谷物、瓜果。《汉书·韦
玄成传》注引晋灼曰:"《汉仪注》宗庙一岁十二祀。"其中就有"六月、七
月三伏"。④《初学记》卷四引《四民月令》曰:"初伏荐麦瓜于祖祢。"朝
廷于伏日以肉赏赐从官。《汉书·东方朔传》曰:"伏日诏赐从官肉,太

---

① 睡虎地秦简整理小组:《睡虎地秦墓竹简》,第 23 页。
② 张家山二四七号汉墓竹简整理小组:《张家山汉墓竹简〔二四七号墓〕(释文修订本)》,第 35 页。
③ 魏永康:《流变与传承——秦汉时期"伏日"考论》,《古代文明》(季刊)2013 年第 7卷第 4 期。
④ 《后汉书·明帝纪》永平元年春正月条,李贤注引《汉官仪》亦曰:"诸陵寝皆以晦、望、二十四气、三伏、社、腊及四时上饭。"

官丞日晏不来，朔独拔剑割肉。"

秦人自秦德公开始在伏日用磔犬于城邑之四门的方式，驱除蛊毒恶鬼。汉代是否也在伏日磔犬或其他家畜家禽来禳鬼神，不得而知。从信仰的延续性来说，汉代应该保留这一习俗。① 另外，汉代在夏至到来，伏日临近的时节，为了驱除或阻止恶鬼带来的邪恶之气，人们还采取了其他一些巫术性质的办法。比如《续汉书·礼仪志中》说：

> 仲夏之月，万物方盛。日夏至，阴气萌作，恐物不楙。其礼：以朱索连荤菜，弥牟朴蛊钟。以桃印长六寸，方三寸，五色书文如法，以施门户。代以所尚为饰。夏后氏金行，作苇茭，言气交也。殷人水德，以螺首，慎其闭塞，使如螺也。周人木德，以桃为更，言气相更也。汉兼用之，故以五月五日，朱索、五色印为门户饰，以难止恶气。日夏至，禁举大火，止炭鼓铸，消石冶皆绝止。至立秋，如故事。是日浚井改水，日冬至，钻燧改火云。

这段记载说汉代在夏至日，把朱红色的绳索和桃木刻制的印章著于门户上，以此方式驱除并阻止恶鬼之气。这一日，还要熄灭燃烧的火，停止用火的任何活动，还要改水、改火。

（三）夏至日改水火

我国古代有更水、改火的风俗，在某一固定的日子疏浚水井，并灭

---

① 清代和民国时期两广的地方史料中有不少关于夏至日磔犬或食犬肉以御蛊毒的习俗记载，王子今教授认为该民俗应与秦德公"磔狗邑四门"有渊源，是秦始皇发兵平定岭南，徙民使与南粤人杂处而带来的文化影响。（详见王子今：《秦德公"磔狗邑四门"宗教文化意义试说》，刊于刘梦溪主编《中国文化》第十二期。）如此，则汉代磔犬逐疫习俗当不限于上文所说的季春、仲秋、季冬三个节令，夏至亦应举行。

掉旧火,取用新火。对此风俗,典籍颇有记载,前人也陆续作过考证。值得注意的是,居延汉简中也有一组关于"更水、改火"风俗的重要材料,对了解此风俗在汉代的情况十分重要:

（1）御史大夫吉昧死言:丞相相上太常昌书言大史丞定言,元康五年五月二日壬子日夏至,宜寝兵,大官抒井、更水火、进鸣鸡。谒以闻,布当用者。臣谨案,比原泉御者、水衡抒大官御井,中二=千=石=令官各抒。别火　（《居延汉简释文合校》10·27）

（2）官先夏至一日,以阴燧取火,授中二=千=石=官在长安、云阳者,其民皆受,以日至易故火。庚戌寝兵不听事,尽甲寅五日。臣请布,臣昧死以闻。　（《居延汉简释文合校》5·10）

（3）四月廿九日庚戌寝兵,五月大,辛亥一日,壬子二日夏至,癸丑三日,甲寅四日尽,乙卯五日,丙辰六日……庚辰卅日。
（《居延汉简释文合校》179·10）

这三枚简,劳榦、①汪宁生、②于豪亮、③陈连庆、④裘锡圭、⑤罗琨⑥等先生已经先后作过有益的探索,提出不少精到的见解。

---

①　劳榦:《居延汉简考证·乙、公文形式与一般制度》"别火官"条,《"中央研究院"历史语言研究所专刊》之四十,1960年。

②　汪宁生:《改火的由来》,收入《民族考古学论集》,文物出版社,1989年。

③　于豪亮:《居延汉简丛·阴燧取火》《居延汉简丛释·寝兵不听事五日》,并见《于豪亮学术文存》,中华书局,1985年。

④　陈连庆:《居延汉简札记》(下),"(五)夏至更水火"条,《东北师大学报》(哲学社会科学版)1983年第3期。

⑤　裘锡圭:《寒食与改火》,收入《古代文史研究新探》,江苏古籍出版社,1992年。

⑥　罗琨:《说"改火"》,载《简帛研究》第二辑,法律出版社,1996年。

　　三枚简均长 23.5 厘米左右，形制大小基本相同。第一、二简各书写两行文字，第三简横置竖写三十一行字。劳榦《居延汉简考释》"别火官"条云："右丙吉奏，本为二简，余让之先生察其字迹相同，合为一奏。（时在二十四年）前后完整无缺文。"此三简皆出土于汉肩水候官遗址 A33 地湾，因此，它们应属于同一份完整的文书。

　　简文中有元康五年纪年，即神爵元年（前 61）。《汉书・宣帝纪》神爵元年"三月行幸河东，祠后土。诏曰：'……乃元康四年嘉谷玄稷降于郡国，神爵仍集……其以五年为神爵元年。……'"说明是岁三月改元神爵元年之前，仍使用元康年号纪年。此简文中"御史大夫吉"奏书云"元康五年"疏浚井水与改火事宜，知此奏书之撰写、上奏在三月改元之前。

　　"御史大夫吉"即丙吉，"丞相相"即魏相。据《汉书・百官公卿表》，宣帝地节三年（前 67）六月，御史大夫魏相代韦贤为丞相，丙吉为御史大夫。神爵三年（前 59）三月，丞相魏相去世。四月，丙吉迁为丞相。神爵元年，魏相正为丞相，丙吉正为御史大夫。太常昌即太常苏昌，《百官公卿表》谓苏昌曾封蒲侯，然《功臣表》不记其事。太史丞定，无可考。

　　从简文看，丙吉奏请于夏至抒井、改火，乃太史丞定先奏与太常，太常再奏呈丞相魏相，丞相魏相又奏呈宣帝，大约宣帝将此奏书交给御史大夫丙吉斟酌处理，丙吉最后上奏宣帝。此即该简文最初的由来。

　　定时更井水、改灶火的风俗起源比较早。在古人的观念中，疾病的产生与饮水和灶火也有一定的关系。古人饮用水最初取自河川等处，河川之水易受腐烂的各类草木和野兽尸体的污染，导致疾病。后来，人们学会打井取水。相对于河川之水而言，井水更加洁净，但水井如果长期得不到淘洗，水质也容易改变，不利于健康。古人认识到这一点之后，就有了定期淘洗水井的习俗，谓之"去毒"。西汉末最早出现的王莽代汉的所谓符命,据说就是书写在浚井挖出的石块上。[1]

从民族学的资料看,更水习俗也直至近现代在某些地区仍有保留。例如,佤族有"呦黑拉翁"(接新水)的宗教祭祀。"呦黑拉翁"来源久远。在佤族的传说中,相传人类自"司岗"(山洞)中出来后不会讲话,走到河边洗了脸后才会讲话,而这一天正是佤历的一月三日。后来,佤族不论走到哪里建立村寨,首先就是搭水槽接水,逐渐形成了每年佤历一月三日举行接新水的隆重祭祀活动。此日清晨,主管寨内祭水的小窝朗敲响木鼓,寨户们听到木鼓声后,每户带上一碗米送到小窝朗家里(午饭备用)。全寨身强力壮的男子都到自家的竹林中砍一根竹子扛上,跟随巫师到水源头换水槽。巫师把用于祭祀的烧熟的老鼠置在水源头,口中念念有词。念毕,大家动手劈开竹子,换修笕槽。老弱妇女则主动用竹枝扫帚打扫村寨,清除道路上的污泥杂物,填平道路,使寨子焕然一新。当新水流进寨子后,要让寨中的达垮(佤语,寨子里的长老)先接,而后其他人才能去接。这一天下午,寨子杀猪剽牛,用接来的水煮肉做饭,大家共同享用。第二天一早,鸡鸣头遍,寨子里的姑娘们便争先起床去接新水,谁起得最早,谁就会受到寨子里男青年的称赞。[2]

汉代抒井更水的习俗,与佤族每年一次打扫村寨卫生、更换水槽接新水的习俗可谓异曲同工,应当与早期人类通过清洁水源、预防疾疫关系密切。

---

[1] 《汉书·王莽传》,平帝元始五年(5)十二月,"前辉光谢器奏武功长孟通浚井得白石,上圆下方,有丹书著石,文曰:'告安汉公莽为皇帝。'符命之起,自此始矣"。

[2] 张永祥等:《中华文化通志·民族文化典·苗、瑶、畲、佤、布朗、德昂族文化志》之"佤族"第七章"宗教信仰"第二节"宗教活动",上海人民出版社,1998 年。

再说"改火"。

与现代相比,古代的取火办法要困难得多。因此,古人在掌握取火方法之后,家中仍要保留火种,以保证日常使用。但古人认为,火种保留得太久就变成旧火,会对人作祟,引起与饮食有关的疾病或引发火灾。避免疾病灾害的办法,就是送走旧火、取用新火,从而形成改火的习俗。先秦秦汉文献中对此习俗多有记载。例如:

(1)《周礼·夏官·司爟》:"司爟掌行火之政令,四时变国火,以救时疾。"郑玄注:"郑司农说以鄹子曰:'春取榆柳之火,夏取枣杏之火,季夏取桑柘之火,秋取柞楢之火,冬取槐檀之火。'"

(2)《管子·禁藏》:当春三月,萩室熯造(灶),钻燧易火,抒井易水,所以去兹毒也。(尹注:"凡此皆去时滋长之毒。")

(3)《管子·轻重己》:"以冬至日始,数四十六日,冬尽而春始……教民樵室、钻燧、熯灶、泄井,所以寿民也。"

(4)《论语·阳货》:"旧谷既没,新谷既升,钻燧改火,期可已矣。"集解引马融曰:"《周书·月令》有更火之文:'春取榆柳之火,夏取枣杏之火,季夏取桑柘之火,秋取柞楢之火,冬取槐檀之火。一年之中,钻火各异木,故曰改火也。'"

(5)《淮南子·时则训》:"季春之月……爨其燧火。……季夏之月……爨柘燧火。……季秋之月……爨柘燧火。……季冬之月……爨松燧火。"

(6)《续汉书·礼仪志中》:"日夏至,禁举大火,止炭鼓铸,消石冶皆绝止。至立秋,如故事。是日,浚井改水,日冬至,钻燧改火云。"

综合文献与简牍记载，古代的改火风俗可以从几个方面认识：

（一）改火时间。由《续汉书·礼仪志》可知，东汉疏浚水井以改水是在夏至，这与居延汉简的记载完全一致。但东汉改火在冬至日举行，与简文的记载不同。又《论语》说收获季节改火，应在秋末冬初；《管子》说在春季；《周礼》《淮南子》皆为四时改火；《鄹子》则于四时改火外，另于季夏改火，则此简于夏至改火不仅与东汉之俗不同，且与先秦之俗亦不相应。劳榦先生说：

> 盖期年改火，不当在夏至。四时改火，当在立春、立夏、立秋、立冬改之。五时改火应除四立而外更增季夏节小暑。夏至为中气而非节气，与四时之界画俱不相涉。惟《汉书·魏相传》："又数表采《易》阴阳及《明堂》《月令》奏之曰：'天地变化，必由阴阳，阴阳之分，以日为纪。日冬夏至，则八风之序立，万物之性成，各有常职，不得相干。'"本传云相少学《易》，是夏至改之说或竟与魏相所奏"日冬夏至，则八风之序立，万物之性成"同出一源，而与《周礼》及《鄹子》相违异。[1]

这是劳榦的解释。简文本身似乎也可以帮助证成此说。根据此简文形成的程序可知，丞相魏相参与了此事，然则魏相关于阴阳节令变化之思想，应当会对改火时间产生一定的影响。劳榦推测简文之改火在夏至，与魏相或许有一定关系，所言应是。

---

[1]　劳榦：《居延汉简考证·乙、公文形式与一般制度》"别火官"条，《"中央研究院"历史语言研究所专刊》之四十，1960 年，第 12 页。

敦煌出土汉简中还见到如下一简:

三月己卯尢从所□□汤承

制诏光禄勋曰:今年火尚前,谨修火。臣□再拜承诏　(《敦煌汉简》1798)

从内容分析,该简应是与取新火的改火风俗有关。"火尚前""谨修火"云云,似是指去旧火、取新火的时间应该提前,其思想根源估计即阴阳五行学说。若此推测不误,则汉代每年的改火时间也可以根据需要作适当的调整,或提前,或推后。具体如何操作,不可得知。

改火实际上就是熄灭旧火,取得并点燃新火。这反映的是一种对火的信仰习俗。众所周知,由于某种巧合,任何信仰习俗在流传的过程中都可能与其他的习俗相交融,旧的信仰习俗会衍生出新的内容。改火习俗在汉代的某些地域已经与春秋时期晋国介子推的传说相融合,形成了寒食节。[1]

(二)取新火的方法。从文献对改火之俗的记载来看,西汉以前改火,皆采用钻木取火的方法取新火。东汉仍是如此。简文中改火时的取火方法是"以阴燧取火",于豪亮先生认为"必系钻燧取火无疑",即钻木取火。罗琨先生也认为,汉代仍用木燧取火,居延烽燧遗址发现过钻火木燧,阴燧即木燧之说是有道理的。

(三)古代改火通常有专人掌其事。汪宁生先生根据民族学资料

---

[1]　详见裘锡圭:《寒食与改火——介子推焚死传说研究》,收入《文史丛稿》,上海远东出版社,1996年。

指出，最初的改火仪式一般都由巫师或部落头人举行。到了阶级社会，统治者把取新火作为自己的一种特权，借此以神化自己，开始设官以专司其事。如《周礼》改火由司爟一职负责。《艺文类聚·火部》引《尸子》云："燧人上观星辰，下察五木，以为火。"此则云燧人氏专掌改火，他通过观察星辰运动，判断季节的变换，于五时以不同的木头来钻燧取新火。汉简中负责改火的职官则为"大官""别火官"。大官，即太官，属少府，主天子膳食。大鸿胪属官有别火令、丞，《汉书》注引如淳曰："《汉仪注》别火，狱令官，主治改火之事。"[①]到东汉，将大鸿胪的属官别火令、丞取消，不在设此职。汉官印中有"别火丞印"，[②]应属于西汉官印。

　　据简文"别火官先夏至一日，以阴燧取火，授中二千石、二千石官在长安、云阳者，其民皆受，以日至易故火"云云，知朝廷的别火官所取新火只授与在长安、云阳的中二千石、二千石官，以及平民，其他地区的取新火、易旧火，当非朝廷的别火官掌管。且以情理推之，全国各地之改火也不可能仅由此一官负责。当时各地应该皆有负责定时取新火者，但可能由他官兼任、兼管，未必设专门的职官。尤其至东汉，虽然仍有改火之俗，但别火令、丞已罢省，不再设专门人员来负责取新火，各地之改火事宜应是皆由其他职官来兼任。

---

① 《汉书·百官表》另云："武帝太初元年……初置别火。"似乎别火一职始设置于太初元年（前104），不知究竟该作何理解。裘锡圭先生推测："也许改火之事本已不甚通行，是武帝时重新加以提倡的。"

② 罗福颐：《秦汉南北朝官印征存》汉印185号，文物出版社，1987年。罗琨先生以此印与简文相印证，认为："这进一步证实丙吉奏两简文衔接，而且释文必为'别火官先夏至一日，以阴燧取火。'曾见有的释文将句读断在'官'字之前或其后，都是不恰当的。"所言甚是。

简文中提到别火官所取新火除授予长安城中的吏民外，还授予云阳(今陕西淳化西北)的吏民。之所以重视云阳，因为云阳乃甘泉宫所在地，又是西汉郊祀天地的场所。武帝封禅泰山之前曾在这里演礼，封禅过后又在这里小住。汉时，长安置祠祝官女巫，有梁巫、晋巫、秦巫、荆巫、九天巫，皆以岁时祠宫中。① 而《汉书·地理志》云："云阳有休屠、金人及径路神祠三所，越巫䄂鄹祠三所。"径路神是匈奴神；越巫䄂鄹祠是南越神；休屠金人，自张晏以来，崔浩、魏收、颜师古一致认为是佛像，此说虽有待商榷，但也表明甘泉是可与长安匹敌的宗教中心。甘泉宫中的台室，画有天地、泰一诸神像，排设供具，定期举行祭祀。

民族学资料表明，改火需要举行一定的仪式，先灭掉火塘中原先保存的火种，以杀畜禽等方式送走火鬼，然后，用原始方法取新火。如云南盈江一带的景颇族在发生失火后，在巫师主持下举行"送火鬼"仪式。各家把火塘中的火种熄灭，仅保留一根着火的木柴，由一人扛着奔跑，另一人持刀随后追赶，赶到村外把木柴投入污水塘，表示送走"火鬼"。西盟佤族则赶一猪至寨外，将猪杀死，以盛于口袋内的来自各家火塘的木炭和泥，涂遍猪身，投入河中或水塘中，表示火鬼被送走。沧源佤族则杀鸡举行简单祷祝仪式，送走火鬼。

汉代改火是否举行类似的仪式呢？按，汉代，每家的灶中也都保存有火种。家中火种熄灭，可以向邻人借取，这被称为"通水火"。② 因为灶中常年保存火种，为火之神灵所在，遂有祭灶之俗。《汉书·孙宝传》载："署宝主簿，宝徙入舍，祭灶请比邻。"祭灶实际就是祭灶火，祭

---

①　参见《史记·封禅书》。

②　《汉书·孙宝传》：杜稚季"杜门不通水火，穿舍后墙为小户"。颜师古曰："不通水火，谓虽邻伍亦不往来也。"此虽用其引申义，然汉代人家中应仍保留火种。

火神。^① 迁新居先要祭灶，可见灶火神灵的重要性。据此推断，汉代改火时，为送走旧火，必定也要举行一定的仪式。另外，简文中丙吉上书请变水火时，有"进鸣鸡"之语，不知所进鸣鸡是否与改火有关。如果属于改火事宜的一部分，则汉代改火仪式当与沧源佤族的风俗仪式类似，即用杀鸡的方法来送旧火。

简文还提到在夏至日"宜寝兵"。按，《后汉书·献帝纪》兴平元年(194)六月，"丁丑地震，戊寅又震。乙巳晦，日有食之。帝避正殿，寝兵，不听事五日"。因此，于豪亮先生认为："在重要节日或遇到大的自然灾害时'寝兵不听事五日'，乃汉代的制度。"^②

每年在某个相对固定时间举行盛大的驱邪活动，这在世界上其他民族也不乏其例。不少民族都把时间选择在冬季即将结束、春季即将开始的时节，或者秋天，或者疾病多发的其他季节。例如阿拉斯加最北端巴罗角的因纽特人，在每年冬季即将结束、数月未见的太阳重新升起的时刻，各家同时驱除妖精图纳。人们在公共会堂前面点一堆火，在每家进门的地方站一个老年妇女。男人聚在会堂四周，年轻妇女和女孩从每家赶妖精，她们拿着刀狠狠地向床下和鹿皮下刺去，并喝令图纳滚开。当她们认为已经把妖精从每一个小洞和角落里赶出来的时候，就接着把它塞进地下的一个窟窿里去，把它从窟窿里赶到屋外，并高声叫喊，疯狂地做出各种姿势。同时，站在家门口的老年妇

---

① 汉代灶神又称灶君，是火神，详见本书《香港中文大学文物馆藏东汉建初四年"序宁"简》有关汉代祭祀"灶君"的讨论。
② 于豪亮：《居延汉简丛释·寝兵不听事五日》，收入《于豪亮学术文存》，中华书局，1985年。

女手里拿着刀,在空中划来划去,不让它回来。所有的人都把妖精往火里赶,并痛斥妖精。这时,两个男子走出来,其中一人手提一桶尿倒在火上,另一人手持装满黑火药的枪向火开枪,当水汽上升时,再给它一枪,认为这样就暂时把图纳消灭了。① 北美的易洛魁人在新年(每年的1月或2月或3月,时间不定)开始时举行"梦节",节日中有一天举行把妖精从屋里赶出去的仪式。男人们都身披野兽皮,脸上戴着相貌凶恶的假面具,手拿乌龟壳,他们挨家挨户闹得惊人,为公众驱除鬼邪之气。② 秘鲁的印加地区每年大约在9月时开始雨季,常常有很多疾病随之产生。当地人在这个月举行一个叫作西图亚的节日,从首都及其郊区驱除所有的疾病和灾害。他们还到河里或泉水里洗澡,认为这样疾病就会脱身而愈。③

　　有的民族的驱邪日期则参照农事季节而定。例如西非洲多哥兰的霍人,每年在吃新山药之前,必须清洗城镇,驱除邪恶。他们用巫术把妖魔鬼怪和一切害人的邪恶都赶进成捆的树叶、藤蔓中去,系在棍子上,拿到镇外,插立在各条路上。妇女们则打扫炉灶和房子,用破木盘清除垃圾。然后,人们祷祝:"在我们身上为害的一切疾病啊,我们今天要动手除掉你。"于是,大家尽快朝阿达鲁克山的方向跑去,她们一边打自己嘴巴,一边喝令害人的妖怪立即滚到安罗和阿达鲁克这样的所有邪恶必须去的地方。④ 印度东北部的荷族人、有些兴都库什的氏族等都是在每年谷物收获完毕之后举行驱除妖魔鬼邪的

① 〔英〕J. G. 弗雷泽著,徐育新等译:《金枝》,第478页。
② 〔英〕J. G. 弗雷泽著,徐育新等译:《金枝》,第479页。
③ 〔英〕J. G. 弗雷泽著,徐育新等译:《金枝》,第479—480页。
④ 〔英〕J. G. 弗雷泽著,徐育新等译:《金枝》,第481页。

活动。①

　　在几内亚，人们每年专门划出一个时间，举行隆重仪式，驱除他们城镇中魔鬼。人们带着悲戚的喊声驱邪，追赶它，用棍子、石头和其他顺手的东西打魔鬼，把魔鬼赶到城外相当远之后才回来。所有的城镇同时用这种方法驱邪，以保证它不再回到他们家里来。妇女擦洗干净家中所有的器皿，不沾邪气。②

　　类似的定期驱邪习俗，在世界各地的许多民族都曾存在过。这些驱除妖魔鬼怪的场面，所实用的驱邪工具和驱邪方式，和汉代的驱傩很相似，反映了人类早期思维观念上的某些共性。

第二节　患病时的驱鬼辟邪

　　在前文曾专门讲述汉代人关于疾病与鬼神关系的认识，了解到汉代人分析疾病的成因时，经常会不自觉地认为与鬼神有关。为治愈疾病，人们想出了各种对付致病鬼魅的办法，请巫者或方士采用巫术驱鬼疗疾。《淮南子·说山训》说："病者寝席，医之用针石，巫之用糈藉，所救钧也。"医是医师，针石即砭石、石针。医师用砭石扎刺穴位或患处来为患者治病。这是采用医学的办法。糈是用来祭祀神的粳米。藉，是祭神时使用的菅茅。巫师则通过祭神的方式来为人治病。《淮南子》认为这两种方式都是为人疗病求福，所以没有差别。这反映了汉代人比较普遍的一种观念，即巫术是治病的有效手段。也反映了当

---

① 〔英〕J. G. 弗雷泽著，徐育新等译：《金枝》，第 481—482 页。
② 〔英〕J. G. 弗雷泽著，徐育新等译：《金枝》，第 480 页。

时医疗观念的特点，人们对巫术形成很强的依赖。无论是贵为君王诸侯，还是普通百姓，概莫能外。汉武帝病重了，巫与医都被请来为之治病。《汉书·郊祀志上》：

> 文成死明年，天子病鼎湖甚，巫、医无所不致。游水发根言上郡有巫，病而鬼下之。上召置祠之甘泉。及病，使人问神君，神君言曰："天子无忧病。病少愈，强与我会甘泉。"于是上病愈，遂起，幸甘泉，病良已。大赦，置寿宫神君。神君最贵者曰太一，其佐曰太禁、司命之属，皆从之。非可得见，闻其言，言与人音等。时去时来，来则风肃然。居室帷中，时昼言，然常以夜。天子祓，然后入。因巫为主人，关饮食，所欲言，行下。又置寿宫、北宫，张羽旗，设共具，以礼神君。神君所言，上使受书，其名曰"画法"。其所言，世俗之所知也，无绝殊者，而天子心独喜。其事秘，世莫知也。

汉武帝在鼎湖宫病重，找来了不少巫、医为他看病，都无效，后来听从游水发根的建议，从上郡找来一位巫师，据说这位巫师先前曾病过一次，当时鬼神都附在他的身上。汉武帝把这个人找来，让他在甘泉宫施法术。结果，该巫师在向神君询问武帝病情时，神君通过巫师告诉武帝不必担心疾病，让武帝在疾病稍微好些的时候，转移到甘泉宫。结果，汉武帝的病好了。这更加促使汉武帝相信巫师能够通神，巫术能够治疗疾病，经常让该巫师祭祀、请迎神君。

汉元帝患病时，也同样广求方术之士。桓谭《新论》记载了这样一件事：

　　元帝被病,广求方士,汉中送道士王仲都者,诏问:"何所能为?"对曰:"但能忍寒暑耳。"乃以隆冬盛寒日,令袒衣,载以驷马,于上林昆明池上环冰而驰。御者厚衣狐裘,甚寒战,而仲都独无变色。卧于池台上,曒然自若。此耐寒也。因为待诏。至夏大暑日,使曝坐,又环以十炉火,不言热而身不汗出。

　　元帝患病,久治不愈,故而向天下广泛征求方士,汉中郡的官员甚至把一位擅长忍耐极寒酷热的道士也举荐来了。方士一词涵盖各类人员,范围比较宽泛,有医药之士,有巫师术士,还有其他特殊技艺之人。当时被找来为元帝看病的方士中一定有不少巫师术士。

　　汉武帝、元帝虽然身为帝王,医疗条件是当时最好的,但他们在患病之后,依然动辄找巫术之士为自己治疗,可见秦汉时期社会上的大多数人对巫术治疗手段的依赖。以马王堆帛书《五十二病方》为例,该书记载了283个药方,其中使用巫术治病的药方有49个,占全部药方的六分之一强。这个比例不算低。若再考虑到使用这些药方的人属于上层贵族,他们接受科学治疗的条件远高于普通百姓,却仍如此相信巫术手段,照此推断,当时民间大众倾向于巫术治病的情况应该较这一比例更高。王符《潜夫论·浮侈篇》说东汉民众相信巫师,"弃医药,更往事神,故至于死亡,不自知为巫所欺误,乃反恨事巫之晚",应该是具有代表性的普遍现象。《论衡·辨祟篇》也批评这种现象:"人之疾病,希有不由风湿与饮食者。当风卧湿,握钱问祟;饱饭餍食,斋精解祸。而病不治,谓祟不得;命自绝,谓筮不审,俗人之知也。"从王充的批评可以看出,汉代民间治疗疾病时对巫师的信任程度是很高的,祝由术在民间有充分的信仰基础。

　　早期人类的思维模式很简单:既然疾病是鬼造成的,最直接的办法就是通过巫术把带来疾病的恶鬼赶走或者杀死。恶鬼被赶走或杀死了,病自然就会治愈。这类驱鬼治病的例子在马王堆汉墓出土帛书病方中可以见到,例如:

> 婴儿瘛:婴儿瘛者,目解(繲)晲然,胁痛,息瘿(嘤)瘿(嘤)然,戾(矢)不化而青。取屋荣蔡,薪燔之而炙匕焉。为湮汲三渾,盛以杯。因唾匕,祝之曰:"喷者虞喷,上如彗(彗)星,下如膌(胅)血,取若门左,斩若门右,为若不巳(已),碟薄(脯)若市。"因以匕周播婴儿瘛所,而泡(洗)之杯水中,候之,有血如蝇羽者,而弃之于垣。更取水,复唾匕,炙(炙)以播,如前。毋(无)微,数复之,微尽而止。●令。 (《五十二病方》"婴儿瘛"条)①

　　婴儿瘛,即小儿瘛疭,俗称抽风,是小儿惊风的一个症状。药方中描述患者两目眼球上翻,胁下疼痛,呼吸时痰声漉漉,食物不消化,大便稀薄。而治病的方法是取来屋脊上长的野草,烧成灰,用木勺挖盛;再把清水倒入黄土地上挖出的坑中,搅拌浑浊,待水澄清,用杯子盛取,含在口中,对着木勺中的草灰猛喷,然后口中念祝祷之辞说:"我喷得很猛,地浆水喷出像彗星,落下像黑红的乌血。我在门右捕杀你,在门左捕杀你。你这个恶鬼如果还不罢休,继续作祟,就砍碎你的肢体,抛到街市中示众。"然后再次取地浆水,喷木勺,用喷过地浆水的木勺

---

① 裘锡圭主编:《长沙马王堆汉墓简帛集成(伍)》,《五十二病方》,中华书局,2014年,第224页。

来擦拭婴儿痉挛的部位,并把木勺放入地浆水杯中,等看到有像苍蝇翅膀一样的血迹出现在水杯中时,就把杯中的地浆水泼到墙垣上,然后再喷擦一次。如果没有出现好转的迹象,就需要反复喷擦,直至症状好转为止。这个治疗小儿惊风的病方无疑属于巫术,即所谓的祝由术。该病方把小儿惊风当作是恶鬼纠缠小儿所致,故而采用巫术和咒语威胁、驱除恶鬼。

再举两个例子:

> 蚖:一,湮汲一音(杯)入奚蠡中,左承之,北乡(向),乡(向)人禹步三,问其名,即曰:"某某年□,今□。"饮之,音(言)曰:"疾[去疾]已,徐去徐已。"即覆奚蠡,去之。　(《五十二病方》"蚖"条)①

蚖是一种毒蛇。湮汲是地浆水。奚蠡是大葫芦制成的水瓢。禹步是自原始道教开始就一直是道巫者施法术时经常使用的一种步法。本方是治疗被这种毒蛇咬伤的祝由方。虽然治疗者明白此类伤病乃蛇咬中毒,非鬼魅所致,但大概是没有有效的办法解除蛇毒,就把蛇毒想象成一个有生命的东西,可以通过神秘的力量来恐吓、命令,把它赶走,故而采用了祝由术,采用巫术的方式,借助地浆水、禹步和咒语,命令毒物离开。

> 颓(癞):操柏杵,禹步三,曰:"贲(喷)者一襄胡,渍(喷)者二襄胡,渍(喷)者三襄胡。柏杵白穿,一毋(无)一,□[□]独有三。贲

---

① 裘锡圭主编:《长沙马王堆汉墓简帛集成(伍)》,《五十二病方》,第233页。

（喷）者种（撞）若以柏杵七,令某馈（癫）毋（无）一。"必令同族抱,令
颓（癫）者直东乡（向）窗,道外改橦（撞）之。　（《五十二病方》"颓
（癫）"条）①

颓（癫）,马王堆汉墓帛书整理小组注:癫即癫疝。《五十二病方》
总目作"肠颓（癫）"。类于现代医学所说的腹沟腹疝,多发于小儿。对
这种疾病,《五十二病方》中二十三个治疗癫疝之方,绝大部分与这里
所举之例一样,属于祝由术,说明西汉对于这种疾病尚无通行的有效
治疗办法。该方试图通过巫术手段解决。治疗方法中使用的禹步是道
教正式形成之前就出现的一种方术,据说是大禹所为之步法,施法术借
助禹步可以获得某种法力。贲者即喷者,指念咒语行法术的巫师。襄,
即举。胡,即戟,这里指巫师手中的兵器,即上文说的柏杵。巫师边走
禹步,边念咒语,挥舞手中的柏杵,对想象中造成癫疝的鬼怪发出恐吓、
威胁。然后,让患者同族的人把患者抱到朝东开的窗外的道上,用柏杵
在患者周围冲着恶鬼挥舞、椎打,把造成疾病的恶鬼驱逐走。

又如治疗水肿病之方也有采用巫术者:

身有痈者,曰:"睪（皋）,敢［告］大山陵:'某［不］幸病痈,我直
（值）百疾之□,我以明月炻（炙）若,寒且□若,以柞槍柱若,以虎蚤
（爪）抉取若,刀而割若,苇而刡若。今□若不去,苦涶（唾）□若。'"
即以朝日未食,东乡（向）涶（唾）之。　（《五十二病方》"痈"条）②

---

①　裘锡圭主编:《长沙马王堆汉墓简帛集成(伍)》,《五十二病方》,第252页。
②　裘锡圭主编:《长沙马王堆汉墓简帛集成(伍)》,《五十二病方》,第283页。

据《五十二病方》所载其他治疗痫的病方,这里的痫不是平常所说的痫疽之痫,而应指水肿病。[1] "自睪取告大山陵",裘锡圭先生认为当读作"曰:皋,敢告大山陵",这是一段禁咒的开头。皋,通嗥,长声喊叫。[2] 大山,在这里应该是指所在各地的高山,不是专指泰山。古代各地都有自己崇拜的神山。在这个治病巫术方中,导致疾病的好像不是其他恶鬼之类的东西,而是山神。柞,即栎树。槍,意思不明,应该是一种工具。柞槍即用柞木制作的某种工具,这里用作打鬼的武器。柱,此处似作动词,即撞击。"苇而刖若",芦苇经常用作驱鬼的武器,芦苇茎秆破裂之后,破裂处的边缘很锋利,很容易割破肌肤,故而此处对致病的山神威胁说要用芦苇对它施以刖刑。根据此病方,为患有水肿病的人在作驱鬼法术时,先长声喊叫一下,告诉大山说某人不幸患病,然后威胁用明月炙烤,用虎爪捕捉,用刀割,用芦苇割掉它的脚,如果不赶紧离开,将会往它身上吐唾沫。然后,在早晨未食时,向东吐唾沫,表示将致病的鬼神赶走了。

反映秦汉治病巫术的直接材料基本上以出土简帛为主,从目前所见的记载来看,驱除疾病之鬼的巫术中往往要使用很多工具,比较常见的如灰土、荆、棘、桃枝、槐枝、女子布等,这些在睡虎地秦墓竹简《日书甲种·诘篇》,以及马王堆汉墓帛书《五十二病方》《杂疗方》等医书中都有驱鬼治病方的记载。这里略举数例以为说明:

---

[1]   魏启鹏、胡翔骅:《马王堆汉墓医书校释(壹)》,成都出版社,1992年,第140页。
[2]   裘锡圭:《马王堆医书释读琐议》,收入《裘锡圭学术文集·简牍帛书卷》,复旦大学出版社,2012年,第186—187页。

一、用灰土之例

前面所举例的《马王堆汉墓帛书·五十二病方》"婴儿瘛"条、"蚖"条在施法术时都使用了地浆水,即用泥土搅拌入水,然后静置沉淀。地浆水就是借用了泥土。马王堆汉墓帛书中还有不少这样的例子,比如《五十二病方》治疗疣的药方中夹杂这样一个使用土块的方术:

> 以月晦日日下舖(晡)时,取由(块)大如鸡卵者,男子七,女子二七。先以由(块)置室后,令南北列□,以晦往之由(块)所,禹步三,道南方始,取由(块)言曰由言曰:"今日月晦,靡(磨)尤(疣)北。"由(块)一靡(磨)一,二七。已(已)靡(磨),置由(块)其处,去,勿顾。靡(磨)大者。①

这个治疗疣的祝由方中的主角是土块,它限定了取土块的时间,男女患者所需要的不同数量,放置土块的场所,以及禹步、祷辞、使用土块的方法等,使用这个祝由方术的人相信,拿着土块摩擦疣,然后扔掉土块,疣会随着土块被带走。可见土块的作用。

《五十二病方》在治疗漆疮这样一种因接触漆而引起的皮肤病症的众多药方中,又有使用老鼠打洞时刨出的土壤治漆疮的药方:

> 一,歉(喷),桼(漆)王,若不能桼(漆)甲兵,令某伤,奚(鸡)矢

---

① 裘锡圭主编:《长沙马王堆汉墓简帛集成(伍)》,《五十二病方》,第235页。

鼠裹(壤)涂(涂)柒(漆)王。①

鼠壤是老鼠打洞时向外刨出的土。把鸡屎和鼠壤混合在一起涂抹在患病的皮肤部位,就可以治好该疾病。土壤在这里仍然被当作是具有神奇作用的东西。

马王堆汉墓帛书《疗射工毒方》列举了多种治疗或防止传说中射伤人的蜮的药方,其中有一例治疗蜮的方法采用黄土:

　　●一曰:取灶黄土,渍以醯,烝(蒸),以熨[之]。②

将醋浸泡过的灶黄土加以蒸煮,用来熨烫,可以治疗蜮射,这很可能借用了民间信仰中对黄土的崇拜。而把新生儿放在从市场取来的灰土上,然后再沐浴干净,这样的小孩身体强壮,此方见于马王堆汉墓帛书《胎产书》"求子之道"篇:

　　●字者,且垂字,先取市土濡请(清)者,□之方三四尺,高三四寸。子既产,置土上,勿庸(用)举,令婴儿粲上,其身尽得土,乃浴之,为劲有力。③

把从市中取来的泥土洗干净,按照长三尺、宽四尺、高三四寸的规格堆放好,等小孩出生,放在土堆上,让新生儿周身沾满灰土,然后再

---

① 裘锡圭主编:《长沙马王堆汉墓简帛集成(伍)》,《五十二病方》,第286页。
② 裘锡圭主编:《长沙马王堆汉墓简帛集成(陆)》,《疗射工毒方》,第90页。
③ 裘锡圭主编:《长沙马王堆汉墓简帛集成(陆)》,《胎产书》,第98页。

洗干净,这样长大后就会身体强壮。这样做大概是认为市中的泥土经过无数人的踩踏,就不再是普通的泥土,而是具备特殊效能的泥土,可以起到强身祛病的作用。

对灰土驱鬼的巫术崇拜当然不是始于汉代,时代稍微早一些时候的睡虎地秦简《日书》中也记载了好多种用灰土驱鬼的方术。例如《日书甲种·诘篇》:

(1) 人毋(无)故鬼昔(借)其宫,是＝丘鬼。取故丘之土,以为伪人犬,置墙上,五步一人一犬,环其宫,鬼来阳(扬)灰毄(击)箕以枭(噪)之,则止。　(简29背壹—简31背壹)

(2) 鬼恒赢(裸)入人宫,是幼殇死不葬,以灰渍之,则不来矣。(简50背贰)

(3) 人生子未能行而死,恒然,是不辜鬼处之。以庚日日始出时潰门以灰,卒,有祭,十日收祭,裹以白茅,狸(埋)野,则毋(无)央(殃)矣。　(简52背贰—简53背贰)

(4) 毋(无)故室皆伤,是粲迖之鬼处之,取白茅及黄土而西(洒)之,周其室,则去矣。　(简57背贰—简58背贰)

(5) 鬼婴儿恒为人号曰:"鼠(予)我食。"是哀乳之鬼。其骨有在外者,以黄土潰之,则已矣。　(简29背叁—简30背叁)①

这五种驱鬼方法的一个共同特点是采用土或灰作为驱鬼的武器。第一个驱鬼术中的丘鬼应该是故丘之鬼,是来自人们原先居住之地的

① 睡虎地秦墓竹简整理小组:《睡虎地秦墓竹简》,第212—213页。

鬼。丘在这里指人聚居的地方，即邑里。[①] 某邑里的人迁徙到另一地，家中经常无缘无故地出现鬼，这种鬼是来自旧居地的丘鬼，驱除的办法是从旧居地取来泥土，捏成人和犬的形状，放在墙头上，每隔五步摆放一人一犬，置于房屋四周的墙头，丘鬼再次来的时候，人们就扬灰，敲打簸箕，大声叫喊驱赶，这样，丘鬼再也不会来骚扰了。这里，驱除丘鬼的人偶和犬偶是用泥土捏的。

在第二个驱鬼术中，所驱除的鬼是由夭亡而没有入土埋葬的婴幼儿变成的，这种鬼经常会赤身裸体进入人的室内，驱除办法是冲着它喷洒草灰。

在第三个驱鬼术中，所驱除的鬼是冤屈而死之鬼，称为不辜鬼，受它危害的婴幼儿通常还没到会独立行走的时候就死亡，对付这种鬼的办法是在庚日这一天太阳开始升起的时候冲着门喷洒灰，然后进行祭祀，十天后收起祭品，用白茅裹上，埋在荒野之外。

在第四个驱鬼术中，所驱除的鬼是粲迏之鬼，它进入居室，能致使一家人都无缘无故地受伤，驱除办法是取白茅和黄土，撒遍居室，粲迏之鬼就会离开。

在第五个驱鬼术中，所驱除的鬼是哀乳之鬼，属于小儿鬼，他们的尸骨有的露出土外，这种鬼就会冲着人哭喊，索要饮食。用黄土冲着这种鬼喷洒，就可以消除其骚扰。

睡虎地秦简《日书甲种·出邦门篇》：

---

① 有学者认为"丘鬼"之"丘"指坟墓，丘鬼就是墓中之鬼。参刘钊：《谈秦简中的"鬼怪"》，见氏著《出土简帛文字丛考》，台湾古籍出版有限公司，2004年，第139页。

行到邦门困（阃），禹步三，勉壹步，呼："皋，敢告曰：某行毋（无）咎，先为禹除道。"即五画地，掫其画中央土而怀之。　（简111背—简112背）①

出邦门远行者为了途中顺利，在出门时踏禹步并祝祷，最后掫取在地上圈画位置中间的土，放置怀中。这里的泥土在施法术之后具有了某种神秘力量，能保佑远行者平安。

灰土驱鬼的巫术崇拜在秦汉以后依然流行，《医心方》卷二十三治疗生育类疑难症的药方中，有的往往取用某些特定地方的尘土：

(1)《治产难方》引《葛氏方》云："户根下土三指撮，酒服之。"

(2)《治产难方》引《僧深方》："取灶中黄土末，以三指撮酒服，立生。土著儿头，出良。"

(3)《治逆产方》引《千金方》云："取车轮上土，三指撮服之。"

(4)《治横生方》引《葛氏方》云："取梁上尘，三指撮服之。"

(5)《治子死腹中方》引《千金方》云："蚁室土三升，熬令热袋盛心下，胎即下。"

(6)《治子死腹中方》引《集验方》云："灶中黄土，三指撮，酒服之，立出。"

(7)《治胞衣不出方》引《小品方》云："井中土如梧子大吞之。"

(8)《治胞衣不出方》又引《龙门方》云："取灶中黄土末，著

---

① 睡虎地秦墓竹简整理小组：《睡虎地秦墓竹简》，第223页。

脐中。"①

　　这里所罗列药方的主要成分都是各种尘土,有"芦根下土""灶中黄土末""车轮上土""梁上尘""蚁室土""井中土",使用方法或者吞服,或者敷着在身体的某个部位。这其中究竟有多少科学成分,恐怕要打上一个大大的问号,更多属于巫术的手法,至多对患者起到一些心理安慰和暗示作用。

二、用荆之例

　　荆条是古代惩治犯人的刑具之一,一般是用荆条抽打罪犯的脊背。《史记》卷八一《廉颇蔺相如列传》说廉颇向蔺相如请罪时"肉袒负荆"。司马贞《索隐》:"肉袒者,谓袒衣而露肉也。负荆者,荆,楚也,可以为鞭。"廉颇的意思是甘愿让蔺相如用荆鞭打自己,以作为惩罚。荆鞭打脊背是很痛的,古人想象鬼神也同样害怕受到荆鞭打,这使得用荆制作的某些物品具有了令邪恶之鬼畏惧的神秘力量,认为荆可以用来惩治或恐吓给人们带来疾病的恶鬼。例如睡虎地秦简《日书甲种·诘篇》中有下面一条材料:

　　　　鬼恒责人,不可辞,是暴鬼,以牡荆之剑[刺]之,则不来矣。(简42背贰—简43背贰)②

---

① 以上诸条,见〔日〕丹波康赖撰,翟双庆、张瑞贤等点校:《医心方》,第372—374页。
② 睡虎地秦墓竹简整理小组:《睡虎地秦墓竹简》,第213页。

　　对经常来骚扰人的"暴鬼",普通的办法驱赶不走,但如果用牡荆之剑冲着这种恶鬼刺杀,它以后就不会再来了。这里驱赶"暴鬼"的武器是牡荆之剑,即用牡荆制作的剑。制作剑的材料不是那个时代通用的青铜,也不是其他,而是牡荆,①可见荆在驱赶恶鬼中的特殊作用。

　　秦人对荆能制鬼的信仰无疑一直影响到汉代。《史记·孝武本纪》《汉书·郊祀志上》等都记载,汉武帝元鼎五年(前112)秋,为讨伐南粤,事前向泰一神祷告,并"以牡荆画幡日月北斗登龙,以象天一三星,为泰一锋,名曰灵旗",请求其佑助。汉武帝让术士加工出的灵旗上面画着日、月、北斗和登龙等图案,牡荆则应该是用来挑起灵旗的荆木杆。② 据《抱朴子·杂应》,以图画或文字的方式表示出北斗、日、月等,都会获得"不畏兵刃"的魔力。同样,用荆木杆挑起灵旗也应该是借用荆能制服鬼神的魔力,因为在秦汉时期的中原人看来,南粤

---

①　《本草纲目》木部第三十六卷"牡荆"条下引唐苏恭曰:"牡荆作树,不为蔓生,故称为牡,非无实之谓也。蔓荆子大,牡荆子小,故呼小荆。"又曰:"牡荆即作棰杖者,所在皆有之。实细黄色,茎劲作树生。《汉书·郊祀志》以牡荆茎为幡竿,则明知非蔓荆也。有青、赤二种,以青者为佳。今人相承多以牡荆为蔓荆,此极误也。"李时珍曰:"古者刑杖以荆,故字从刑。其生成丛而疏爽,故又谓之楚……济楚之义取此。荆楚之地,因多产此而名也。"又曰:"牡荆,处处山野多有,樵采为薪,年久不樵者,其树大如碗也。其木心方;其枝对生;一枝五叶或七叶,叶如榆叶,长而尖,有锯齿;五月杪间开花成穗,红紫色,其子大如胡荽子,而有白膜皮裹之。"苏颂云:"叶似蓖麻者误矣。有青、赤二种,青者为荆,赤者为楉,嫩条皆可为莒箇。古者贫妇以荆为钗,即此二木也。""方术多用牡荆。"
②　这里将"以牡荆画幡日月北斗登龙"的牡荆理解作灵旗的杆,《本草纲目》木部第三十六卷"牡荆"条下引唐苏恭《唐新修本草》曰"《汉书·郊祀志》以牡荆茎为幡竿"云云,即作此说。然《马王堆汉墓帛书·养生方》"走"条"以产荆长二寸周昼(画)中",在施法术时用荆画一个大的圆圈。据此,也不排除"以牡荆画幡日月北斗登龙"是说用牡荆作笔,在绢帛上画日、月、北斗、登龙的图像。

的巫术中似乎有很多为中原人所畏惧的鬼神,在征伐南粤时,为避免受到这类方术的阻碍,不得不同样求助于巫术,而且是从至高无上的泰一神那里获取神力。用荆木做的灵旗杆自然也就具备强大的法力。

在医疗方面,汉代人对荆的信仰同样很突出,《太平御览》卷九五九引《淮南万毕术》说:"南山牡荆,指病自愈。即不相当,有月晕时克之。"说明荆在古人心中的神奇魔力。出土材料,如马王堆汉墓帛书《五十二病方》和《养生方》中可以找到这方面的直接例证:

(1)加(痂)

一,痂方:取三岁织(膱)猪膏,傅之。燔胕(腐)荆箕,取其灰,以摩□三而已。●令。 (《五十二病方》"加(痂)"条)①

(2)□蛊者:燔扁(蝙)辐(蝠)以荆薪,即以食邪者。 (《五十二病方》"蛊"条)②

(3)走

[一曰]:行宿,自呼:"大山之阳,天□□□,□□先□,城郭不完,□以金关。"即禹步三,日以产荆长二寸周昼(画)中。 (养生方》"走"条)③

"加(痂)"条出自《五十二病方》。《说文》:"痂,疥也。"段注:"按痂本谓疥。后人乃谓疮所蜕鳞为痂,此古义今义之不同也。"痂最初的含义是指疥癣类的皮肤病,与后世的含义不同。本药方即是治疗疥癣

---

① 裘锡圭主编:《长沙马王堆汉墓简帛集成(伍)》,《五十二病方》,第281页。
② 裘锡圭主编:《长沙马王堆汉墓简帛集成(伍)》,《五十二病方》,第295页。
③ 裘锡圭主编:《长沙马王堆汉墓简帛集成(陆)》,《养生方》,第60页。

的，具体办法是用养了三年的猪的粘稠油脂敷在发病部位，再将用荆条编的陈旧腐朽的畚箕焚烧后，取用其灰，在患病部位摩擦三遍。该药方的主要药材原料有两种，一是"三岁织（膱）猪膏"。"织（膱）猪膏"指粘稠的猪油脂。二是"胕（腐）荆箕"。特别选用荆条编织的箕作为药材原料，很有可能是出于对荆在巫术中的特别作用的考虑，希望借助荆能驱邪逐鬼的魔力。

　　"蛊"条也出自《五十二病方》。《说文》："蛊，腹中（读去声）虫也。《春秋传》曰：'皿虫为蛊。'晦淫之所生也。枭磔死之鬼亦为蛊。从虫，从皿。"段注："腹中虫者，谓腹内中虫食之毒也。自外而入故曰中，自内而蚀故曰虫。《周礼》：'庶氏掌除毒蛊。'注云：'毒蛊，虫物而病害人者。《贼律》曰：敢蛊人及教令者弃市。'《左氏正义》曰：'以毒药药人，令人不自知。今律谓之蛊。'"又曰："《史记·封禅书》索隐引乐彦云：'《左传》皿虫为蛊。枭磔死之鬼亦为蛊。'……强死之鬼、其魂魄能冯依于人以为淫厉，是亦以人为皿而害之也。"可见，蛊大致包括用毒蛊、毒虫等，和枭磔而死之厉鬼，这两种害人致病的类型。即段注所说的"以鬼物、饮食害人"。在古人看来，用毒蛊、毒虫等害人需要懂得的巫术，不是任何人都能够掌握的。因此，凡是中了蛊毒者，往往与巫术、厉鬼等分不开，治疗这种疾病的方法，自然也多少带有一些巫术的成分。中蛊者的患病部位通常是体内，本条药方中的蛊应该"指男子少腹热痛，小便白浊。后世又泛指由蛊毒结聚，肝脾受伤，络脉瘀塞所致的鼓胀等病症，如蛊鼓、蛊胀、蛊毒等，症状复杂，变化不一，所以孙思邈亦有'蛊毒千品，种种不同'之叹"。[1] 药方中用荆薪把蝙蝠烧烤熟，

───────────────

[1]　魏启鹏、胡翔骅撰：《马王堆汉墓医书校释（壹）》，第 156 页。

给患病者食用。主要使用了两种药材，一是蝙蝠，可治蛊病中的男子小便白浊；二是荆薪。该药方之所以选用荆薪来烧烤蝙蝠，无疑也是想借用荆的驱邪作用，驱除中蛊毒者体内的蛊毒或鬼邪。

"走"条出自《养生方》。走在这里指跑、疾趋的意思。《释名·释姿容》："疾趋曰走。"《说文》："走，趋也。"帛书整理小组注："此条是旅行时增加足力的药方。"[1]该药方包含两步，第一步是高声念诵咒语，第二步是"以产荆长二寸周昼（画）中"。产荆，指生荆条。此句意为用长两寸的生荆条画一个大圆圈。这个圆圈应该是画在地上。这里同样特别选用荆作为施展法术的道具。

这三个药方的例子说明，荆作为一种巫术中的重要道具或材料，在汉代流行的治疗疾病的祝由术中，仍然占有不可或缺的地位。

三、用棘之例

自然界中，遍地丛生的棘很容易划破或扎伤人的皮肤，令人避之唯恐不及。古人"推己及鬼"，认为人类害怕的东西，鬼神同样会害怕。因此，在传统巫术中，棘顺理成章地成为人们驱鬼逐邪的有力工具。睡虎地秦简《日书甲种·诘篇》：

（1）人毋（无）故鬼攻之不已，是=刺鬼。以桃为弓，牡棘为矢，羽之鸡羽，见而射之，则已矣。　（简 27 背壹—简 28 背壹）[2]

（2）人毋（无）故而鬼取为胶，是=哀鬼，毋（无）家，与人为徒，

---

[1]　马王堆汉墓帛书整理小组编：《马王堆汉墓帛书（肆）》，文物出版社，1985 年。

[2]　睡虎地秦墓竹简整理小组：《睡虎地秦墓竹简》，第 212 页。

令人色柏(白)然毋(无)气,喜契(洁)清,不饮食。以棘椎桃秉(柄)以敲其心,则不来。 (简 34 背壹—简 36 背壹)①

(3)鬼恒责人,不可辞,是暴鬼,以牡棘之剑之,则不来矣。(简 42 背贰—简 43 背贰)②

(4)人妻妾若朋友死,其鬼归之者,以莎芾、牡棘枋(柄),热(蒸)以寺(待)之,则不来矣。 (简 65 背壹、简 66 背壹)③

(5)一室中卧者眛也,不可以居,是□鬼居之,取桃棓禟(段)四隅中央,以牡棘刀刊其宫蘠(墙),呼之曰:"复疾,趣(趋)出。今日不出,以牡刀皮而衣。"则毋(无)央(殃)矣。 (简 24 背叁—简 26 背叁)④

(6)鬼恒宋伤人,是不辜鬼,以牡棘之剑刺之,则止矣。 (简 36 背叁)⑤

这六例都是关于制服或驱逐鬼的方术。这些驱鬼术中所使用的道具比如桃弓棘矢、棘椎桃秉(即以棘木为椎,以桃木为椎柄)、牡棘剑、牡棘刀等都与棘有关,绝大多数还强调使用牡棘。牡棘之刺比酸枣棘大而且坚硬,不开花结果实,酸枣棘则开花结果实。盖以牡棘刺

---

① 睡虎地秦墓竹简整理小组:《睡虎地秦墓竹简》,第 212 页。

② 睡虎地秦墓竹简整理小组:《睡虎地秦墓竹简》,第 213 页。同书第 217 页,注[四十三]云:"'剑'字下当有脱文。"刘乐贤:《睡虎地秦简日书研究》,文津出版社,1994年,第 42 页,注[六十五]云:"按,此脱文应是'刺'字。"王子今在《睡虎地秦简日书甲种疏证》中认为:"此脱文是'刺'字的可能性很大,但也可能是'击'字,或者'斫'字。"(湖北教育出版社,2003 年,第 403 页)

③ 睡虎地秦墓竹简整理小组:《睡虎地秦墓竹简》,第 213 页。

④ 睡虎地秦墓竹简整理小组:《睡虎地秦墓竹简》,第 214 页。

⑤ 睡虎地秦墓竹简整理小组:《睡虎地秦墓竹简》,第 215 页。

较大,被认为威力也更大,^①故被用来制作驱鬼的刀剑或弓箭或椎。

第一例讲的是刺鬼。睡虎地秦简整理小组注:"刺,《说文》:'戾也。'"^②刘乐贤《睡虎地秦简日书研究》引郑刚的观点认为:"刺读为厉。《史记·秦本纪》:'厉龚公',厉又作刺。《左传·襄公二十六年》:'厉之不如。'注:'厉,恶鬼也。'"^③此说有道理。刺鬼即厉鬼、恶鬼。这里用来驱除此类恶鬼的武器是"以桃为弓,牡棘为矢,羽之鸡羽,见而射之",也就是古书中所说的驱除灾异的"桃弧棘矢"。^④

第二例说的是哀鬼。连劭名说,哀鬼即殇鬼,是早夭之人。^⑤"色柏然"之"柏"通"白"字,盖谓脸色惨白。"毋气"盖谓气息不足。"喜契(洁)清"应是有洁癖。这种鬼能使人身体不适,气息不足,脸色惨白,有洁癖,没有食欲,不饮食。对这种鬼的办法,是用安装桃木柄的棘椎敲击哀鬼的心,则哀鬼不会再来祸害人。

第三、第六例分别是暴鬼和不辜鬼,都可以用牡棘之剑作刺杀之状,则这两种鬼也不会再来了。

第四例属于死去的人的鬼魂前来侵扰生者,需要"以莎芾、牡棘枋(柄),热(爇)以寺(待)之,则不来矣"。莎芾,睡虎地秦简整理小组注:

---

① 睡虎地秦墓竹简整理小组:《睡虎地秦墓竹简》,第 216 页,注[八]云:"牡棘即牡荆,见《政和本草》卷十二。"所言恐非。刘乐贤《睡虎地秦简日书研究》,第 234 页,注[十]云:"将牡棘视为牡荆不妥,荆、棘是两种东西。"又云:"《日书》的牡棘也应指不开花结果实之棘,即雄性之棘。棘做的矢本来就是避邪的器物,雄性代表阳性,用牡棘做的矢驱鬼之效应当更强。"

② 睡虎地秦墓竹简整理小组:《睡虎地秦墓竹简》,第 216 页。

③ 刘乐贤《睡虎地秦简日书研究》,第 234 页,注[九]。

④ 《左传·昭公四年》:"桃弧棘矢,以除其灾。"

⑤ 连劭名:《云梦秦简〈诘〉篇考述》,《考古学报》2002 年第 1 期。

"苇字当读为茇,草根。莎茇即莎草的根。"①枋,古同"柄"。此盖谓将莎草根拢成一束,捆绑在牡棘棒的一端,手执牡棘棒,点燃莎草根,如此,则鬼魂不会来侵扰人。莎草根为须状,捆扎在一起的莎草根虽经点燃,但不起火苗,燃烧缓慢,类似燃烧的艾蒿,也因此而燃烧时间较为长久一些。驱鬼者手持绑在牡棘棒上点燃的莎草根,就可以起到驱除鬼魂的目的。第五例中因为文字缺失,不知道鬼的名字,这种鬼的害处是能造成"室中卧者眯"。"眯"在这里指梦魇,即做噩梦。《淮南子・精神训》:"觉而若眯。"高诱注:"眯,厌也。楚人谓厌为眯。"②《山海经・西山经》:"有鸟焉,其状如乌,三首六尾而善笑,名曰鸱鸺,服之使人不厌,又可以御凶。"郭璞注:"不厌梦也。"并引《周书》曰:"服之不眯。"以证不眯即不厌。《庄子・天运篇》:"彼不得梦,必且数眯焉。"司马彪曰:"眯,厌也。"慧琳《一切经音义》卷十七引《字苑》曰:"厌,眠内不祥也。"③《广韵》:"厌",注"厌魅";"厌",注"恶梦"。此皆证明眯即后来所说的厌魅,即梦魇,噩梦。古人认为做噩梦是鬼魅作祟所致,是鬼趁人熟睡之时附身,严重的会使人魂魄离身。因为古人相信人除了有肉体之身,还有一个看不见的灵魂,灵魂离开肉身,人就会憔悴、患病、惊恐,乃至死亡,而鬼魅是能够将人的灵魂带走,与肉身分离,这非常可怕。遇到这种情况,必须驱除造成噩梦的邪鬼。这种观念曾经十分普遍,例如傈僳族有梦中"杀魂"之说。他们认为有一种人叫"扣扒",他的灵魂是一只鹰鬼。由于鹰鬼在梦中可以"杀魂"。如果一个人梦

---

① 睡虎地秦墓竹简整理小组:《睡虎地秦墓竹简》,第 217 页。
② 眯,原作"眛"。《读书杂志・淮南内篇第七》"若眛"条下王引之曰:"《道藏》本如是,尚存'眯'字左畔,别本作'眛'尤非。"又曰:"眛与厌义不相近。眛皆当为眯,字之误也。"
③ 徐时仪校注:《一切经音义三种校本合刊》,上海古籍出版社,2008 年,第 798 页。

见一只鹰,同时又梦见某个人,某人就是"扣扒"。如果梦者由此得病以至于死亡,那就是被"扣扒"把魂给杀了。人们对"扣扒"非常害怕而且愤恨,为了证明某人是"扣扒",并追究"杀魂"的责任,巫师要举行捞油锅的仪式进行神判,"扣扒"将因为"杀魂"而受到严厉惩罚。[1]

以棘驱除造成噩梦的鬼魅,此信仰习俗起源很久远。在殷商甲骨文中就有记录说,商王做了噩梦,手执棘以驱鬼。[2] 睡虎地秦简《日书》"一室中卧者眯也,不可以居,是□鬼居之"所反映的情况与甲骨卜辞的记载一脉相承。高诱说:"楚人谓厌为眯。"秦简《日书》的出土地点属于原来的楚国地域,字作"眯",反映的正是楚地的用语习惯。《日书》认为驱赶这种鬼的方法是用桃木杖击打居室的中央和四个角落,并用牝棘刀刮削室内墙,同时口中高声喊叫,令鬼快快出去,否则就剥下它的衣服。大概人们相信只要经过这样一番杖击刀砍的恐吓之后,就能将这种鬼赶走,因为鬼大都害怕桃和棘。当然,秦人心中能够驱赶噩梦鬼魅的不仅仅是桃杖和棘刀,还有专吃噩梦鬼魅的神兽宛奇(豻猗)。[3] 此不赘论。

---

[1]　杨建和:《怒江傈僳族的宗教信仰》,见宋恩常编:《中国少数民族宗教(初编)》,云南人民出版社,1985年,第225页。另参吕大吉、何耀华总主编,和志武等分册主编:《中国各民族原始宗教资料集成:纳西族、羌族、独龙族、傈僳族、怒族》,中国社会科学出版社,2001年,第767—768页。

[2]　刘钊:《释甲骨文中的"秉棘"》,《故宫博物院院刊》2009年第2期。

[3]　睡虎地秦简《日书甲种》"梦":"人有恶曹(梦),瞀(觉),乃绎(释)发西北面坐,铸(祷)之曰:'皋!敢告玺(尔)豻猗。某,有恶曹(梦),走归豻猗之所。豻猗强饮强食,赐某大幅(富),非钱乃布,非茧乃絮。'则止矣。"《日书乙种》"梦":"凡人有恶梦,觉而择(释)之,西北乡(向)择(释)发而驲(呬),祝曰:'皋,敢告玺(尔)宛奇,某有恶梦,老来□之,宛奇强饮食,赐某大富(富),不钱则布,不玺(茧)则絮。'"《续汉书·礼仪志》作"伯奇"。参见胡新生:《中国古代巫术》,山东人民出版社,1998年,第344—345页。又参赵平安:《河南淅川和尚岭所出镇墓兽铭文和秦汉简中的"宛奇"》,载《中国国家博物馆馆刊》2007年第2期。

汉代对棘在驱邪仪式中的使用，与秦简《日书》的情况大体一致。《续汉书·礼仪志中》记载汉代年终大傩的仪式，刘昭注引《汉旧仪》曰："方相帅百隶及童子，以桃弧、棘矢、土鼓，鼓且射之，以赤丸、五谷播洒之。"大傩仪式中的重要驱鬼武器依然是桃弧棘矢。

因为其自身所具备的驱鬼特异功能，棘在汉代往往被权力斗争中获胜一方用作惩罚失败一方的有力武器，成为黑巫术的帮凶。例如《汉书·广川惠王越传》记载广川王刘去立姬阳成昭信为王后，阳成昭信必欲专宠，凡得到刘去宠幸的诸姬，无不遭其诬陷残害，前后有十四人，且往往以巫术手段处理死者尸首，意在使其死后亦不得显灵申冤。其中姬荣爱被折磨至死之后，"支解以棘埋之"。

王莽很迷信阴阳数术的作用，尤其喜爱使用棘来处理自己所仇恨之人的尸首。较早见于史书的一例是王莽对哀帝祖母傅太后、母丁太后的处理。外戚王氏在汉成帝贵盛，曾一日封五侯。哀帝即位，形成新的外戚势力，哀帝祖母傅太后、母丁太后两家子弟用事，掌握大权，原来的王氏皆被罢免。待哀帝驾崩，平帝继位，以王莽为首的外戚王氏重新回到权力核心，开始报复。《汉书·定陶丁姬传》："哀帝崩，王莽秉政，使有司举奏丁、傅罪恶。莽以太皇太后诏皆免官爵，丁氏徙归故郡。莽奏贬傅太后号为定陶共王母，丁太后号曰丁姬。"平帝元始五年（5），又下令按照媵妾规格改葬于定陶，"掘平共王母（按，葬关中）、丁姬（按，葬定陶）故冢，二旬间皆平。莽又周棘其处以为世戒云"。颜师古注曰："以棘周绕也。"王莽发泄对傅太后、丁太后的仇恨，不仅贬其封号级别，而且掘其陵墓，迁离原来的葬地，降格改葬，但又担心二人的鬼魂停留在原来的太皇太后和皇太后的陵墓中，遂用棘将原来的墓穴所在围绕起来，使其鬼魂难以留恋原地，以示惩戒。王莽相信棘能够阻碍和限制人的行动,也能阻碍和限制鬼魂。

汉平帝死后,王莽立孺子婴,自己"为摄皇帝,改元称制",很多力量起来反对,翟方进之子翟义时任东郡太守,率先起兵讨伐王莽,立刘信为帝,自号大司马柱天大将军,失败被杀,遭王莽夷灭三族。《汉书》卷八十四《翟方进传》记载说,"莽尽坏义第宅,污池之。发父方进及先祖冢在汝南者,烧其棺椁,夷灭三族,诛及种嗣,至皆同坑,以棘、五毒并葬之"。颜师古注引如淳曰:"野葛、狼毒之属也。"王莽用棘和几种毒物伴随翟义家族诸人尸首一同埋葬,用意是使其鬼魂永远不得脱离地下,甚至在地下也遭受痛楚和毒害。

《汉书·王莽传》记载,王莽即位后,随意改变原来汉朝对匈奴的政策,激起匈奴的不满,自始建国三年(11)起,匈奴多次大规模地进犯边郡,时匈奴单于为囊知牙斯(单于知)。后匈奴单于知死,弟咸立为单于,求和亲。王莽派人出使匈奴,"敕令掘单于知墓,棘鞭其尸",用棘鞭打单于知的尸身,作为对单于知命令匈奴各部侵犯边郡的报复。

《汉书·王莽传》:王莽地皇四年(23),卫将军王涉、大司马董忠、国师刘歆等谋欲诛莽,事泄被杀。"莽欲以厌凶,使虎贲以斩马剑挫忠,盛以竹器,传曰'反虏出'。下书赦大司马官属吏士为忠所诖误,谋反未发觉者。收忠宗族,以醇醯、毒药、尺白刃、丛棘并一坎而埋之。刘歆、王涉皆自杀。莽以二人骨肉旧臣,恶其内溃,故隐其诛。"《后汉书·隗嚣传》,隗嚣在讨伐王莽的檄书中历陈王莽罪恶,提到"灌以醇醯,裂以五毒"。李贤注:"莽以董忠反,收忠宗族,以醇醯、毒药、白刃、丛棘,并一坎而蕰之。"《说文》:"醯,酸也。"醇醯,即纯醋,在当时是酸度很高的醋。"灌以醇醯"即以醇醯泼洒、浇灌。毒药可以毒死人,在古人的认识里也应该可以毒死鬼魂。《隗嚣传》说"裂以五毒"。王莽在惩罚翟义时，也曾以棘、五毒埋葬翟义宗族。据如淳注，五毒指野葛、狼毒之类的毒物。尺白刃应该指锋利的短刀。刀剑经常用作驱鬼道具。王莽不仅将董忠的宗族都处死，而且还将其宗族诸人的尸首与醇醯、毒药、尺白刃、丛棘一起埋葬，足见其心中对董忠谋反的痛恨。

《后汉书·王吉传》：王吉是中常侍王甫的养子，生性残忍。以父秉权宠，年二十余，为沛相。在任沛相期间，"若有生子不养，即斩其父母，合土棘埋之"。他对那些生下子女却不养育的父母，立刻处死并直接与棘一起埋葬，这显然是一种极其严重的惩戒方式，意在使触犯此罪者虽死亦不得安宁。

以上几个用棘与仇敌尸身一同埋葬的事例，其根本目的都是为了控制仇敌及其亲属的鬼魂，虽然都与驱鬼疗疾没有直接关系，但与秦简《日书》中用棘驱鬼疗疾在巫术原理上是相通的，因此，可以推定，汉代也应该存在用棘驱鬼的治病方法，这是没有疑问的。

鬼魂害怕棘的信仰不仅在东方流行过，在西方也是如此。弗雷泽《金枝》记录不列颠哥伦比亚的舒什瓦普人死去亲人后，为了使死者的鬼魂不能与生者接近，他们用带刺的灌木做床和枕头，同时还把卧铺四周也都放了带刺的灌木。[1] 也是使用了鬼魂畏惧棘的巫术原理。王子今《睡虎地秦简日书甲种疏证》一书征引此条材料，以证明以棘或类似的带刺灌木"御不祥"，曾经是东西方通行的信仰习俗，[2]所言甚是。

四、用桃木之例

古代巫术以桃为仙木，认为桃木能厌伏邪气，制逐百鬼。凡是桃

① 〔英〕J. G. 弗雷泽著，徐育新等译：《金枝》，第 188 页。
② 王子今：《睡虎地秦简日书甲种疏证》，第 351—352 页。

木或桃木制作的器物，都可以作为驱鬼辟邪的工具。《艺文类聚》卷八十六引《庄子》佚文："插桃枝于户，连灰其下，童子入不畏，而鬼畏之。"

　　桃木驱鬼、制鬼的传说和习俗在很早的时候就形成。据说，鬼害怕桃的原因是传说中后羿是被用桃木做的杖给打死的。《淮南子·诠言训》："羿死于桃棓。"许慎注："棓，大杖，以桃木为之，以击杀羿，由是以来，鬼畏桃也。"这个说法是否有道理，已无可稽证。今人根据巫术的形成原理，认为古人相信鬼害怕桃，应是因为"桃"与"逃"谐音，这让古人产生了桃可以迫使鬼邪见了就逃跑的想法。《左传·昭公四年》孔颖达疏引服虔曰："桃，所以逃凶也。"也就是使凶邪离开。《韩诗外传》卷十说："齐桓公出游，遇一丈夫褒衣应步，带着桃殳。"桓公问是什么，回答说："是名戒桃。桃之为言亡也。"刘钊先生曾指出：《九店楚简·丛辰》"逃人不得"一语，即《睡虎地秦墓竹简·日书甲种》楚除绝日占辞中的"桃人不得"，证明"桃"与"逃"字音义之间的关联。①

　　秦汉时期使用桃木驱鬼辟邪的例子在传世文献和出土文献中都有反映。

　　《汉书·广川王刘去传》记载，刘去的王后阳成昭信欲获专宠，诬陷、迫害死宠姬陶望卿，为了避免陶望卿的鬼魂来报复自己、使自己患病，阳成昭信肢解了陶望卿的尸体，放在大锅中煮烂，她还在锅中添加了桃木灰和毒药，使用桃木灰应该就是取桃驱鬼的功能，阳成昭信害怕陶望卿死后的鬼魂来找自己报仇，就不仅肢解并煮烂其尸身，使得其没有完整的尸身可供鬼魂依附，而且用桃木灰和毒药混入锅中的糜烂尸身，目的应该是以此进一步镇压陶望卿的鬼魂。

---

① 刘钊：《说"魃"》，载《中国典籍与文化》2012年第4期。

《汉书·王莽传》记载了另一件事，王莽篡汉之后，心中有鬼，结果在梦中看见汉高帝前来谴责，感到很害怕，以为是汉高祖的鬼魂不放过自己。为了压服汉高帝的鬼魂，他派虎贲武士进入高庙，拔剑四面击刺，用斧子砍坏门户和窗扇，又用桃汤挥洒、用赭鞭鞭打高庙的墙壁。这个事例中，王莽也是取桃驱鬼的功能来控制汉高帝的神灵，使之不能再去扰害他。

出土文献的记载也有一些，如睡虎地秦简《日书甲种·诘篇》：

　　（1）野兽若六畜逢人而言，是票（飘）风之气，毄（击）以桃丈（杖），绎（释）郾（屦）而投之，则已矣。　（简 52 背壹—简 53 背壹）①

　　（2）人毋故而忧也，为桃更（梗）而敐（抿）之，以癸日日投之道，遽曰：“某！”免于忧矣。　（简 54 背贰—简 55 背贰）②

　　（3）大袾（魅）恒入人室，不可止，以桃更（梗）毄（击）之，则止矣。（简 27 背叁）③

第一例的桃杖是桃木棍棒。杖为棍棒，在古代可以作为一种刑具。用桃杖打鬼就是模拟了惩罚罪犯的方式，使用令鬼害怕的桃木棍棒抽打，以达到驱逐鬼邪、使疫鬼不敢前来为害的目的。传说后羿死在桃棓（桃杖）之下。上文引用的睡虎地秦简《日书甲种·诘篇》中驱赶令人做噩梦的鬼魅所用武器之一也是“桃棓”，用桃棓（桃杖）击打居

---

①　睡虎地秦墓竹简整理小组：《睡虎地秦墓竹简》，第 212 页。
②　睡虎地秦墓竹简整理小组：《睡虎地秦墓竹简》，第 214 页。
③　睡虎地秦墓竹简整理小组：《睡虎地秦墓竹简》，第 215 页。

室的四角和中央。桃杖在驱鬼仪式中是很受重视的武器。《续汉书·礼仪志中》记载汉代皇家年终驱傩仪式完毕之后，"苇戟、桃杖以赐公、卿、将军、特侯、诸侯"，赐给大臣驱傩的武器中就有桃杖。

第二例"人毋故而忧"，应指疾病。《孟子·公孙丑下》："有采薪之忧，不能造朝。今病小愈，趋造于朝。"赵岐注："忧，病也。"敃（抿），即抚摩。简文谓如果一个人无缘无故突然患病，就用桃更（梗）贴着身体抚摩，然后在癸日把这个桃梗扔到外面道路上。"遽曰：某！免于忧矣"一句，整理小组读作："遽曰：'某！'免于忧矣。"①刘乐贤读作："遽曰：'某！免于忧矣。'"②两种断句都讲得通，语义也没有截然区别。这是一种典型的转移疾病的巫术，即通过用桃梗抚摩患病者的身体，将疾病转移到桃梗上，然后将桃梗扔掉，意思是疾病离开了患者。之所以把桃梗扔到道路上，很有可能是让不知情的路人捡走，这样，疾病就转移到此人的身上。这种将疾病转移给他人的巫术，在汉代也很盛行，详见后文。

第三例中的"袜"。整理小组注："《山海经·海内北经》：'袜，其为物人身黑首从（纵）目。'郭璞注：'即魅也。'《说文》作彪，云'老精物也'。"《周礼注》曰："百物之神曰彪。"制服这种鬼，直接用桃梗打。

第二例和第三例中都使用了桃梗作为驱鬼道具。桃梗是将桃木简单加工后形成的木人。《太平御览》卷九六七引《典术》曰："桃者，五木之精也，故厌伏邪气者也。桃之精，生在鬼门，制百鬼。故今作桃梗人，著门以厌邪。此仙木也。"桃木为鬼所畏惧，则劈削、描画桃木为人形，必能压制疫鬼。这是巫术盛行时代人们的一种基本思维。该简文

---

① 睡虎地秦墓竹简整理小组：《睡虎地秦墓竹简》，第214页。
② 刘乐贤：《睡虎地秦简日书研究》，第243页，注[七十八]。

中的桃梗是用来驱逐已经进入居室的鬼魅的，这与汉代把桃梗系挂或插在门户上预防疫鬼进入居室的做法稍有不同。

桃木人在汉代以前已经被人们拿来驱除疫鬼，这在文献中早有记载，《战国策·齐策》《史记·孟尝君列传》都有一段桃梗与土偶人的对话，通过土偶人的话，我们知道桃梗就是将桃枝加以刻削成简单人形的器物。例如《战国策》卷十《齐策三》"孟尝君将入秦"篇：

> 有土偶人与桃梗相与语。……土偶曰："……今子，东国之桃梗也，刻削子以为人，降雨下，淄水至，流子而去，则子漂漂者将何如耳。"

> 姚宏注："东海中有山，名曰度朔，上有大桃，屈盘三千里，其卑枝间东北曰鬼门，万鬼所由往来也。上有二神人，一曰荼与，一曰郁雷，主治害鬼。故使世人刊此桃梗，画荼与与郁雷首，正岁以置门户，辟凶之门。荼与、郁雷，皆在东海中，故曰'东国之桃梗'也。"

> 吴师道补正曰："梗，枝梗也。《赵策》苏秦说李兑作'土梗''木梗'。谓木梗曰：'汝非木之根，则木之枝。'是枝、根皆可言梗。此谓刻桃木为人也。"

由此可见，桃梗就是用桃木或桃枝刻削而成。《论衡》卷十二《谢短篇》也说，岁终逐疫，"立桃梗象人于门户"。从这些记载看，汉代以桃梗系挂或插在门户或立于门户之侧预防疫鬼的做法确实广为流行。《续汉书·礼仪志中》也说汉代每年岁末举行大傩驱鬼时，使用桃梗、桃杖、郁櫑、苇戟、苇菱等。《淮南子·诠言训》许慎注云："今人以桃梗作代岁旦植门以辟鬼。"

又有桃人。《论衡》卷十六《乱龙篇》："故今县官斩桃为人，立之户侧；画虎之形，著之门阑。"同书卷二十二《订鬼篇》引《山海经》曰：

> 沧海之中，有度朔之山。上有大桃木，其屈蟠三千里，其枝间东北曰鬼门，万鬼所出入也。上有二神人，一曰神荼，一曰郁垒，主阅领万鬼。恶害之鬼，执以苇索，而以食虎。于是黄帝乃作礼以时驱之，立大桃人，门户画神荼、郁垒与虎，悬苇索以御凶魅。有形，故执以食虎。

这段文字不见于今本《山海经》。《山海经》成书较为复杂，其中的大部分内容是先秦的东西，也有秦汉时期的文字。《论衡》引录的这段佚文不知形成于何时，但可以明确，桃人插在门户上或立于门户之侧御鬼这一习俗在汉代很流行。应劭《风俗通义·祭典》：

> 谨按《黄帝书》："上古之时，有神荼与郁垒昆弟二人，性能执鬼，度朔山上立桃树下，简阅百鬼，无道理，妄为人祸害，神荼与郁垒缚以苇索，执以食虎。"于是县官常以腊除夕，饰桃人，垂苇茭，画虎于门，皆追效于前事，冀以卫凶也。①

汉代以桃梗系挂或插在门户或立于门户之侧预防疫鬼的做法广为流行。马王堆帛书《五十二病方·魅》中的一则记载也反映了汉代这一

---

① 应劭撰，王利器校注《风俗通义校注》，中华书局，1981 年，第 367 页。王利器先生校注曰："《书钞》、《御览》八九一、《岁时广记》'卫'作'御'，《山海经》《独断》同。"按，作"御"似更合乎文义。

习俗的普遍。这条材料的内容是治疗与小儿鬼有关的疾病的祝由方：

　　　禹步三，取桃东枳（枝），中别为□□□之倡，而笄门、户上各一。①

　　魅是小儿鬼，②《汉旧仪》说："昔颛顼氏有三子，生而亡去为疫鬼。一居江水为疟鬼，一居若水为罔两蜮鬼，一居人宫室区隅沤庚，善惊人小儿。"③《五十二病方》说的这个驱逐小儿疫鬼的法术，其关键内容除了走禹步，就是挑选向东生长的桃枝以加工道具。此条帛书释文"中别为□□□"一句有缺字，刘钊推测应该是指将桃树枝条从中间劈开，做成人形，即"桃人""桃梗"。④ 这一看法是有道理的，与马王堆汉墓出土的桃梗很契合。

　　至于桃人、桃梗的具体式样和区别，以前少有措意者。马王堆一号汉墓出土的桃木人。这些桃木人出土时位于内棺盖板和缝隙中，共计 33 个，高 8—12 厘米。其中一组 22 件，以麻绳编结。麻绳分上下两道，交错编联。另 11 件零散放置。这种"桃人"的大多数系以一小段桃树枝条劈成两半，一端削成三棱形，中间的脊作为鼻子，两侧用墨点出眉毛与眼睛，其余部分则未作砍削。还有少数是用未加砍削的桃树枝充当。

---

① 裘锡圭主编：《长沙马王堆汉墓简帛集成（伍）》，《五十二病方》，第 296 页。
② 刘钊：《说"魅"》，《中国典籍与文化》2012 年第 4 期。
③ 孙星衍等辑，周天游点校：《汉官六种》，中华书局，1990 年。
④ 刘钊：《说"魅"》。

长沙马王堆一号汉墓发现了一批桃木俑，报告称为"辟邪木俑"，共 36 件，分为二式。其中"桃木小俑"33 件，全部放在内棺盖板上的帛画右下方。俑高 8—12 厘米。其中 22 件以两道麻绳交错编联，类似简册的样子，另 11 件零散放置。这些小俑均系以一小段桃枝纵向劈成两半，上部削成三棱形，脊作鼻，其下两侧用墨点出眉目，短线一道为嘴，下画三两撇须，其余部分则未事刊削。还有数枚用不经加工的桃枝充数（图五、图六）。

丝麻衣小木俑 3 件，放置于锦饰内棺与朱地彩绘棺的缝隙内，东、西、南三处各放 1 个。制作简陋，均以长 11—12 厘米、宽 2.5 厘米、厚 1 厘米的木片稍加砍削而成，无上肢，衣袖处空缺。中间起棱，使得鼻梁、眉心与棱线吻合，头部用墨、朱两色绘出眉目。其中 2 件高 12 厘米，着绛色绢衣，腰束绢带。1 件高 11 厘米，着粗麻衣，由两块麻布缝合而成（图五、图六）。[①]

对于这批桃木小俑，陆锡兴认为就是文献中所说的辟邪桃人和桃梗，"其中着衣者为桃人，枝梗为桃梗"。并列举了其他很多考古发现的实物。[②] 陆锡兴的这个学术发现，首次让大家明白了二者的真实形态，使得人们对文献记载的理解和考古实物的定名豁然起来，明白古书中说的桃人和桃梗是有一定区别的，一个加工简单粗糙，另一个则加工略为细致一些。《五十二病方》中取桃枝，"中别"云云，就是将桃枝从中间纵向劈作两半。

---

① 　湖南省博物馆、中国科学院考古研究所：《长沙马王堆一号汉墓》（上），文物出版社，1973 年，第 100—101 页。
② 　陆锡兴：《考古发现的桃梗与桃人》，《考古》2012 年第 12 期。

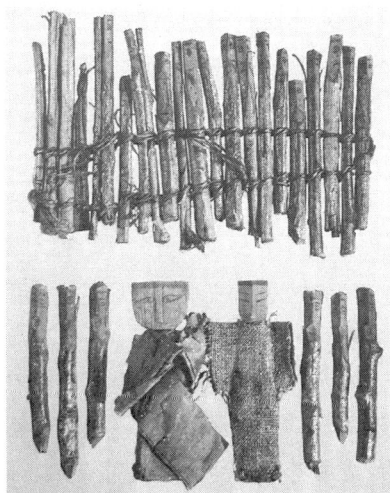

图五　马王堆一号汉墓出土的桃木人

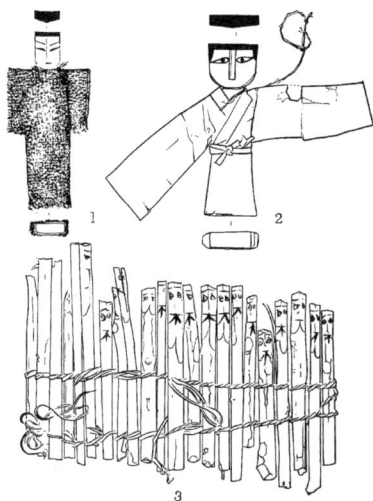

图六　马王堆一号汉墓出土的桃木人示意图

1. 麻衣小俑　2. 丝衣小俑　3. 桃木小俑

　　桃木还可以做成弓，用这种弓射出棘矢，来杀死或驱除疫鬼。马王堆帛书《五十二病方·颓（癫）》记录的多个治疗癫疝方，其中一例为祝由方：

> 以奎（奚）蠢盖其坚（肾），即取桃支（枝）东乡（向）者，以为弧；取□母□□□□□□□□□□□□上，晦，壹射以三矢，□□饮乐（药）。其药曰阴干黄牛胆。干即稍□□□□□□□□□，饮之。①

　　颓（癫）即疝气，是小儿易发的疾病。这个祝由方中的主要道具就是用东向的桃枝做成弓，箭的材料是什么，因文字缺失，不能确知，应该是棘之类的植物，施术者用桃弓大约是冲着患者附近射三箭，表示把致病之鬼驱走，然后给患者服用黄牛胆加工的药物。桃弧棘矢除鬼的巫术出现也很早。《左传·昭公四年》说"桃弧棘矢，以除其害"。就是用桃弓棘箭禳除凶邪。上文提到过的睡虎地秦简《日书甲种·诘篇》中驱除刺鬼的办法也是"以桃为弓，牡棘为矢，羽之鸡羽，见而射之"。这是把能够射杀人的弓箭和鬼畏惧的桃木充分结合在一起而制作出来的一种巫术道具，使用者相信它能够射杀恶鬼，至少能吓跑恶鬼。

　　日常生活中，使用桃木御疫鬼的花样会不断翻新。汉代就出现了用桃木印章阻止疫鬼入室的礼俗。《续汉书·礼仪志中》说每年夏至，"以桃印长六寸，方三寸，五色书文如法，以施门户"。这应该是模拟现实社会中用印章钤印封泥以封死关门的制度。《后汉书·隗嚣传》大将王元向隗嚣建议说："请以一丸泥为大王东封函谷关。"以一丸泥封函谷关，就是把函谷关门关闭之后，用封泥印封，非经同意，不得开启。

---

① 裘锡圭主编：《长沙马王堆汉墓简帛集成（伍）》，《五十二病方》，第 257 页。

云梦睡虎地秦简《秦律十八种·仓律》也记载仓啬夫等封印粮仓门的规定。在门户上悬挂桃木印章,显然是借用这一现实社会中的制度,表示门户已经对疫鬼封闭,这样疫鬼就没有办法进入宅室。

桃木不仅帮助在世的人驱鬼辟邪,还能帮助死去的人免除鬼邪的骚扰。

《太平御览》卷九六七引王肃《丧服要记》曰:

> 昔者鲁哀公祖载其父,孔子问曰:"宁设三桃汤乎?"答曰:"不也。桃者,起于卫灵公。有女嫁,乳母送新妇就夫家。道闻夫死,乳母欲将新妇返。新妇曰:'女有三从。今属于人,死当卒哀。'因驾素车白马,进到夫家,治三桃汤,以沐死者。出东北隅,礼三终,使死者不恨。吾父无所恨,何用三桃汤焉?"

这个故事中用三桃汤沐浴死者,除了给死者洁净身体外,也应有为死者驱邪的含义。汉代为死者驱鬼的最显著例子是马王堆一号汉墓出土的桃木人,这些桃木人出土时位于内棺盖板和缝隙中。[①] 有学者指出:"将这些桃人放在内棺盖上,意在驱鬼辟邪,保佑墓主安居泉下,不为恶鬼所害。"这一认识与当时的信仰习俗完全吻合。[②]

五、用桑之例

桑在中国古代巫术中也是具有驱鬼降妖功能的东西,与桃类似。《仪礼·特牲馈食礼》郑玄注曰:"神物恶桑叉。"即谓鬼神畏惧桑木叉。

---

① 湖南省博物馆、中国科学院考古研究所:《长沙马王堆一号汉墓》(上),第100页。
② 张明华:《长沙马王堆汉墓桃人考》,《文史》第七辑,中华书局,1979年,第96页。

这大概因为桑与丧谐音,《说文》:"丧,亡也。"段注:"亡部曰:'亡,逃也。'亡非死之谓。……凶礼谓之丧者,郑《礼经目录》云:'不忍言死而言丧。丧者,弃亡之辞。若全居于彼焉。已失之耳。'是则死曰丧之义也。"丧字的本义是逃亡,死亡是其引申义。在巫术中使用桑,是借助与丧字的谐音,兼取其逃亡和死亡两义。例如睡虎地秦简《日书甲种·诘篇》:

> (1) 人毋(无)故而鬼惑之,是𡩋鬼,善戏人。以桑心为丈(杖),鬼来而毄(击)之,畏死矣。 (简32背壹—简33背壹)①
>
> (2) 犬恒夜入人室,执丈夫,戏女子,不可得也,是神狗伪为鬼。以桑皮为□□之,燀(炮)而食之,则止矣。 (简47背壹—简49背壹)②
>
> (3) 鬼恒为人恶薨(梦),寤(觉)而弗占,是图夫,为桑丈(杖)奇(倚)户内,复(覆)䪪户外,不来矣。 (简44背贰—简45背贰)③

第一例中的𡩋鬼,整理小组注:"𡩋,读为诱,迷惑。"④刘乐贤引郑刚云:"𡩋鬼不明,疑读为攸鬼。《汉书·叙传》注:'攸,笑貌也。'笑鬼故善戏人。"⑤所谓𡩋鬼戏弄人,疑是某种精神疾病,患者会产生某种幻觉,古人对此缺乏足够认识,只能用鬼神现象来解释。值得注意的是,驱除𡩋鬼的办法是用桑树心做杖来击打𡩋鬼,𡩋鬼害怕被打死,就不敢

---

①② 睡虎地秦墓竹简整理小组:《睡虎地秦墓竹简》,第212页。
③ 睡虎地秦墓竹简整理小组:《睡虎地秦墓竹简》,第213页。
④ 睡虎地秦墓竹简整理小组:《睡虎地秦墓竹简》,第216页,注[十]。
⑤ 刘乐贤:《睡虎地秦简日书研究》,第234页,注[十六]。

戏弄人了。这里用桑木为杖，显然是兼顾了丧字的逃亡和死亡二义。

　　第二例说神狗伪装成鬼，夜间闯入居室"执丈夫，戏女子"，这是何种幻觉类精神疾病，不得而知，古人也只能归诸鬼神，说是神狗伪装成鬼造成的。借助鬼怕桑的弱点，古人认为只要患者需要取桑皮，炮制好，然后口服，就可以杜绝这种鬼的侵扰。焊即炮字，炮制，这里应该是用水煮熟。以桑皮驱鬼在敦煌写本佚名古医书（P.2882）中也有记载："三月上卯日，取桑皮向东者，煮取汁著户上，避百鬼。"①

　　第三例中的鬼名图夫，经常给人带来噩梦，而且梦醒之后还无法占问明白。② 对这种鬼，需要找一根桑木杖倚靠在房屋的门内，将饭锅覆置于屋门外，图夫鬼就不来了。简文中的"䰗"同"釜"，煮饭的锅。古人将锅扣在门外，有摒除鬼魅，辟去不祥，以保证门户安定的神秘用意。③ 这里的桑木杖和饭锅都是被当作摒除图夫的有效武器。

　　汉代用桑驱鬼的具体例子不多见，目前只见到《汉书·息夫躬传》的一则记载，说宜陵侯息夫躬失宠，被免职，回到自己的侯国，④但封地内并没有自己住宅，只好暂时借住在一个空置的亭内。有人以为息夫躬身为侯家，必定有很多财富，故而常在夜间守在附近，欲伺机盗取。息夫躬的乡人前来看望他，知道此事，就教给他一个祝盗方，用桑树上朝东南方向生长的枝条做成短剑，并在上面画北斗七星的图案，夜间披发站立在院子中央，面向北斗，手执桑木短剑"招指祝盗"，即招福避

①　马继兴主编：《敦煌古医籍考释》，江西科学技术出版社，1988年，第233页；马继兴等辑校：《敦煌医药文献辑校》，江苏古籍出版社，1998年，第309页。
②　王子今：《睡虎地秦简日书甲种疏证》，第404页。
③　王子今：《睡虎地秦简日书甲种疏证》，第405页。
④　据《汉书》卷十八《外戚恩泽侯表》，宜陵侯息夫躬的封地在南阳郡杜衍县，宜陵应是乡名。

祸,以此解除被盗的隐忧。结果,有人就借此告发他因免职而心怀不满,祝诅皇上,被捕入狱而死。在这个事例中,桑木(尤其是东南方向生长的枝条)具有特别的威力,不仅能辟鬼,在结合北斗七星的情况下,还能辟盗贼,足见其力量的非凡。

马王堆汉墓帛书《房内记》中记录了一个补气益中的方子,里面也使用了桑:

> ●内加:取春鸟卵,卵入桑枝中,烝(蒸)之,伏黍中食之。卵壹决,勿多食,多食□①

这个药方中使用桑枝作为药材之一,很有可能是基于对桑的神秘力量的信仰。比如后来葛洪《抱朴子·仙药》中也认为:"桃胶以桑灰汁渍,服之百病愈,久服之身轻有光明,在晦夜之地如月出也,多服之则可以断谷。"服用桑灰汁浸泡过的桃胶可以治愈百病,长久服用还能使身体轻便有光泽,夜间看上去身体会发出月亮一般的光,甚至可以达到不用吃饭的效果。如此神奇的服食物正是结合了桑和桃两种被人们赋予神秘力量的物品。生命的正常结束通常源自疾病,古人大概相信既然桑和桃能使鬼魅畏惧,那么人服食之后,就可以获得一种力量,至少令那些导致人疾病的鬼魅不敢前来威胁,从而实现生命的长寿。

虽然目前所知的汉代文献中还看不到以桑驱鬼疗疾的材料,但秦简中此类信仰习俗在汉代应该是有所延续的。

---

① 裘锡圭主编:《长沙马王堆汉墓简帛集成(陆)》,《房内记》,第76页。

六、用槐之例

马王堆帛书《五十二病方》记录了一种治疗身体疮疡("身疕")的方法:

> 以槐东乡(向)本、枝、叶,三沥煮,以汁□。①

槐树的根、树皮、枝条、叶子等在古代往往用水熬制,来清洗疮伤,可以散瘀止血、消炎去肿。《名医别录》说槐枝"主洗疮",槐皮"主烂疮"。可见,《五十二病方》中的这个药方还是有其医学道理的。虽然如此,这个治疗烂疮的方法中要求选择朝东向生长的槐树枝条、树叶,以及槐树朝东生长的根,无疑仍带有明显的巫术色彩。而《五十二病方》里的另一个用槐的病方,则纯为巫术了:

> □□□□□□槐为箸,即巳(已)。②

该病方开头的文字已经无法识别,估计应该与前一个病方都属于治疗"□蠚",即被一种毒虫螫伤的疾病。该病方很简单,就是建议使用槐树枝做的筷子吃饭,这样就能治好该伤病。其巫术色彩很明确。前面的缺字是否也有强调选用东向或其他方向槐枝的文字,今已无从考证。

---

① 裘锡圭主编:《长沙马王堆汉墓简帛集成(伍)》,《五十二病方》,第293页。
② 裘锡圭主编:《长沙马王堆汉墓简帛集成(伍)》,《五十二病方》,第240页。

七、用芦苇和芳帚之例

芦苇成为人们驱鬼的武器，起源也应该比较早。《玉烛宝典》引《庄子》："斫鸡于户，县苇灰于其上，插桃其旁，连灰其下，而鬼畏之。"这条材料不见于今本《庄子》，是一条佚文，时间应在战国。这个巫术里面使用的鸡、芦苇灰、桃都是古人相信具有辟邪驱鬼功能的物品。又《太平御览》卷一千引《吕氏春秋》曰："汤始得伊尹，祓之于庙，熏以萑苇。"①为什么要用点燃的芦苇熏呢？因为古人认为火能祛除不祥，而特别选用芦苇，无疑也是相信芦苇本身可以祛除不祥，可以祛除鬼魅邪气。使用芦苇作为驱鬼武器，这大概是比较早的一条记载，实际的使用时间当然应该更早。《风俗通义·祀典》：

> 谨按：《黄帝书》："上古之时，有荼与郁垒昆弟二人，性能执鬼，度朔山上立桃树下，简阅百鬼，无道理，妄为人祸害，荼与郁垒缚以苇索，执以食虎。"于是县官常以腊、除夕，饰桃人，垂苇茭，画虎于门，皆追效于前事，冀以卫凶也。

据此，汉代在腊日和除夕采用种种辟邪方法中有"垂苇茭"一项，而其起源是传说中的在度朔山上用苇索缚住妄为人祸害的恶鬼，并让

---

① 《风俗通义·祀典》引同，其中"熏以萑苇"一句不见于今本《吕氏春秋》，参见许维遹《吕氏春秋集释》，中华书局，2009 年，第 312 页。陈奇猷《吕氏春秋新校释》（上海古籍出版社，2002 年，第 753 页，注［二八］）认为"熏以萑苇"乃应劭改"爝以爟火"而为之，且以为《太平御览》所引本自《风俗通义·祀典》，而非《吕氏春秋》。陈说恐非。《太平御览》在此处接连引《吕氏春秋》两条，另一条确认未见于《风俗通义》，则不可因此条与《风俗通义》引文相合，就断定其出自《风俗通义》而非《吕氏春秋》。

虎吃掉。这里的茭指用芦苇或竹篾或草编成的绳索。《墨子·辞过》:
"古之民未知为衣服时,衣皮带茭。"即以兽皮为衣,以草绳为腰带。
《史记·河渠书》:"搴长茭兮沈美玉。"裴骃《集解》引臣瓒曰:"竹苇綯
谓之茭,下所以引致土石者也。"苇茭即苇索。

　　为什么古人认为用苇索可以缚住鬼呢? 胡新生先生在《中国古代
巫术》中说:"用芦苇制成的绳索即古书所说的'苇索''苇茭',可能是
最早被用作辟邪灵物的芦苇制品。用芦苇绳索缚人缚物能勒得比较
结实,能勒入人的肉体,从而给被缚者带来较大的痛苦。古人大概由
此发生联想,认为鬼怪也害怕苇索;再进一步引申,整个芦苇就都被当
成辟邪灵物了。"[①]这一解释与巫术中凡人之所畏惧或厌恶者亦必为鬼
之所畏惧或厌恶者的通则相符合,具有一定道理。需要注意的是,应
劭《风俗通义·祀典》在讲汉代用苇茭驱鬼辟邪时,不仅认为"垂苇茭"
是因为苇索能缚鬼,而且对垂苇茭的信仰含义又有了新的解释:

　　苇茭,传曰:"雚苇有藂。"《吕氏春秋》:"汤始得伊尹,祓之于
庙,熏以雚苇。"《周礼》:"卿大夫之子,名曰门子。"《论语》:"谁能
出不由户。"故用苇者,欲人子孙蕃殖,不失其类,有如雚苇。茭
者,交易,阴阳代兴也。

　　这个解释显然已经与用苇茭驱鬼辟邪的关系不是很密切,尤其是
引《吕氏春秋》"汤始得伊尹,祓之于庙,熏以雚苇"一条,将其作为"用
苇者,欲人子孙蕃殖,不失其类,有如雚苇"的证据之一,这无疑与《吕
氏春秋》本义不合。不仅如此,他还将"苇茭"之"茭"作了重新定义,认

①　胡新生:《中国古代巫术》,第 117 页。

为"茭者,交易,阴阳代兴也"。应劭的新解释已经远离了原始信仰赋予芦苇的神秘力量,应该是受到了阴阳五行思想的影响。这种认识并非仅此一见。例如《续汉书·礼仪志中》:

> 仲夏之月,万物方盛。日夏至,阴气萌作,恐物不楙。其礼:以朱索连荤菜,弥牟朴蛊钟。以桃印长六寸,方三寸,五色书文如法,以施门户。代以所尚为饰。夏后氏金行,作苇茭,言气交也。殷人水德,以螺首,慎其闭塞,使如螺也。周人木德,以桃为更,言气相更也。汉兼用之,故以五月五日,朱索五色印为门户饰,以难止恶气。

该条材料与应劭的新解释基本一致,反映了东汉时期对该信仰习俗的新理解。不过,从当时驱鬼实践看,更普遍的依然是在岁末大傩中作为驱鬼武器而使用苇索。例如:

(1)《独断》:"岁竟,画荼垒,并悬苇索以御凶。"

(2)《论衡·谢短篇》:岁终逐疫,何驱?(使)立桃[梗]象人于门户,何旨?挂芦索于户上,画虎于门阑,何放?

(3)《续汉书·礼仪志中》:"先腊一日,大傩,谓之逐疫。其仪:(中略)百官官府各以木面兽能为傩人师讫,设桃梗、郁儡、苇茭毕,执事陛者罢。苇戟、桃杖以赐公、卿、将军、特侯、诸侯云。"

(4)《太平御览》卷三十三"腊"条引王肃《议礼》曰:"季冬大傩,旁磔鸡,出土牛以送寒气,节令之腊,除逐疫。磔鸡、苇绞、桃梗之属。"

(5)《宋书》:"旧时岁朔,常设苇茭、桃梗、磔鸡于官及百寺之门,以禳恶气。"

这五条材料中，前三条的时代都是东汉，第四条的时代是三国，最后一条的时代是南朝，前后相距不是很远的三个不同时代的岁末驱傩仪式中都延续着使用苇索的惯例，因为在人们的意识中，苇索一直是驱鬼缚鬼的有力武器，在门户上悬挂了苇索，那些给人带来各种疾病的疫鬼看见了就会远远离开，不敢进入家中，人们获得平安。

苇索可以制服恶鬼的观念在早期道教活动中形成的劾鬼道符中也有体现。陕西户县汉墓出土的曹氏朱书解除瓶上画两个道符（图七），其中第二个符中包含ℛ、Υ两个图形和一段文字，从文字看，这个道符的作用是专门逐除恶鬼的，而构成道符的两个图形中的一个与天一、太一有关，应该就是Υ，该图形表示的是汉代人认为极具威力的太一锋；ℛ则颇像绳索盘绕的样子，该图形亦见于四川长宁

图七　陕西户县曹氏符（之二）摹本

七个洞汉画像崖墓的石壁上，王育成认为"在汉代人的宗教信念中，绳索原是劾鬼驱邪的重要神物之一"，"苇索就是大草绳子，是汉人用来驱鬼的东西。第二符中画其图形，意在'悬苇索以御'鬼，目的甚明"。[①]

---

① 　禚振西：《陕西户县的两座汉墓》，《考古与文物》1980 年第 1 期。王育成：《东汉道符释例》，《考古学报》1991 年第 1 期。又胡新生著：《中国古代巫术》，山东人民出版社，1997 年，第 118 页。

由此可见苇索治鬼观念影响之深远。

除苇索之外，与芦苇有关的驱鬼武器还有苇矢、苇戟，苇矢通常与桃弓配合使用。例如：

> （1）《太平御览》卷五百三十"傩"条引《礼纬》曰："颛顼有三子，生而亡去，为疫鬼。一居江水，是为虐鬼魅鬼；一居人宫室区隅，善惊人小儿。于是常以正岁十二月，令礼官方相氏掌熊皮，黄金四目，玄衣裳，执戈扬盾，帅百隶及童子而时傩，以索室而驱疫鬼，以桃弧苇矢工鼓且射之，以赤丸五谷播洒之，以除疫殃。"
>
> （2）《文选》卷三张衡《东京赋》李善注引《汉旧仪》："常以正岁十二月命时傩，以桃弧苇矢且射之，赤丸、五谷播洒之，以除疾殃。"
>
> （3）《太平御览》卷三百四十七"弓"条引焦延寿《易林》："桃弓苇戟，除残去恶。"
>
> （4）《古今注·舆服》："辟恶车，秦制也，桃弓苇矢，所以被除不祥。"

桃弧苇矢和前面提到过的桃弧棘矢一样，都是以射杀的方式恐吓、驱除那些给人带来疾病殃咎的恶鬼。桃弓苇戟，可能指桃弓苇矢，也可能苇戟（即芦苇的茎秆）在这里是单独的一种武器。马王堆帛书《五十二病方》治疗尤（疣）的方法中有一种就是在朔日使用葵戟（即葵的茎秆）摩擦疣，一边摩擦，一边口中念着咒语，最后把葵杆扔掉（"投泽若渊下"）。由于对芦苇的崇拜，甚至芦苇烧制成的炭或灰烬也有某种神秘的威力：

（1）《淮南子》卷六《览冥训》："画随灰而月运阙。"

许慎注："运，读连围之围也。运者，军也。将有军事相围守，则月运出也。以芦草灰随牖下月光中令圜画，缺其一面，则月运[1]亦缺于上也。"

（2）《淮南子》卷六《览冥训》："往古之时，四极废，九州裂，天不兼覆，地不周载，火爁炎而不灭，水浩洋而不息，猛兽食颛民，鸷鸟攫老弱，于是女娲炼五色石以补苍天，断鳌足以立四极。杀黑龙以济冀州，积芦灰以止淫水。"

高诱注："芦，苇也，生于水，故积聚其灰以止淫水。平地出水为淫水。"

（3）《荆楚岁时记》曰："元日镂悬苇炭桃棒门户上，却疠疫也。"

芦苇灰不仅能止住洪水，还能影响月晕（月运）的圆缺，更不用说悬挂在门户上可以辟除疠疫了。

出土简帛中也有使用苇索等芦苇制品驱鬼疗疾的记载。睡虎地秦简《日书甲种·诘篇》：

（1）鬼恒从人女，与居，曰："上帝子下游。"欲去，自浴以犬矢，毄（系）以苇，则死矣。　（简38背叁）[2]

（2）鬼恒胃（谓）人："鼠（予）我而女。"不可辞。是上神下取

---

① 　月运即月晕。《太平御览》卷八百七十一引《淮南子》："月晕，以芦灰环之，缺一面，则晕亦阙一面焉。"

② 　睡虎地秦墓竹简整理小组：《睡虎地秦墓竹简》，第215页。

妻,毄(系)以苇,则死矣●弗御,五来,女子死矣。 （简 39—简 40
背叁）①

　　这两则材料中记载了两种恶鬼,第一种是自称上帝之子来到人
间,这种鬼经常骚扰女性,与女性同居。解决办法是让该女子用狗屎
汤自浴,并用芦苇把这种鬼捆绑起来（当然施法术者只是做出捆绑的
动作,表示捆绑住了鬼）。② 这种淫鬼就死了。第二种鬼据说也是天上
的神灵下来人间,这种鬼来到人家中,强行要娶人家的女儿,而且如果
来五次,这家的女儿必死。驱除这种恶鬼的办法也是用芦苇捆绑住
它。这两种恶鬼侵扰人家的情形都应该属于精神类疾病,患病者产生
了严重的幻觉,造成精神和肉体上的双重折磨,此类疾病在人类早期
最难判明,更没有有效的治疗办法,只能将病因归结为恶鬼,并采取对
付鬼的办法来给患者提供一点心理上的安慰。这两种治鬼术的施行
者很可能都是专业的巫师。这两例材料虽然都属于秦代,但年代上距
离汉很近,而且此类信仰习俗通常具有很强的延续性,因此,该材料对
了解汉代的此类信仰也具有一定的参考价值。关于汉代的情况,目前
仅见马王堆帛书《五十二病方》"尤(疣)者"下有如下一种药方:

　　　　一,以月晦日之丘井有水者,以敝帚骚(扫)尤(疣)二七,祝
曰:"今日月晦,骚(扫)尤(疣)北。"入帚井中。③

---

① 　睡虎地秦墓竹简整理小组:《睡虎地秦墓竹简》,第 215 页。
② 　简文中的"毄"通"系",捆缚、捆绑之义。胡新生的《中国古代巫术》(第 119 页)理
解作击打、抽打,即用芦苇击鬼,用芦苇抽鬼。
③ 　裘锡圭主编:《长沙马王堆汉墓简帛集成(伍)》,《五十二病方》,第 235 页。

　　《五十二病方》中列举的治疗尤(疣)的药方有七个,都是使用祝由
术,通常选择在朔日或晦日,用破旧蒲草席上的蒲草,或禾稿,或土块,
或葵的茎秆,等等,来摩擦患病部位,然后扔掉,这是一种接触巫术,即
通过使用某些特定的物品摩擦患部,将疾病转移到这些物品上,然后
往道路或河流等扔掉这些物品,意味着疾病被带走了。上面这一条治
疗疣的方子也属于这一类巫术。不同的是使用的工具是破旧的帚,用
帚扫疣几下,口中念祝祷语,说今天是这个月最后一天,用帚一扫,疣
就逃走了。然后将这把帚扔入井内,表示造成疣的疫鬼真的被赶走
了。这种帚通常指单手执用的用芦苇花穗捆扎成的笤帚,古书中又称
为苅,经常被古人用来辟邪除秽。《说文》:"苅,芀也。从艸。列声。"
段注:

　　　《檀弓》:"君临臣丧,以巫祝桃苅执戈。"注:"苅、萑苕,可扫不
　　祥。"《玉藻》:"膳于君有荤桃苅。"注:"苅、菱帚也。"按许云"苇"、
　　郑云"萑""菱"者,此统言不别也。芀帚,花退用颖为之。芀一名
　　苅,故帚一名苅。

又:

　　　(1)《周礼·夏官·戎右》:"赞牛耳桃苅。"郑玄注:"桃,鬼所
　　畏也。苅,扫帚,所以扫不祥。"
　　　(2)《礼记·檀弓下》:"君临臣丧,以巫祝桃苅执戈,恶之也。"
　　郑玄注:"苅,萑苕,可扫不祥。"陈澔《集说》:"桃性辟恶,鬼神畏
　　之……苅,苕帚也,所以除秽。巫执桃,祝执苅,小臣执戈。"

前文引张衡《东京赋》描述东汉皇家举行岁末驱傩大礼的盛况，里面提到巫师在驱傩时使用的工具之一就是苅（即"笤帚"）。"尔乃卒岁大傩，驱除群厉，方相秉钺，巫觋操苅。侲子万童，丹首玄制。桃弧棘矢，所发无臬。"可见芦苇花穗扎成的笤帚在驱鬼活动中的重要作用。

汉代，芦苇编织的方形容器在最初也是专用作存放郡国呈送给朝廷的奏谳书，而非日常生活用品。《风俗通义》记载东汉末很流行的一个新现象：

> 孝灵帝建宁中，京师长者，皆以苇辟方笥为妆，其时有识者窃言：苇方笥，郡国谳箧也，今珍用之，天下皆当有罪，谳于理官也。后党锢皆谳廷尉，人名悉苇方笥中，斯为验矣。①

这说明苇笥最初是专用后来存放狱案的，不知这是否与芦苇可以治鬼的信仰有一定关系。

以上列举了汉代常用的几种驱鬼、治鬼武器或道具。在实际的驱鬼实践中，此类武器远不止这几种。比如用污秽之物驱鬼，即为秦汉人乃至古代巫术所常用。因为"人总是按自己的喜怒哀乐想象鬼神的性格与情感，鬼神的好恶往往是人类好恶的翻版。人闻臭秽无不掩鼻远遁，鬼神又岂能例外？由此推进，就有了'妖邪惧秽'的观念。"②睡虎地秦简《日书》、马王堆帛书《五十二病方》等出土文献中有很多使用犬矢、猪矢、牛矢、羊矢、鸡矢等动物粪便，以及女子布等污秽之物来驱鬼

---

① 应劭著，王利器校注：《风俗通义校注》，第 568 页。
② 胡新生著：《中国古代巫术》，第 185 页。

治病的方法。学者已有专题探讨,①此不赘论。

汉代在驱鬼疗疾时,除了使用上面的这些武器或道具,巫师施行法术时还经常走禹步,例如前文提到《五十二病方》中治疗癫疝之方就采用了禹步。最早记载禹步的传世文献大概应属《尸子》:"古者,龙门未辟,吕梁未凿。河出于孟门之上,大溢逆流,无有邱陵、高阜,灭之,名曰洪水。禹于是疏河决江,十年不窥其家,手不爪,胫不生毛,生偏枯之病,步不相过,人曰禹步。"②西汉末年扬雄《法言·重黎》:"巫步多禹。"晋李轨注云:"俗巫多效禹步。"③说明汉晋的巫者大多会禹步,年代不晚于汉文帝十二年(前168)的马王堆帛书《五十二病方》中多次提到禹步就足以证明。而更早些时候的云梦睡虎地秦简《日书》甲种、乙种关于出邦门远行时的除咎法术也提到禹步。云梦秦简《日书》形成的年代应该在战国,这正可以与《尸子》的年代大致吻合,可见禹步作为一种巫术形式,其出现不迟于战国。巫者行法术时采用禹步,大概是想借重大禹的威名,逼迫鬼神退让,不要前来为害。例如前文提到的睡虎地秦简《日书甲种·出邦门篇》,出邦门远行者在出城门时踏禹步并祝祷,我们注意到祝祷之辞中有"先为禹除道"之类的话,显然在告诉相关神灵,自己这是为大禹出行作准备。祝祷之辞中抬出大禹来,无疑是以大禹作为旗号,以达到自己出行顺利的目的。

关于禹步的步法,在《抱朴子内篇》中有两处记载,《仙药篇》:"禹

①　详见胡新生:《中国古代巫术》第二章《古代巫术灵物与一般辟邪法》之一五"秽物驱邪"。

②　尸佼撰,汪继培校正:《尸子校正》卷下《散见诸书文汇辑》,《二十二子》本,上海古籍出版社,1986年,第375页。

③　刘师培不赞同李轨的说法,他认为"巫、步皆为官名",并引《周礼》为证。见刘师培:《法言补释》。

步法：前举左，右过左，左就右。次举右，左过右，右就左。次举右，右过左，左就右。如此三步，当满二丈一尺，后有九迹。"《登涉篇》："禹步法：正立，右足在前，左足在后，次复前右足，以左足从右足并，是一步也。次复前右足，次前左足，以右足从左足并，是二步也。次复前右足，以左足从右足并，是三步也。如此，禹步之道毕矣。凡作天下百术，皆宜知禹步，不独此事也。"两处记载小有差异。后来的《调神八帝元度经·禹步致灵第四》说："禹步者，盖是夏禹所为术，召役神灵之行步，以为万术之根源，玄机之要旨。"秦简《日书》、马王堆汉墓帛书《五十二病方》当然较《抱朴子》更早，说明禹步早在道教正式形成之前就已经存在了，但若说它是大禹所创，则似乎不可信。不过古人既然把这种巫术步法冠以大禹的名字，说大禹治水很辛苦，使得腿脚患疾，行走一瘸一拐，禹步效仿的就是这种步法，则禹步应该与大禹有一定的联系，至少在古人看来，这种步法模拟的是大禹的步法特点，巫者通过禹步这一独特的步法作为大禹到来的象征，以此来告诉鬼神注意听从安排。因此，禹步在法术中具备了特别的魔力，是神秘力量的象征。

第七章 医疗信仰之二:符水疗疾

在汉代驱鬼治疗疾病的诸多手段中,还有一样东西特别值得注意,即道符。道符是民间信仰中施行法术时经常使用的一种驱使鬼神的图形或符号,是驱鬼治鬼的众多手段之一,是驱鬼治鬼的武器、工具、咒语等具体实物符号化、简单化的产物。道符在汉代以前的材料中很少见到,目前只在睡虎地秦简《日书乙种》中偶尔提到过一次:

> ［出］邦门,可☒
>
> 行☒
>
> 禹符,左行,置,右环(还),曰☒☒
>
> ☒☒右环(还),曰:"行邦☒
>
> 令行。"投符地,禹步三,曰:皋,
>
> 敢告☒符,上车毋顾,上☒
>
> (简 102 叁—简 106 叁,简 107 贰)①

这是一个出邦国城门时施行的巫术,作法术者手执一件禹符,向左走几步,把禹符放下,又向右转身走几步,念几句咒语,然后再向右转身

---

① 睡虎地秦墓竹简整理小组编:《睡虎地秦墓竹简》,第 240 页。

走几步,并捡起放置的禹符,再念咒语,同时将禹符投掷在地上,走禹步三次,第三次念咒语。最后大概应是捡起禹符,手持禹符上车直行,不回头。经过这样一种仪式,秦人大概认为此次出行在禹符的护佑之下应该一路顺风了。这是目前发现的巫术用符的最早记载,饶宗颐先生据此认为:"施用符亦出于秦以前之巫术,不始于道教徒矣。"①

　　巫术中的符是如何出现的?不得而知。有的学者说,巫术中使用的符,最初应该模仿自现实政治军事中的发兵符、通关符等。② 这个推测有其合理性。众所周知,地下出土的不少告地书、解除文之类的冥间文书,即模仿了现实政治生活中的文书形式。巫术中的符似乎也不例外。汉代的符种类不一,有用于发兵的虎符、征调其他人员或物资使用的竹使符、通关用的符、进出某些戒备区域(如宫禁等)使用的符等。符大都分两半,手持符者只要与查验人员手中的符相合,即可以令行事。符主要通过特定的形制和书写于其上的文字来表达所代表的权威。《释名·释书契》:"符,付也。书所敕命于上,付使传行也。亦言赴也,执以赴君命也。"这是代表王命之符。至于西北汉简中所见到的通关之符则代表所属区域最高长官的命令。早期的道符尚未见到实物,秦简《日书》提到的禹符是什么样子,也不是很清楚,不过,从后来的道符观察,早期道符虽然有可能仿照王命之符,但更多的是借用了现实生活中符的强大权威的特点,以神灵谱系中处于顶端的某位高等级神灵(比如禹)的名义下达命令文书。比如汉代驱鬼辟邪时通常使用类似"天帝使

---

① 饶宗颐:《云梦睡虎地秦简日书研究》,收入饶宗颐、曾宪通:《云梦秦简日书研究》,第22页;又收入饶宗颐、曾宪通:《楚地出土文献三种研究》,第419页。
② 胡新生著:《中国古代巫术》,第57页。

者""黄神越章"之类的印章加以封印。① 至于形制，道符似乎没有模仿虎符、通关符的样子分为左右两半。后世道符上的那种神秘的图形符号最早在何时出现，尚未见到确切材料可以说明。

云梦秦简《日书》里的禹符假借禹的名义来控制或驱逐某些鬼魅，从而保障出行的平安。巫师既然能够用符驱逐此类鬼，也应该可以用符驱逐其他的鬼，包括导致疾病之鬼。因此，疗疾之符的出现应该与《日书》禹符相距不会很久远。目前见到的最早的用于疾病治疗之符，见于马王堆汉墓帛书《五十二病方》，其中的"蛊"条曰：

> 蛊：
> 人蛊而病者：燔北乡（向）并符，而烝（蒸）羊尼（脂），以下汤敦（淳）符灰，即□□病者，沐浴为蛊者。②

该病方中的蛊是指男子小腹热痛，小便白浊。后世又泛指由蛊毒结聚，肝脾受伤，络脉瘀塞所致的鼓胀等病症，如蛊鼓、蛊胀、蛊毒等，症状复杂，变化不一。③ "北乡（向）并符"，有学者说是指朝北方向悬挂的桃符。④ 此符是否为桃符，尚难确定，特别是"并"字应该作何解释，还有待进一步研究。但此病方中的符作为一种用来驱逐致病鬼邪的

---

① 吴荣曾师《镇墓文所见到的东汉道巫关系》指出："当时在劾鬼文中总是以天帝使者、天帝神师、黄神的名义，去对妖鬼进行诛罚。所以在简牍背面须用泥封之，并加盖上相应的如'天帝使者'之类的印。"收入其著《先秦两汉史研究》，中华书局，1994 年，第 372 页。
② 裘锡圭主编：《长沙马王堆汉墓简帛集成（伍）》，《五十二病方》，第 295 页。
③ 魏启鹏、胡翔骅撰：《马王堆汉墓医书校释（壹）》，第 156 页，注[一]。
④ 周一谋、萧佐桃主编：《马王堆医书考注》，天津科学技术出版社，1988 年，第 220 页。

道符,应该是可以确定的。

羊尼(眉),即羊臀部的肉。① 淳,沃也。《说文》:"淳,渌也。"徐灏注笺:"《考工记·锺氏》:'染羽……淳而渍之。'郑注:'淳,沃也。'又《帐氏》:'湅帛,以栏为灰,渥淳其帛……清其灰而盐之,而挥之;而沃之,而盐之;而涂之,而宿之。明日沃之而盐之。'是沃与盐异。渌谓渍诸水中,沃则以水浇之。许训淳为渌,即所谓淳而渍之也。"②"以下汤敦(淳)符灰",即以羊肉汤浇在符灰上,让符灰浸在汤水中。

该帛书病方的大意是,焚烧北向悬挂的道符,用蒸煮羊臀部的肉煮出的汤水浇灌、浸泡燃烧道符之后留下的灰烬,取这种符水让患者服用,并用这种符水为患者沐浴。这个药方中,符作为一种特别的驱鬼武器,开始登上治疗疾病的舞台。帛书《五十二病方》抄写年代不晚于秦汉之际,就医方内容本身来说,出现年代应在《黄帝内经》纂成之前。③说明古人以符水的手段疗疾不应迟于此时。④ 这与云梦秦简《日书》中禹符的时代比较接近。结合其他出土文献,后世形态的道符在西汉已经产生。这个时期的道符基本上以日月星辰和鬼、尸等字为主,⑤主要是利用北斗、天帝、黄神等在汉代人心中极具威力的神灵来控制各种

---

① 马王堆汉墓帛书整理小组编:《马王堆汉墓帛书:五十二病方》,文物出版社,1979年,第 125 页,本条释文下注[二]:"眉,臀部。"

② 徐灏撰:《说文解字注笺》卷一一,《续修四库全书》影印清光绪二十年徐氏刻民国四年补刻本,上海古籍出版社,第 226 册,第 450 页。

③ 马继兴、李学勤:《我国现已发现的最古医方——帛书〈五十二病方〉》,收入马王堆汉墓帛书整理小组编:《马王堆汉墓帛书·五十二病方》,第 179 页。

④ 王育成:《略论考古发现的早期道符》,《考古》1998 年第 1 期。

⑤ 吴荣曾:《镇墓文所见到的东汉道巫关系》,《先秦两汉史研究》,第 374 页。王育成:《东汉道符释例》,《考古学报》1991 年第 1 期。

给人带来疾病等厄运的鬼魅。考古出土的汉代道符已经有很多例，[①]
下面列举其中的几个，以为说明：

图一　江苏高邮邵家沟出土的符咒木牍和封泥摹本

1960 年在江苏高邮邵家沟东汉末年的一个遗址内出土了一枚刻

---

① 吴荣曾师汇集当时能见到的六例出土道符资料，认为"符的出现最迟不能晚于顺帝阳嘉元年(133)"。见《镇墓文所见到的东汉道巫关系》，《先秦两汉史研究》，第 373—374页。据王育成较为新近的统计，目前至少有 10 件。见王育成：《南李王陶瓶朱书与相关宗教文化问题研究》，《考古与文物》1996 年第 2 期。另参王育成：《东汉道符释例》，《考古学报》1991 年第 1 期；王育成：《略论考古发现的早期道符》，《考古》1998 年第 1 期；王育成：《考古所见道教简牍考述》，《考古学报》2003 年第 4 期。

鬼木牍(图一)，①上面画了一个北斗七星的图形，斗勺内书写"北斗君"三字，②其下是变形的五个字，似为"天帝煞鬼图"，说明了该图形的含义。这两部分构成了一组图形。再下则为文书形式的一段文字，内容是命令恶鬼天光远远地离开此处，天帝神已经知道它的名字，再不走，天地神来了就会吃掉它，末尾是"急急如律令"。同时出土的还有一枚"天帝使者"封泥，说明文书命令的发布者巫师是以"天帝使者"的身份来举行驱鬼仪式，传达天帝的指令。王育成先生认为此"天帝使者"封泥是用来封缄同出的朱书符咒木简的，并引两条资料为证，一是陕西户县汉墓出土朱书陶瓶上的阳嘉二年(133)解除文：

> 阳嘉二年八月
> 己巳朔六日甲戌，徐。
> 天帝使者，谨为
> 曹伯鲁之家移
> 央(殃)去咎，远之千里。
> 咎□大桃，不得留。
> □□至之鬼所，徐
> □□。生人得九，死人
> 得五，生死异路，相

---

①　江苏省文物管理委员会：《江苏高邮邵家沟汉代遗址的清理》，《考古》1960 年第10 期。

②　"北斗君"三字原误释作"符君"，陆锡兴、刘乐贤等学者皆认为应读作"北斗君"，详参陆锡兴：《"黄君法行"朱字刻铭砖的探索》，《考古》2002 年第 4 期；刘乐贤：《简帛数术文献探论》(增订版)，第 202—203 页。

去万里。从今以长

保孙子,寿如金

石,终无凶。何以为信?

神葬厌(压)坟,封黄

神地(越)章之印。如律

令!①

该解除文中明确说要"封黄神越章之印"。

二是道书《太上三五正一盟威箓》卷三说:"上皇诸君符,朱书桃刺一尺六寸,刺头当中封天帝使者。"又说:"夫欲召万物神符,丹书桃刺长一尺六寸,封以天帝使者印。约以左索召鬼,其神立至。佩带符,百鬼皆畏。"②因此,邵家沟出土"天帝使者"封泥原本也是用来封缄同出的符咒木牍。③ 此说很正确。封泥上的印文反映的是天帝之类神灵的权威性,类似真实的官府文书上的皇帝玺印或官府印信,有了它,才能证明文书的可靠和权威。巫术中的此类文书基本仿照真实的官府文书而来,因此,需要有一枚能够证明最高天神的印信。结合秦简《日书》、马王堆帛书《五十二病方》中符水治蛊方的记载,甚至可以说,汉代术士所使用的符应该包括天帝使者之类的文书、道符和封泥三个部分,这才是一个真正完整的符。

与邵家沟东汉末年北斗图类似的道符还见于陕西长安县南李王

① 禚振西:《陕西户县的两座汉墓》,《考古与文物》1980 年第 1 期。
② 《正统道藏·正一部》,见《中华道藏》第 8 册,华夏出版社,2004 年,第 411—412 页。
③ 王育成:《考古所见道教简牍考述》,《考古学报》2003 年第 4 期。

村汉墓 M5 出土的朱书陶瓶上(图二):①

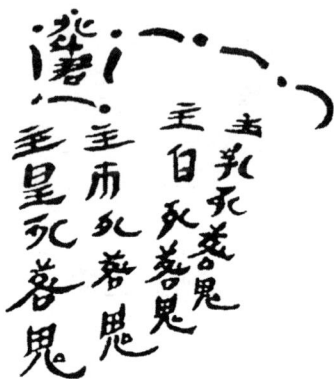

图二　南李王村汉墓朱书陶瓶上的"北斗君"符摹本

该道符包括两部分,第一部分是北斗星以及斗勺内书写"北斗君"三字,第二部分是在北斗之下书写二十个字,说明北斗主管乳死咎鬼、白(自)死咎鬼、师死咎鬼、星(腥)死咎鬼。这四种鬼都是给人带来疾疫灾难的恶鬼,皆归北斗君主管,有北斗君在,它们就不敢祸害人。南李王村朱书陶瓶上除了该符,同样有一段解除文,但已经严重剥落,无法识读。

考古发现的道符中还有比简单的北斗君符复杂一些的,比如上文曾提到过的陕西户县汉墓出土的曹氏朱书解除瓶,在以黄神名义发布的命令(解除文)之后画了两个符(图三)。② 经王育成解读,第一符是由峕(时)、日、月、尾、鬼五个字组成,第二符由象征苇索的符号、太一

---

① 王育成:《南李王陶瓶朱书与相关宗教文化问题研究》,《考古与文物》1996 年第 2 期。
② 禚振西:《陕西户县的两座汉墓》,《考古与文物》1980 年第 1 期。

锋,以及"大天一,主逐敦恶鬼,以节"十个字组成。①

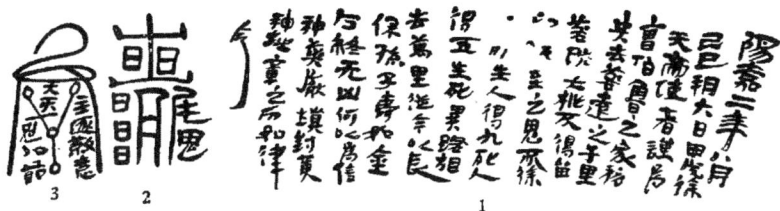

图三　户县汉墓曹氏瓶朱书解除文、画符摹本

1. 解除文　2. 第一符　3. 第二符

这些道符都有一个共同特点,即除了星辰、符号等图案,既有介于图案和文字之间的变形文字,也有单纯的说明文字,这些都构成了汉代符的几个要素。越到后来,符的构成越趋于抽象化,越为常人所不可辨识。这应该是道符产生、演化所遵循的一个规律。

从上面列举的几个例子可以看出,汉代的道符所要传达的意思就是以天帝、北斗君、黄神等最高神灵的名义向鬼魅发布命令,该命令最初可能与真实的调兵虎符或其他使用符一样,以文字为主。后来则演变为文书与符号的结合体,图形符号由简单向复杂不断演变。汉代人正是以道符的形式,借用神灵的威力来驱鬼疗疾。

因为疾病发生在人的身体内,古人认为是鬼进入或依附于人身,为了有效驱鬼,遂产生了焚烧道符、用符灰冲水、让患者以符水疗疾的巫术,意在使天帝等神灵的强大威力进入身体内,从体内径直将疾疫之鬼赶走甚至杀死。

---

① 王育成:《考古所见道教简牍考述》,《考古学报》2003 年第 4 期。

秦汉之际已经出现的符水疗疾巫术，之后越演越烈，东汉末年，民众信奉者趋之若鹜。《后汉书》卷三十下《襄楷传》李贤注引《江表传》：

> 时有道士琅邪干吉，先寓居东方，来吴会，立精舍，烧香读道书，制作符水以疗病，吴会人多事之。孙策尝于郡城楼上请会宾客，吉乃盛服趋度门下。诸将宾客三分之二下楼拜之，掌客者禁诃不能止。策即令收之。诸事之者，悉使妇女入见策母，请之。母谓策曰："干先生亦助军作福，医护将士，不可杀之。"策曰："昔南阳张津为交州刺史，舍前圣典训，废汉家法律，常着绛袚头，鼓琴焚香，读邪俗道书，云以助化，卒为蛮夷所杀。此甚无益，诸君但未悟耳。今此子已在鬼录，勿复费纸笔也。"即催斩之，县首于市。

这件事应该是发生在黄巾军大起义之后，孙策无疑是吸取了张角为首的太平道以符水为民众疗疾来聚集力量，最终发动起义的教训，所以，孙策一旦发现干吉通过制作符水疗病的方式布道，吸引了包括士人阶层在内的大量社会人员的信奉，严重扰乱了正常的社会秩序，削弱了官方对社会的有效控制，迅速下令抓捕。虽然很多人通过孙策的母亲为干吉求情，孙策仍然很坚决地处死了干吉。

用符书、咒语治疗疾病既然已经被民间广泛认可和接受，就为宗教集团传播宗教思想、组织自己的力量，提供了很好的条件。东汉末年太平道和五斗米道等道教集团普遍采用以符水疗疾的方式发展信徒，聚集力量，正是建立在这一民间信仰的深厚基础之上。

众所周知，张角建立太平道，在各个阶层中发展信徒，尤其是在疫病流行之时，采用符咒治病，使大量流民信服太平道，加入其队伍中，

为黄巾军暴动积蓄了力量。《后汉书》卷七十一《皇甫嵩传》:

> 初,巨鹿张角自称"大贤良师",奉事黄老道,畜养弟子,跪拜首过,符水咒说以疗病,病者颇愈,百姓信向之。角因遣弟子八人使于四方,以善道教化天下,转相诳惑。十余年间,众徒数十万,连结郡国,自青、徐、幽、冀、荆、杨、兖、豫八州之人,莫不毕应。遂置三十六方。方犹将军号也。大方万余人,小方六七千,各立渠帅。讹言"苍天已死,黄天当立,岁在甲子,天下大吉"。以白土书京城寺门及州郡官府,皆作"甲子"字。中平元年,大方马元义等先收荆、杨数万人,期会发于邺。元义数往来京师,以中常侍封谞、徐奉等为内应,约以三月五日内外俱起。……角等知事已露,晨夜驰敕诸方,一时俱起。皆著黄巾为标帜,时人谓之"黄巾",亦名为"蛾贼"。杀人以祠天。角称"天公将军",角弟宝称"地公将军",宝弟梁称"人公将军",所在燔烧官府,劫略聚邑,州郡失据,长吏多逃亡。旬日之间,天下向应,京师震动。

又《后汉书》卷七十五《刘焉传》记载张鲁利用五斗米道发展力量,武装割据:

> 鲁字公旗。初,祖父陵,顺帝时客于蜀,学道鹤鸣山中,造作符书,以惑百姓。受其道者辄出米五斗,故谓之"米贼"。陵传子衡,衡传于鲁,鲁遂自号"师君"。其来学者,初名为"鬼卒",后号"祭酒"。祭酒各领部众,众多者名曰"理头"。皆校以诚信,不听欺妄,有病但令首过而已。诸祭酒各起义舍于路,同之亭传,县置

米肉以给行旅。食者量腹取足，过多则鬼能病之。犯法者先加三原，然后行刑。不置长吏，以祭酒为理，民夷信向。朝廷不能讨，遂就拜鲁镇夷中郎将，领汉宁太守，通其贡献。

李贤注引《典略》曰：

> 初，熹平中，妖贼大起，三辅有骆曜。光和中，东方有张角，汉中有张修。骆曜教民缅匿法，角为太平道，修为五斗米道。太平道师持九节杖，为符祝，教病人叩头思过，因以符水饮之。病或自愈者，则云此人信道，其或不愈，则云不信道。修法略与角同，加施净室，使病人处其中思过。又使人为奸令祭酒，主以老子五千文，使都习，号"奸令"。为鬼吏，主为病者请祷。请祷之法，书病人姓字，说服罪之意。作三通，其一上之天，著山上，其一埋之地，其一沈之水，谓之"三官手书"。使病者家出米五斗以为常，故号"五斗米师"也。实无益于疗病，但为淫妄，小人昏愚，竞共事之。后角被诛，修亦亡。及鲁自在汉中，因其人信行修业，遂增饰之。教使起义舍，以米肉置其中，以止行人。又教使自隐，有小过者，当循道百步，则罪除。又依月令，春夏禁杀。又禁酒。流移寄在其地者，不敢不奉也。

张角为首的黄巾起义和张修、张鲁等割据汉中，脱离朝廷控制，都是通过宗教发起的。根据这些记载，张角、张修、张鲁等道教首领在发展徒众、传播教义的过程中，最常用的手段就是用符书为民众治疗疾病，但具体做法略有差异。张角是以"太平道师"的身份"持九节杖，为符祝,教病人叩头思过,因以符水饮之。病或自愈者,则云此人信道,其或不愈,则云不信道",即用符咒为病人向神灵祝祷,并让病人叩头思过,然后让他喝下符水。病人碰巧痊愈了,就说此人心诚,是真的信太平道;病人没有痊愈,则说此人心不诚,不是真信太平道。①"因为关于疾病、病因、疾病的治疗的观念乃是神秘的观念,所以,对患者治疗的失败通常也像治疗的成功那样很容易得到解释。"②张角通过对病人的偶然成功治愈,来宣传其道术的所谓神秘威力,对失败的治疗则归罪于患者"不信道"这样无法验证的原因,迫使社会民众不敢不接受其教义,听从其号令,最后竟然在十余年间发展徒众数十万,甚至宫中的太监也成为其信徒,足见当时社会上对符水疗疾的信奉程度。而张角用的符水,应该与马王堆帛书中的符水类似,是用竹木简牍或绢帛上书写文字和道符,然后烧成灰,用水冲调而成。

张修的方法是"略与角同",说明也采取了画符祝祷,以符水饮患病者的办法。只是他专门提供了干净的居室,让病人在净室内反思过错,而且安排了专职人员负责为病者请祷,这类人称为"鬼吏"。请祷的方法是作文书,一式三份,称为"三官手书",上面书写人的姓名以及表示向神灵服罪之意,将三份文书分别放置到山上,表示送达天神;埋在地下,表示送达地祇;投入江河潭陂中,表示送达水神。这是汉代很流行的另一种治疗疾病的巫术——祷疾,此暂不赘述。

张鲁也是利用符书来发展徒众,也采取让病人忏悔罪过的办法,

---

① 《后汉纪》卷二十四:"初,角弟良弟宝自称太医,事善道,疾病者辄跪拜首过,病者颇愈,转相诳耀。十余年间,弟子数十万人,周遍天下,置三十六坊,各有所主。"是张角兄弟三人皆自称太医,以方术欺诳百姓,非独张角一人为之。
② 〔法〕列维-布留尔著,丁由译:《原始思维》,第267页。

以此获取信徒对他的绝对忠诚。

很显然,无论张角,还是张修、张鲁等,他们采用的疗疾手段无不取自汉代盛行的巫术之中。符水、请祷、让病人悔过,这些方法简单易行,随时随地都可以操作,不需要更多的道具,宗教仪式也不繁杂,很显然,这些早期道教的首领是在对当时被民众信奉的各种疗疾巫术进行筛选之后,不约而同地选择了这几种最简便易行的方术。以符水为主,辅以请祷、悔过,能够保证他们以及手下的骨干人员在施行法术时与民众直接接触,从而有效影响民众,在心理和精神上控制民众,形成组织严密的宗教团体。同时,由于方法的简便,提高了传播教义的效率,所以张角可以在十多年里"连结郡国,自青、徐、幽、冀、荆、杨、兖、豫八州之人,莫不毕应",发展信徒数十万;张修、张鲁也因此而拥兵自重,割据一方。

汉代,文字书写的载体以竹木简牍和缣帛为主,现实中除了皇帝的调兵虎符为青铜铸造外,其他实用的符传都是竹木或丝织品。汉代巫师和道教徒符水疗疾时使用的符也应该是竹木或缣帛材质,这两类材质的符都可以烧成灰,用水冲泡。但竹木或缣帛即便未被焚烧,埋藏在地下泥土中也容易腐朽、腐烂,不易保存,所以除了江苏高邮邵家沟汉代遗址出土的一件画在木牍上的道符,迄今还未见到其他书写在竹木或缣帛上的道符。[①]

张角、张修等道教首领之所以能够利用符书、符水为民众治疗疾

---

① 2000 年 6 月,天津蓟县刘家顶乡大安宅村古井内挖出了一方汉代木牍。中国文物研究所的简牍专家通过红外线仪器,初步释读出六行漫漶的字迹,推断内容是汉魏时期道家方术文书。据报道看,该木牍似只有文字,无道符。初步报道见梅云鹏、盛立双、姜佰国、赵程久:《蓟县出土国内首见道教方术木牍文书》,《中国文物报》2000 年 9 月 24 日第 1 版。迄今尚无进一步的资料公布。

病的方式,在一定时间内迅速发展起来规模庞大的教团,是由于当时广大民众对治疗疾病的各类巫术手段都抱着普遍的信仰,符书、符水疗疾只不过是众多巫术医疗手段中的一种而已,正是在这一民间信仰背景之下,才给予了张角、张修愚弄民众、控制民众的机会。值得注意的是,张角、张修们使用过的疗疾方法,在后世还在流传。有的学得成功,有的学得不成功。例如《三国志》卷三《魏书·明帝纪》:

> 景初二年十二月乙丑,帝寝疾不豫。……初,青龙三年中,寿春农民妻自言为天神所下,命为登女,当营卫帝室,蠲邪纳福。饮人以水,及以洗疮,或多愈者。于是立馆后宫,下诏称扬,甚见优宠。及帝疾,饮水无验,于是杀焉。

此寿春女子在乱世自我神化,玩法术,以水饮人或清洗病疮,因有治愈者,赢得了相当一部分人的信任和崇拜,但在魏明帝这里没有成功,丢了脑袋。虽然史书没说她治病所用的水是否符水,但一定是声称加施了某种方术的水,即便如此,她也还是不够聪明,没有像张角、张修等采用让病人口头思过的程序,一旦治不好病,就没办法把责任归于病人“不通道”或没有得到神灵庇佑,她的法术不灵验,被视作骗子。她最后被魏明帝杀死,就是因为没法解释何以魏明帝饮用了她提供的水之后,病情没有好转。这种施展法术失败并丢掉性命的案例毕竟是少数,大多数情况下,术士们都有各种解释或搪塞的理由,因此,符水疗疾的法术才会延续下去。由日本学者丹波康赖编著,成书于公元 984 年的《医心方》中,征引了一些用吞服符书、符水治疗疾病的医方:

（1）卷十四《治魇不寤方》引《范汪方》："治魇死符法,魇死未久故可活方:书此符烧令黑,以少水和之,置死人口,悬镜死者耳前,击镜呼死人,不过半日即生。觑甕,丹书之。"①

（2）卷十四《治诸疟方》引《葛氏方》："破一大豆,去皮,书一片作'日'字,一片作'月'字,左手持'日',右手持'月',吞之立愈。向日服,勿令人知之。"②

（3）卷二十三《治产难方》引《产经》云:"厩以朱书吞之良。"③

（4）同上,又方:"厢烧作灰,以水服即生。"④

（5）卷二十三《治产难方》引《录验方》云:"破大豆以夫名字书豆中,合吞之,即出。"⑤

（6）卷二十三《治产难方》引《博济安众方》："取牛屎中大豆一粒,一片书'父入'字,一片书'子出'字,吞之。"⑥

（7）卷二十三《治逆产方》引《产经》云:"逆生符文:厢閗。以朱书吞之大吉。"⑦

以上七个医方,对应的是四种疾病。第一种,魇是做噩梦,在梦中受到惊吓。魇死,是梦中死去。该医方是朱书觑甕两个道符,用火烧黑,用水调和,放在死者嘴边,另使用镜子,医方认为布道半日,死者就会活过来。

第二种,疟是一种急性传染病,患病者按时发冷发烧。医方的建

---

① 〔日〕丹波康赖撰,翟双庆、张瑞贤等点校:《医心方》,第228页。
② 〔日〕丹波康赖撰,翟双庆、张瑞贤等点校:《医心方》,第234页。
③④⑤⑥⑦ 〔日〕丹波康赖撰,翟双庆、张瑞贤等点校:《医心方》,第372页。

议是在剖开去皮的两半大豆上分别书写"日""月"二字，左手拿着书写"日"字的豆瓣，右手拿着书写"月"字的豆瓣，面向太阳，在别人不知道的情况下吞服。

第三种，产难即难产。因胎儿和产妇原因导致分娩困难，过程缓慢，甚至停止。用符治疗这种急症的方法有四个，第一个方法是将朱书的屭符直接吞下；第二个方法是将屭烧成灰，用水调和，服下；第三个方法是将大豆剖开，在豆瓣中间书写产妇丈夫的名字，再将豆瓣合起来，让产妇吞服；第四个方法也是用一粒大豆，但需要找取牛屎中未被牛消化掉的大豆，在两个豆瓣上分别书写"父入""子出"，让产妇吞服。吞服符、符水或书写有某些特定文字的大豆之后，医方认为胎儿就会顺利产下。

第四种，逆产，指婴儿脚先头后的分娩过程。产妇如果吞服了朱书的逆生符文屭閶，就会生产顺利，很吉利。

通过这些以符治疗疾病的医方可以看出，秦汉时期出现的道符疗疾信仰在后世仍有很大的影响，在某种程度上，这与太平道和五斗米道以符水疗疾来发展信徒的努力有一定关系。

第八章　医疗信仰之三:转嫁疾病

弗雷泽《金枝》一书中专门就许多民族转嫁疾病等灾祸的习俗作了研究,指出:"把自己的罪孽和痛苦转嫁给别人,让别人替自己承担这一切,是野蛮人头脑中熟悉的观念",野蛮人"想出无数与人不友好的计谋,把自己不愿承担的麻烦推给别人"。这些嫁祸他人的方法五花八门,有的是转嫁给没有生命的物体(植物、土、石等),有的是转嫁给动物,有的则是转嫁给他人。例如东印度群岛某些岛上的人认为有一个治癫痫病的办法,即用某种树的叶子打病人的脸,然后把树叶扔掉,认为这样就把病转给了叶子,随叶子一起被丢弃。有些澳大利亚黑人治牙痛,拿一个烤热的投矛器放在脸上,然后丢掉投矛器,牙痛也随之而去,成为一块叫作"卡利契"(Karriitch)的黑石头。在许多老土堆子、老沙丘里都有这种石头。人们把这种石头细心地收集起来,扔到敌人方面去,让他们得牙病。①

《金枝》里面还记载了一个例子:公元 4 世纪,法国波尔多地方的马尔塞鲁斯开了一个治疣子的偏方,至今欧洲许多地方有迷信思想的人中还很流行。你有多少疣子,就用多少小石头擦它,然后用一片常春藤的叶子把小石头包起来,扔到大路上,谁捡到这些石头,谁就长疣

---

① 〔英〕J. G. 弗雷泽著,徐育新等译:《金枝》,第 467 页。

子,你的疣子就没有了。① 与这个治疣子的偏方非常类似的情况在汉代的资料中也有所反映。马王堆汉墓帛书《五十二病方》"尤"条就记录了几个病方,用植物的茎秆或根或土块摩擦身体上的疣子,意图将疣转移给这些东西带走。

尤(疣):

一,令尤(疣)者抱禾,令人呼曰:"若胡为是?"应曰:"吾尤(疣)。"置去禾,勿顾。

一,以月晦日日下餔(晡)时,取由(块)大如鸡卵者,男子七,女子二七。先以由(块)置室后,令南北列,以晦往之由(块)所,禹步三,道南方始,取由(块)言曰由言曰:"今日月晦,靡(磨)尤(疣)北。"由(块)一靡(磨)□。已靡(磨),置由(块)其处,去勿顾。靡(磨)大者。

一,以月晦日之内后,曰:"今日晦,弱(搦)又(疣)内北。"靡(磨)又(疣)内辟(壁)二七。

一,以朔日,葵茎靡(磨)又(疣)二七,言曰:"今日朔,靡(磨)又(疣)以葵戟。"有(又)以杀(樧)本若道旁蕳根二七,投泽若渊下。●除日已望。②

上面的这四个病方都是治疗疣子的,他们有一个共同特点,就是使用没有生命的物体在疣子上摩擦,然后将其扔掉,古人认为疾病也

---

① 〔英〕J. G. 弗雷泽著,徐育新等译:《金枝》,第 471 页。
② 裘锡圭主编:《长沙马王堆汉墓简帛集成(伍)》,《五十二病方》,第 234—236 页。

随之离开了身体。第一个病方是让患病者抱着稻草（一般应是离开居住之地，到野外），让另一个人在旁边高喊："你为什么这样!?"抱稻草的病人回答说："因为我的疣子。"然后把稻草扔到一边，往回走，不能回头看。随着稻草被扔掉，疣子也将消失。

第二个病方是在每月的最后一天日下晡时，找取鸡蛋大小的土块，男子七块，女子十四块，先把土块放置在居室的后面，按南北向排列摆放，在月晦之日到摆放土块的地方，走三遍禹步，从南端的土块开始，一块一块地拿起来，口中念道："今天是月晦（月亮没有了），用土块把疣子摩擦没有了。"然后用土块摩擦一下疣子，摩擦完，即扔掉，全部摩擦并扔掉之后，就离开此处，离开时不能回头。这种方法是用来摩擦长得较大的疣子。

第三个病方也是选择月晦之日，病人到内室（原文中的"内"就是内室、寝室的意思），说："今天是月晦之日，我在内室后面摩擦疣子。"（原文中的"弱"，就是磨、摩的意思）然后就在内室墙壁上摩擦疣子十四次。这意味着疣子这种疾病传到墙壁里了。

第四个病方则是选择朔日，即每月的第一天，用葵的茎秆摩擦疣子十四次，边摩边说："今天是朔日，用葵的茎秆（原文中的"葵载"就是葵的茎秆）摩疣子。"也可以用茱萸（原文中的"杀"读为"榝"，食用茱萸）的根或地肤（原文中的"荫"就是地肤）的根摩疣子十四次。摩擦完毕，将葵的茎秆或茱萸根、地肤子根扔到大泽中或深水潭里。疣子也随之被扔掉，回不来了。该条病方的末尾还有"除日已望"四字，帛书整理小组注："古代有所谓建除值日，汝正月斗建寅，则寅为建，卯为除，详见《淮南子·本文》。本句可能是说，如朔日恰巧是除日，则改在已望即十五日后举行。"①

以上这几种治疗疣子的方法，与欧洲人相信用小石头摩擦疣子就可以使之消失，十分相似。

汉代还施行一种巫术，即在道路上祭祀，把本来要降落到自己身上的灾祸转移到行人身上。这种巫术最初不仅在民间流行，而且还为最高统治者所使用。《汉书·武帝纪》：天汉二年（前99），"秋，止禁巫祠道中者"。文颖注解说："始汉家于道中祠，排祸咎移之于行人百姓。以其不经，今止之也。"颜师古则认为："文说非也。秘祝移过，文帝久已除之。今此总禁百姓巫觋于道中祠祭者耳。"颜师古的说法有道理。《史记·孝文本纪》："十三年夏，上曰：'盖闻天道祸自怨起而福繇德兴。百官之非，宜由朕躬。今秘祝之官移过于下，以彰吾之不德，朕甚不取。其除之。'"《集解》引应劭曰："秘祝之官移过于下，国家讳之，故曰秘。"《史记·封禅书》说，秦"祝官有秘祝，即有灾祥，辄祝祠移过于下"。可见，秦至汉初，皇帝为了免除所谓上天降临到自己的灾祸或凶咎，所采取的转移灾咎给百姓的做法，应该也是与"巫蛊"类似的一种巫术，属于典型的黑巫术，以损人利己为特点，为人所忌讳，故而在施行时必然保密，此类御用巫师称作"秘祝"，具体如何操作，不得而知。汉文帝认识到这种巫术实在不光明，不地道，太过自私，是对皇帝仁德爱民形象的污损，所以下诏废除宫中的秘祝制度。但这种转移自身灾咎的巫术在当时不仅存在于宫中，而且应该在社会上普遍为人所信奉过。文帝十三年（前167）的诏书只是停止了宫中此类巫术活动，没有对民间的类似巫术予以禁止。这种黑巫术的相互使用必然导致社会

---

① 马王堆汉墓帛书整理小组编：《马王堆汉墓帛书·五十二病方》，第58页。

矛盾聚集,这应是汉武帝天汉二年(前 99)秋下令禁止"巫祠道中"的根本原因。

汉武帝下令禁止之后,这种移祸他人的巫术可能依然在民间潜行。《汉书·王嘉传》丞相王嘉上封事奏劾宠臣董贤的罪状:"贤母病,长安厨给祠具,道中过者皆饮食。"王嘉举出这条罪状的关键是说董贤为自己的私事而动用长安厨官。但我们在这里关注的是此事的另一方面:"道中过者皆饮食。"颜师古引如淳注说:"祷于道中,故行人皆得饮食。"秦汉人患病之后,其亲人或周围的亲近人员往往会为其祷告于神灵,希望神灵佑助病人尽快恢复健康,并承诺献上美好、珍贵的祭品,有的甚至祈求以自己代替病者,让疾病离开病者,转移到自己身上。此类祷告仪式通常需要到神灵所在地或在室内,未见在道途当中祷告的。董贤为其母之病而祷告于道中,颇怀疑是在暗中使用嫁祸巫术,把董贤母亲的病灾转移给众多行人。

这种把疾病转移给他人的黑巫术在世界许多民族中都有过。乌干达的一个畜牧民族巴希马人常得一种深部脓疡,"他们治这种病的方法是把病转给别人,从巫师那里弄一点灵草,用草擦脓肿的地方,把草埋在人们经常走过的地方,谁首先踏上埋下去的草,谁就得这种病,原来的病人就好了"。[1]

直到近世,在我国的某些地方仍流传过这样的民俗,如果自己或家人久病不愈,怀疑有阴邪缠身,有的就将病人所服用过的中药渣当路撒下,让人踏车辗,据信可以将病魔带走。另有"送蛊"巫术:取若干财物,念咒祝之,放在路口,谁贪小便宜拾去了,谁就带走了蛊;或者是

---

① 〔英〕J. G. 弗雷泽著,徐育新等译:《金枝》,第 467 页。

扎一个毛人（或纸人或象征蛊的物形）和一些新的衣帛财物包在一起，放在大路上，谁拾去，蛊就传给谁。[①] 这都是借用巫术的方式把象征纠缠病人的鬼神或蛊扔在道路上，让致病之鬼或蛊跟随行路之人不知不觉中带走。

[①] 邓启耀：《中国巫蛊考察》，上海文艺出版社，1999 年，第 227—228 页。

第九章　医疗信仰之四:祷疾

第一节　祷请的神灵

上文说过,张角、张修等道教首领在传播教义,发展徒众时,都通过巫术治病的方式,利用巫术的神秘性,获取民众的信服。在他们的治病手段中都包含了祷请神灵一项。祭祷神灵这种信仰行为起源很早,应该在人类产生神灵崇拜之后就出现了。见诸先秦文献的记载,如《史记·周本纪》:

> 武王病。天下未集,群公惧,穆卜,周公乃祓斋,自为质,欲代武王,武王有瘳。

《正义》曰:"周公祓斋,自以贽币告三王,请代武王,武王病乃瘳也。"周公向神灵请求,愿意以自身代替武王接受疾病乃至死亡。结果凑巧的是,经过这番祷祠之后,周武王的重病竟然痊愈了。

《论语·述而》也记载,弟子曾为重病的孔子祷请:

> 子疾病,子路请祷。子曰:"有诸?"子路对曰:"有之。《诔》

曰:'祷尔于上下神祇。'"子曰:"丘之祷久矣。"

祷,指祷请于鬼神。孔子病得很重,子路告请祷求鬼神,希望孔子的病尽快痊愈。孔子知道了,问子路是不是有这么一回事,子路承认有此事,祈祷的《诔文》里说过:"要向天地上下的所有神灵为你祷告。"孔子听了,说:"我早就祈祷过了。"郑玄注云:"明素恭肃于鬼神,且顺子路之言也。"这个解释与当时的情况大致符合。至于宋人邢昺疏说:"此章记孔子不谄求于鬼神也。"这恐怕不对。孔子确实不语怪力乱神,但常规的神灵祭祀还是很认真对待的,这是古代生活的重要一部分,也是礼的一部分。孔子反对的是淫祀。如前所述,为病人向神灵祈祷,是先秦就已经很流行的一种信仰行为,孔子说自己早就祈祷过了,正说明他也是这种信仰的践行者,从中看不出"孔子不谄求于鬼神"。

又如《韩非子·外储说右下》记载:

> 秦昭王有病,百姓里买牛而家为王祷。公孙述出见之,入贺王曰:"百姓乃皆里买牛为王祷。"王使人问之,果有之。……一曰秦襄王病,百姓为之祷,病愈,杀牛塞祷。郎中阎遏、公孙衍出见之,曰:"非社腊之时也,奚自杀牛而祠社?"怪而问之。百姓曰:人主病,为之祷。今病愈,杀牛塞祷。

从记载看,这个故事应该是实有其事,只是在后来的流传过程中,故事的主角之一秦王搞不清是秦昭王还是秦襄王了。当然也有可能这本来就是两件事,秦国百姓一次是为患病的秦昭王向神灵祈祷,一次是为秦襄王祈祷。故事中郎中阎遏、公孙衍见而问之曰:"非社腊之时也,奚自杀牛而祠社?"这说明秦国百姓是通过祭社神,向社神为秦王祈祷。

汉代,上自皇室,下至普通民众,为患病者向诸神祷请的例子也很多。《汉书·外戚传·孝元冯昭仪》:冯昭仪之子封为中山孝王。"孝王薨,有一男,嗣为王,时未满岁,有眚病,太后(中山太后,即冯昭仪)自养视,数祷祠解。""眚病",前人注解说法不一,据颜师古注,应以孟康说为是,孟康曰:"灾眚之眚,谓妖病也。"可能是一种怪病。"解"同"廨",即屋舍。中山孝王之子得了怪病,治不好,中山太后疼爱他,不仅亲自看护,还多次在室内祠神祷请。

> 《后汉书·皇后纪上·明德马皇后》:章帝建初四年(79)"太后其年寝疾,不信巫祝小医,数敕绝祷祀。至六月,崩。在位二十三年,年四十余"。
>
> 同卷《和熹邓皇后》安帝永初三年(109)秋,"太后体不安,左右忧惶,祷请祝辞,愿得代命。太后闻之,即谴怒,切敕掖庭令以下,但使谢过祈福,不得妄生不祥之言"。
>
> 同卷《顺烈梁皇后》:桓帝和平元年(150)春,"太后寝疾遂笃……诏曰:'朕素有心下结气,从间以来,加以浮肿,逆害饮食,浸以沈困,比使内外劳心请祷……'后二日而崩。在位十九年,年四十五"。

这三个事例都是东汉皇后身体不适或病重,宫内宫外的人员为之祀神祷请。"愿得代命""但使谢过祈福,不得妄生不祥之言"云云,说明祷请本来就有两种类型,一种是仅仅祈请神灵护佑,请多赐福。《汉

书·艺文志》"数术类·杂占"著录《请祷致福》十九卷，可能就是这方
面的专书。另一种祷请的类型是如同前面提到的周公愿意以身替代
周武王一样，祷请者愿意为患者舍身。因为古人相信，人的疾病死亡
是神鬼所施加的，神鬼想要某人，此人就会病重而亡。所以，古人才会
在面对亲近之人病重时，向神灵祷请，愿意以自身代替病者。和熹邓
皇后身边的人员在祷请时大概就说了愿意以命相代之类的祝词。

　　不仅上层信奉祷病，信奉神灵对疾病的效力，民间也如此。《后汉
书·宋均传》说宋均出任河内太守，"政化大行"，百姓拥戴，"均尝寝
病，百姓耆老为祷请，旦夕问起居，其为民爱若此"。

　　周秦两汉的这几条祷病材料中，除了个别交代清楚，多数事例都
只是说祷请于神灵。至于祷请何方神灵，则不得而知。从传世文献和
出土资料来看，祷请的神祇不止一种，而是包括天地间众多神灵。下
面根据目前见到的秦汉时期这方面的资料，梳理一下这个时期的人们
在面对亲近之人患病时，通常向哪些神灵祷请。

一、祖先神

　　祖先神是古人信仰世界中要经常面对的。在古人的心中，祖先神
既可以护佑子孙，也会因为种种原因给子孙带来危害乃至灾难。因
此，子孙需要恭敬地对待祖先神，按时祭祀。家庭成员中有人患病时，
祖先神往往成为祈祷的对象。周公就是向周族祖先为武王祷请的，
《尚书·金縢》专门记录了此事：

　　　　公乃自以为功，为三坛同墠。为坛于南方，北面，周公立焉。
　　　植璧秉珪，乃告大王、王季、文王。史乃册，祝曰："惟尔元孙某，遘

厉虐疾。若尔三王，是有丕子之责于天，以旦代某之身。予仁若
考能，多材多艺，能事鬼神。乃元孙不若旦多材多艺，不能事鬼
神。乃命于帝庭，敷佑四方。用能定尔子孙于下地，四方之民，罔
不祗畏。呜呼！无坠天之降宝命，我先王亦永有依归。今我即命
于元龟，尔之许我，我其以璧与珪归，俟尔命。尔不许我，我乃屏
璧与珪。"

周公筑起三个土坛，代表周族的三位先人大王、王季、文王所在，
他则登上南面另筑的坛上，面对三个坛站立，亲自用璧、珪等玉器，为
武王祷祠，在祝祷之辞中认为自己既孝顺，又多才多艺，最适合去侍奉
祖先神（即死亡），希望三位祖先能够同意让他代替武王去死，这样，周
族在武王统领下会保持兴旺，祖先神也有依归。如果三位祖先同意这
个请求，就把璧、珪等玉器给你们；如果不同意，就不给你们。整个祭
祀向祖先神详细分析利害，既有祈祷请求，也有威胁，一句话，希望祖
先神不要让武王因病亡故。

汉代，皇帝身体不适以及病重之后，公卿等朝中大臣不仅需要不
间断地前往问候，还要向包括祖先神在内的众多神灵祷请。《续汉
书·礼仪下》"大丧"条记载：

不豫……公卿朝臣问起居无间。太尉告请南郊，司徒、司空
告请宗庙，告五岳、四渎、群祀，并祷求福。疾病，公卿复如礼。

司徒、司空告请宗庙，即向祖先神祷告，请求护佑。
另一个事例，《汉书·韦玄成传》说，西汉后期，郡国所立宗庙太

多,宗庙需要按时祭祀,浪费了大量的人力物力。汉元帝时,取消了一部分宗庙。碰巧,身体柔弱多病的汉元帝卧床不起,还梦见祖宗谴责他罢郡国庙,元帝的少弟楚孝王也做了同样的梦。元帝想再恢复郡国庙,但遭到丞相匡衡的坚决反对。元帝的病迟迟不见好转,这让匡衡感到很不安,"祷高祖、孝文、孝武庙",解释为何罢除郡国宗庙,请求用自己生命换回元帝的健康长寿:"咎尽在臣衡,当受其殃,大被其疾,坠在沟渎之中。皇帝至孝肃慎,宜蒙佑福。唯高皇帝、孝文皇帝、孝武皇帝省察,右飨皇帝之孝,开赐皇帝眉寿亡疆,令所疾日瘳,平复反常,永保宗庙,天下幸甚!"这件事例里面,丞相匡衡祷请的对象是汉高祖、文帝和武帝,也是祖先神。

二、天地之神

前文曾论及,东汉末年,张修在汉中宣传五斗米道,其为人治病的法术就是向天神、地神、水神祷告。将为病人请罪祷告的文书书写三份,放到山上的是向天神请祷,埋入地下的是向地祇请祷,沉入水中的是向水神请祷。虽然这并无益于疾病治疗,但百姓在无处寻求科学治疗的情况下,也只能相信并求助所谓天地之神的力量。

三、山川之神

帝王拥有天下,五岳四渎是国家祭祀的对象,他们患病时,通常安排百官为其向五岳四渎祷请。秦始皇三十七年(前 210)冬,秦始皇在最后一次出巡返回途中患病,为了祷神去疾,"使蒙毅还祷山川"。蒙毅深受秦始皇的尊宠和信任,根据《史记·蒙恬列传》,他"出则参乘,入则御前","常为参谋,名为忠信"。秦始皇安排蒙毅祭祀山川,为其祷疾,一是出于信任，二是示诚于山川诸神。蒙毅此次祷请的山川究竟是哪些，史书没有留下记载，"还"字不知是指返回此次出巡时到过的会稽，还是指返回关中向华山之神和河水、泾水之神祷请。位于关中的华山是秦人崇拜的重要神山，是秦国君主祷疾的主要神山。河水和泾水则是秦人崇拜的重要河神。

前引《续汉书·礼仪志下》"大丧"条提到汉代皇帝身体不适或病重时，三公需要"告五岳、四渎、群祀，并祷求福"。

人类对山川的崇拜由来已久，各地有各地所崇拜的山川。普通人患病，需要向山川之神祷请时，通常选择向本地所崇拜的山川之神祭拜祷请。《后汉书·袁术传》李贤注引《吴历》说，孙坚率兵讨伐董卓，到了南阳，南阳太守张咨不提供军粮，又不肯与孙坚相见，显然不支持孙坚的行动。孙坚担心自己进兵时，遭到张咨在后面的攻击，"乃诈得急疾，举军震惶，迎呼巫医，祷祀山川"，以此诱杀了张咨。孙坚诈病之后，为了让人相信其真的病重、病危，请来巫医，还让人祷祀山川。可见，除了皇帝之外，其他人为患病者祷祀时，也将山川之神作为重要的祷祀对象。出土文献中有几条属于此类的重要材料。

（一）泰山神

泰山居五岳之首。现在见到的最早的祷病泰山的记载，见于周家台秦墓简牍。1993 年湖北省荆州市沙市区关沮乡清河村周家台 30 号秦墓出土竹简 381 枚、木牍 1 枚。简牍内容以《日书》和病方为主，病方部分多含有古代祝由术成分，其内容与马王堆帛书《五十二病方》的许多病方类似，但内容不同。其中有一条是关于治疗心痛疾病的：

病心者，禹步三，曰："皋！敢告泰山，泰山高也，人居之，□□

之孟也。人席之，不智（知）岁实。赤隗独指，擂某叚（瘕）心疾。"
即两手擂病者腹；"而心疾不智（知）而咸戴"，即令病心者南首卧，
而左足践之二七。①

据王贵元考释，简文中的"岁实"之"岁"（歲）字乃"几（幾）"字误
释。"几实"，即隐微的实情。擂，"揎"字误释。《说文·手部》："揎，举
手下手也。"徐灏注："举手下手者，言举其手俯而下之耳。"②这个病方
告诉大家，治疗病心者，先走禹步三次，然后口诵咒语，向泰山祷请。
先称颂泰山乃最高最大的山，然后请泰山把心痛之疾拿走。周家台秦
墓的年代在秦朝末年，则这批简牍的年代不会晚于这个时间。这大概
是目前所见最早的向泰山祷疾的材料。

汉代，这个信仰在民间仍然延续。《后汉书·方术列传》记载，许
曼小时候曾经得了重病，病了三年也没有治好，"乃谒太山请命"。许
曼是汝南郡平舆县人，泰山非当地之神山，其家人之所以远赴泰山祷
请，不仅仅是出于山岳崇拜的信仰，还因为汉代人相信泰山主管人的
生死，向泰山请命，可以延长寿命。

（二）华山神

华山既是五岳中的西岳，也是周秦汉唐以来，一直备受重视的神
山之一，历代祭祀不绝，各种文献记载不少，但在早期文献中尚未见到
华山与祷疾信仰活动有关的资料。二十世纪九十年代，两件秦骃祷病
玉版的发现，引起了学界广泛关注。玉版出土于陕西华山脚下的乡

---

① 湖北省荆州市周梁玉桥遗址博物馆编：《关沮秦汉墓简牍》，第 131 页。
② 王贵元：《周家台秦墓简牍释读补正》，《考古》2009 年第 2 期。

村,为私人藏品。两件同文,双面镌刻或朱书文字,是前所未见的珍品(图一)。李零先生最早撰文公布了该玉版的铭文摹本和释文,[1]李学勤、[2]周凤五、[3]连劭名、[4]曾宪通、[5]李家浩、[6]王辉、[7]刘昭瑞[8]等亦都作了研究,现谨录李学勤释文于此:

> 又(有)秦曾孙小子骃曰:孟冬十月,氒(厥)气癎(戕)周(凋),余身曹(遭)病,为我感忧。患患(呻呻)反宸(侧),无间无瘳。众人弗智(知),余亦弗智(知),而靡又(有)鼎(定)休。吾穷而无奈之可(何),永(咏)麟(叹)忧螯(愁)。
>
> 周世既旻(没),典法薛(散)亡。惴惴小子,欲事天地,四亟(极)三光,山川神示(祇),五祀先祖,而不得氒(厥)方。羲(牺)狠既美,玉帛既精,余毓子氒(厥)惑,西东若焘。
>
> 东方又(有)土姓,为刑法民,其名曰陉(经),洁可以为法,口可以为正(政)。吾敢告之,余无辠(罪)也,使明神智(知)吾情。若明神不□其行,而无辠(罪)□友(宥),□□蚤蚤,柔(烝)民之事

---

① 李零:《秦骃祷病玉版的研究》,《国学研究》第六卷,北京大学出版社,1999 年,后收入李零:《中国方术续考》,东方出版社,2000 年,第 451—474 页。

② 李学勤:《秦玉牍索隐》,《故宫博物院院刊》2000 年第 2 期。

③ 周凤五:《秦惠文王祷祠华山玉版新探》,《"中央研究院"历史语言研究所集刊》第72 本第 1 分册,2000 年。

④ 连劭名:《秦惠文王祷祠华山玉简文研究》,《中国历史博物馆馆刊》2000 年第 1 期;连劭名:《秦惠文王祷祠华山玉简文研究补正》,《中国历史博物馆馆刊》2000 年第 2 期。

⑤ 曾宪通、杨泽生、肖毅:《秦骃玉版文字初探》,《考古与文物》2001 年第 1 期。

⑥ 李家浩:《秦骃玉版铭文研究》,《北京大学中国古文献研究中心集刊》第二辑,北京燕山出版社,2001 年。

⑦ 王辉:《秦曾孙骃告华大山明神文考释》,《考古学报》2001 年第 2 期。

⑧ 刘昭瑞:《秦祷病玉简、望祭与道教授龙仪》,《四川文物》2005 年第 2 期。

明神,孰敢不精?

　　小子骊敢以芥(玠)圭、吉璧吉丑(纽),以告于崋(华)大山。大山又(有)赐□,已吾复(腹)心以下至于足髀之病,能自复如故,请□祠用牛羲(牺)贰,其齿七,□□□及羊豢,路车四马,三人壹家,壹璧先之;□□用贰羲(牺)羊豢,壹璧先之;而复崋(华)大山之阴阳,以□□各,□各□□,其□□里,枼(世)万子孙,以此为尚(常)。句(苟)令小子骊之病日复故,告大令、大将军,人壹□□,王室相如。

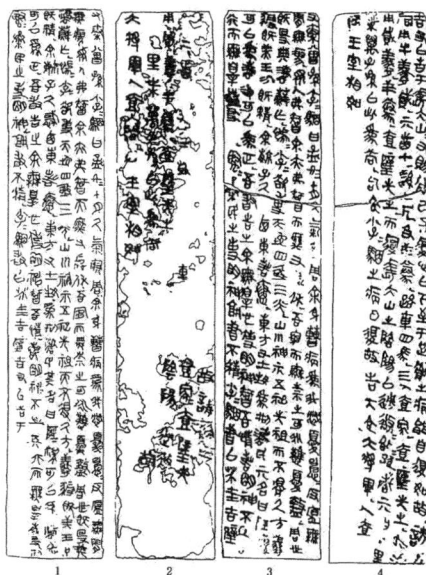

图一　秦骃祷病玉版铭文摹本①

1.甲版正　2.甲版背　3.乙版正　4.乙版背

---

①　李零:《秦骃祷病玉版的研究》,《国学研究》1999 年第 6 卷。

学界对该玉版研究讨论已经很多，多数研究者认为玉版的主人应是秦惠文王，文献中的秦惠文王名驷，駰字可能是驷的讹误。玉版文字的意思也基本明白，即秦国君主駰为病痛所困而祷告于华山之神，并遍祀天神地祇群神，祈求疾病，并埋此简于"华大山之阴阳"。可以说，对该玉版基本上已没有太多需要讨论的问题。这里之所以仍举例此条材料，主要因为它是古人向山川祷疾这一信仰活动的实物例证。铭文内容很完整，可以让我们明白祷请山川时的祝祷之辞包括哪些内容。

从目前释读出来的铭文看，祝祷者所要表达的意思与东汉末年太平道的张角、五斗米道的张修所奉行的为民众祷疾的方法很相似。首先向神灵交代清楚自己的疾病症状。秦駰的病始自孟冬十月，自腹心以下至于足臗，疼痛不已，一直没有好转，众人皆不知晓病因，駰自己也不知道，皆愁苦不堪。无可奈何之下，只好求助于华山神。

其次，向神灵思过、谢罪。古人认为，人得疾病乃至死亡，有的是恶鬼造成，有的是祖先神不满或有所要求，有的是自己得罪了某种神灵。对第一种情况，就是想办法驱除或杀死恶鬼；第二种和第三种情况，则需要向祖先神或其他自然神谢罪，忏悔自己以往的过错。秦駰是诸侯王，通常要向所统治地域的名山大川（望）悔过、祷告。李学勤先生分析认为，秦駰在祝祷之辞中对自己获罪于神的两件事情作了忏悔和解释，一是祭祀有不妥之处，一是可能与商鞅之死有关，这个分析合乎道理。这和周公为病重的武王向周族先王祷请也很类似。只不过駰在提到这两件事情时，显然又在不断地推卸责任，反复强调"余无罪也，使明神智（知）吾情"。再到东汉末年，张角的"持九节杖，为符祝，教病人叩头思过"，张修的"加施净室，使病人处其中思过"，张鲁的

"有病但令首过而已",都强调思过、首过,与此仍然很类似。现在看来,这不是早期道教徒的创造,而是与先秦时期的祷疾思过信仰一脉相承,早期道教是将其吸收到自己的祷请疗疾的仪式中。

再次,骃向华山神许诺,如果华山神原谅了骃,让骃的病痛彻底好转,就会用若干牺牲、车马等酬报。这好像是与神的一种交易,华山神若没有满足骃的请求,这些祭品一定是没有的。古人对待神灵的态度确实很实际。即便是对祖先神,也不例外。周公祷请周族三位先王时也是这种态度:"尔之许我,我其以璧与珪,归俟尔命。尔不许我,我乃屏璧与珪。"

最后,秦骃玉版是一式两份,亦即当时制作了两方书写祝祷之辞的玉版。铭文有"复崋(华)大山之阴阳"之语,指埋于华山的南面和北面。复读为覆,即埋藏。① 从前后文应该是指将祭品埋藏于华山的南北。但这两方玉版是怎样埋藏的? 是埋藏在一起,还是分别在两处埋藏? 因此物出土时缺乏科学的考古发掘,无从查考。从现在公开的信息中,也看不到这方面的报道。但联系汉末张修五斗米道的请祷之法:"书病人姓字,说服罪之意。作三通,其一上之天,著山上,其一埋之地,其一沈之水,谓之'三官手书'。"三通请祷之辞需要放置在不同的位置。由此推断,两方文字、形制相同的秦骃玉版应该是埋藏于不同位置,虽然位置不同,但都是给华山神的,因为请祷对象主要是华山神。这与张修的三通请祷辞分别送达天、地之神和水神是不同的。

华山神在汉代依然是人们崇拜的重要神灵,有华山碑为证。至于汉代祷疾华山的实物例证,希望将来也会有所发现。

---

① 曾宪通、杨泽生、肖毅:《秦骃玉版文字初探》,《考古与文物》2001年第1期。

（三）武夷君

武夷君原本应是越人崇拜的武夷山神。据《史记·封禅书》汉武帝时把一些地方郡国尤其是新纳入汉朝行政管辖的民族地区所崇祀的神灵列入国家祀典，其中就有武夷君，祭祀是用"干鱼"作为祭品。司马贞《索隐》："顾氏案：'《地理志》云建安有武夷山，溪有仙人葬处，即《汉书》所谓武夷君。是时既用越巫勇之，疑即此神。'今案：其祀用干鱼，不飨牲牢，或如顾说也。"顾氏的说法是正确的。《太平御览》卷四十七引萧子开《建安记》曰："武夷山，高五百仞，岩石悉红紫二色，望之若朝霞，有石壁峭拔数百仞于烟岚之中。其石间有木碓、砻、簸箕、筹、箸什器等物，靡不有之。顾野王谓之地仙之宅。半岩有悬棺数千。传云昔有神人武夷君居此，故因名之。"又引《郡国志》云："汉武好祀天下岳渎，此山预祭，故曰汉祀山。"汉武帝求仙心切，武夷山既然是传言的仙人之山，是神人武夷君居住之所，自然深受其重视。武夷君的崇拜在越人那里应该有很久远的历史，《九店楚简》有一条很重要的简文"告武夷"，说明战国时期，武夷君早已成为楚地的著名山神，是人们祷请的对象：

[皋！]敢告□繪之子武夷：尔居复山之旼（基），不周之野，帝谓尔无事，命尔司兵死者。今日某将欲食，某敢以其妻□妻女（汝），[某之竪]肉、芳粮以謹（量）牍（赎）某于武夷之所：君向（飨）受某之竪肉、芳粮，凶（使）某来归食故。①

———————————
① 湖北省文物考古研究所、北京大学中文系编：《九店楚简》，中华书局，1999 年，第50 页。武汉大学简帛研究中心、湖北省文物考古研究所编：《楚地出土战国简册合集（五）九店楚墓竹书》，文物出版社，2021 年，第 44 页。

学术界通称这篇祝文为"告武夷"。作为一篇向主管兵死者之神武夷祷告之文,大家已有共识,但对其具体内容和性质,学者间的意见并不一致。笔者倾向于李家浩先生的意见,这应该是巫祝为受兵死之鬼作祟而害病者招魂的祷辞,巫祝向掌管兵死鬼的神灵武夷祝告,希望武夷能让病人之魂归来,饮食如故。[①] 古代人普遍认为,兵死鬼能致人疾病乃至死亡。祝文中提到的兵死鬼很可能已经作祟某人,使之患病,患者长久不愈,在人们看来,患者的魂魄是被兵死鬼抓走了。为了使其魂魄回来,就向主管兵死鬼的武夷神祷告,希望武夷神命令兵死鬼放开这个人的魂魄,使之归来。显然,武夷山神与汉代的泰山、乌桓人的赤山具有同样的属性,都是人死之后,魂神归属之处。出土镇墓文还表明,武夷山神信仰在汉末时已经超出了地域限制,成为北方部分地区所崇拜的神灵。民国年间出土的一件汉熹平元年(172)朱书陶瓶就出现了"武夷王":

> 熹平元年十二月四日甲申,为陈初敬等立冢墓之□,为生人除殃,为死人解适。告西冢公伯、地下二千石、仓林君、武夷王,生人上就阳,死人下归阴,生人上就高台,死人□自臧,生人南,死人北,生死各自异路。急急如律令。善者陈氏吉昌,恶者五□自受其殃。急

据邹安跋,此陶瓶乃扬州张丹甫得自陕西凤翔府城的市上,字为

① 李家浩:《九店楚简"告武夷"研究》,收入《著名中年语言学家自选集·李家浩卷》,安徽教育出版社,2002年,第318—338页。

朱书。[①] 该陶瓶上的文字,与其他镇墓瓶上的文字内容大致类似,都是说生死异路,命令死者的神魂赶紧到地下的世界,不要回到生人的世界来干扰。值得注意,该镇墓文中提到的一系列管理死人神魂的地下官吏和神灵里面出现了武夷王。武夷王应该与九店楚简里面的"武夷"、《史记·封禅书》里的"武夷君"是同一个神灵,这位来自南方"荒蛮"之地的神灵,在经过汉武帝及其后的官方推动,逐渐被关中地区的民众接受,融入当地的民间信仰体系之内,成为众多管辖死者魂魄的神灵之一。

作为著名的山神,通常具备请雨、祷疾、求仙等很多宗教功能。汉代的武夷君(武夷王)应该与泰山类似,既管理死者,也是仙人汇聚之地,还具备为请雨的民众普降甘霖的神性,同时应该是武夷山当地民众祷疾的对象。

（四）泾水神

《史记·秦始皇本纪》说秦二世梦见一只白虎扑杀他乘坐车驾的左骖马,占卜的结果是泾水作祟。为了解祟,秦二世就在望夷宫斋戒,准备沉四匹白马于泾水,祭祀泾水神。

四、其他俗神

民间信仰的特点是所崇拜的神灵多种多样,很多民间俗神崇拜的形成,往往具有一定的偶然因素。比如,由于某种原因,让民众有可能相信某个人去世后具有某种神秘力量;有时见到不易解释的某个现象,也往往赋予神秘主义的成分,树立为崇拜对象。下面的几个汉代

---

① 邹安主编:《艺术丛编》第五期,上海仓圣明智大学刊行,民国五年(1916)十一月。

的事例很能说明这一点，这些事例中被崇祀的神，都被赋予了治疗疾病的功能，是当地民众祷请的重要神祠。

　　首先看《后汉书·邓训传》，章和二年（88），因为原护羌校尉张纡诱诛烧当种羌迷吾等，引起诸羌大怒，相互联合起来，谋划报复，朝廷忧之。公卿举荐邓训代张纡为校尉。邓训以恩信抚循诸羌胡，"羌胡俗耻病死，每病临困，辄以刃自刺。训闻有困疾者，辄拘持缚束，不与兵刃，使医药疗之，愈者非一，小大莫不感悦。于是赏赂诸羌种，使相招诱"，深得羌胡拥戴。"（永元）四年（92）冬，病卒官，时年五十三。吏人羌胡爱惜，旦夕临者日数千人。戎俗父母死，耻悲泣，皆骑马歌呼。至闻训卒，莫不吼号，或以刀自割，又刺杀其犬马牛羊，曰'邓使君已死，我曹亦俱死耳！'前乌桓吏士皆奔走道路，至空城郭。吏执不听，以状白校尉徐傿。傿叹息曰：'此义也。'乃释之。遂家家为训立祠，每有疾病，辄此请祷求福。"无论是在中原地区，还是在偏远的多民族聚居地区，真正懂得爱护百姓的好官难得，很多官员或欺压民众，搜刮无度，或昏庸无能，不能为百姓兴利，像邓训这样的官员，民众自然拥戴感念，死后，常常为其立祠，岁时祭祀。羌胡人不仅每一家都设祠祭祀邓训，还把邓训推崇为他们生病之时请祷求福的神灵，这样做的原因可能与邓训生前对患病的羌胡人用医药治疗有莫大的关系。羌胡地区之所以"俗耻病死"，应该缘于那里的医药知识匮乏，医疗技术落后。邓训运用中原地区的医疗常识治愈羌胡的常见疾病，被羌胡人视为神奇，以至于死后，其神灵亦被羌胡崇拜祷请，人们认为他还能继续给他们治愈疾病。

　　普通民众崇祀神怪的心理是最功利的，许多新崇祀对象的确立，大多是因为一个偶然的巧合给人带来疾病的痊愈或减轻，一人如此，传播四邻,遂成蜂拥。《风俗通义》卷九《怪神篇》记录了三个乡里民众以怪为神的故事,都具有这个特点。第一个是把普通鲍鱼崇拜为"鲍君神"的故事,说汝南郡鲷阳县有人在田中捕获一只麋鹿,没有立即带回家,临时用绳索拴在旁边的大泽中。有经商的人(大概是贩卖海产品)乘车经过这里,见到该麋鹿身上系有绳索,顺手牵走了,又感到于心不忍,在原地放置了一只鲍鱼。不久,麋鹿的主人回来取麋鹿,发现原来的位置上不见了麋鹿,取而代之的是一只鲍鱼。大泽中没有人徒步行走的道路,一般不会有人来,此人对麋鹿无端变鲍鱼感到很奇怪,以为此鲍鱼非比寻常,"大以为神,转相告语,治病求福,多有效验,因为起祀舍,众巫数十,帷帐钟鼓,方数百里皆来祷祀,号鲍君神"。数年之后,鲍鱼的主人再次经过这里,询问了解到当地崇拜祭祀鲍君神的原因,明白了状况,便告诉众人说这是他的鲍鱼,并非麋鹿变化来的,没有什么神秘。鲍鱼被取走了,祷祀的民众也散去。

第二个是关于"李君神",讲的是汝南郡南顿县有个叫张助的人,在田中播种谷子时捡到一枚李子的核,看到空心的桑树干中有些土,就顺手把李子的核种在里面,用灌溉谷子剩下的水浇灌了一下,李子核在空心的桑树干里面发了芽,长了起来。后来的人不明真相,看到桑树里面竟然生长出了李子树,认为很神奇,一传十,十传百,都以为李子树是神树。有个患目痛的人坐在此树荫下歇息,说:"李子树神,如果让我目痛的病好了,就以一头猪相谢。"目痛本来是小疾病,不久就自行痊愈。病者及众人则以为是这棵李子树神治愈了自己的眼病,转相传言,李子树的神力在众人口中越来越不可思议,不仅能使目痛病愈,还能使盲者得视,远近为之轰动,纷纷来到树下祷请,每天来此的车骑常常以千百数,供祭的酒肉堆满树下。一年多后,出远门的张助回来，看到这一场景，十分吃惊，向众人揭破了李子树的所谓神秘，不过是随手种下的而已，随后就砍掉这棵树，再也没有人前来祷请治病了。

第三个是关于"石贤士神"。汝南郡汝阳县彭氏墓的路头有一石人。有位老婆婆到市上买数片粉饼，回来的路上，天气暑热，走路累了，坐在石人下歇息一会儿，打了个瞌睡，离开时落下一片饼。后来，路过的人看见石人下有一片饼，捡起来，对询问的人开玩笑说是石人能治病，饼是治愈的人前来答谢石人的。听的人信以为真，当地人纷纷传言，说头痛者抚摩石人头，腹痛者抚摩石人腹部，然后再抚摩自己的头或腹部，疼痛病就会治愈。对身体的其他部位的疼痛也依照此办法做。在抚摩石人后，偶尔有人碰巧疼痛病痊愈，就声称石人灵验，尊号曰贤士，每天前来祷祀石人，因此祈求治病的人络绎不绝，"辎辇毂击帷帐绛天，丝竹之音，闻数十里"，以至于县尉和亭部常常需要派人前去维持秩序。这一荒唐现象持续了数年，大概越来越多的人渐渐发现对自己疾病的治疗并无实际效验，祷祀石人的事最终停歇了。

这三个故事都发生在东汉汝南郡，情节有些类似，都是有人偶然做过一件事，在野外留下某种东西，后来者发现之后，由于不明真相，感到奇怪，以为遇到了神异之物，众口相传，敷衍成能够给人治病的神灵，远近之人无不信奉，纷纷前来祷请疗疾。这三个故事影响很大，《抱朴子·道意》批评世间所谓道术的虚假、欺人，列举所谓神怪的虚妄，其中也提到了这三个故事。另外，《抱朴子》还讲了一个故事：

> 洛西有古大墓，穿坏多水，墓中多石灰，石灰汁主治疮。夏月，行人有病疮者烦热，见此墓中水清好，因自洗浴，疮偶便愈。

于是诸病者闻之，悉往自洗，转有饮之以治腹内疾者。近墓居人，便于墓所立庙舍而卖此水。而往买者又常祭庙中，酒肉不绝。而来买者转多，此水尽，于是卖水者常夜窃他水以益之。其远道人不能往者，皆因行便或持器遗信买之。于是卖水者大富。人或言无神，官申禁止，遂填塞之，乃绝。

这个故事紧接在《风俗通义》的三个故事之后，估计也是东汉之事，至少距离东汉不远。故事中的普通民众不知道石灰水具有消毒杀菌的功效，偶然使用墓中浸泡了石灰的清水清洗烂疮而痊愈，不是去设法寻求其真实的原因，而是简单地赋予该墓葬以神秘主义的意义，以为是该墓的水神奇。后来者不仅用此水清洗病疮，甚至饮用之，以治腹内之疾，更甚而在其地建造庙舍祭祀，供奉酒肉不绝。

以上四个故事说明，在医疗条件和医疗水平有限的情况下，出于去除病痛，治疗疾病的本能需求，民众很容易在不知不觉中神化某些暂时解释不清楚的自然或人为的现象，形成新的民间信仰。此类崇拜、祷请之兴起，最能显见民间鬼神信仰的盲目性和社会大众的盲从心理，也反映了民间兴起新的崇拜对象的功利目的。

第二节　香港中文大学文物馆藏
东汉建初四年"序宁"简

"序宁"简是香港中文大学文物馆历年在香港文物市场上购得的数批次战国秦汉简牍中的一种，共十四枚。根据简牍形制、书写风格，可分为两类，一类抄写于较长的木简上，字体较大，每简一行；另一类书写在相对短小一些的木方上，字体较小，除了一枚木方上书写三行，其余木方皆书写两行。这批简牍的纪年明确，是东汉章帝建初四年（79）七月、八月间的文书。

"序宁"简最初是饶宗颐先生公布的。① 很快，连劭名在此基础上发表新的研究成果。② 待全部释文和图版在陈松长编著《香港中文大学文物馆藏简牍》正式公布后，学界关注者渐多，就文字的释读以及这批简所涉及的问题展开了讨论。讨论的热点集中在几个方面：

一是"序宁"一词的含义。最初，饶宗颐先生认为"序"同"叙"，"宁"即"安"，并引《周礼·视祲》"掌安宅叙降"郑玄注："人见妖祥则不安，主安其居处也，次序其凶祸所下，谓禳移之。"认为"序宁是解除疾病的巫术"。③ 陈松长则认为"序宁"即史书和居延汉简中的"予宁"，居家为父母服丧。④ 李均明对此提出怀疑，认为"据简文综合考察，'序宁'当为人名，系一老妇人。东汉建初四年（79）七月初一甲寅，序宁病重，同月十二日乙丑去世"。⑤ 刘昭瑞也指出："仔细绎读简文，笔者以

---

① 饶宗颐：《中文大学文物馆藏建初四年"序宁病简"与"包山简"——论战国、秦、汉解疾祷祠之诸神与古史人物》，该文最早刊于《华夏文明与传世藏书——中国国际汉学研讨会论文集》（中国社会科学出版社，1996 年），后收入《饶宗颐二十世纪学术文集》卷 3《简帛学》（新文丰出版股份有限公司，2003 年），此处据后者。
② 连劭名：《东汉建初四年巫祷券书与古代的册祝》，《传统文化与现代化》1996 年第 6 期。
③ 饶宗颐：《中文大学文物馆藏建初四年"序宁病简"与"包山简"——论战国、秦、汉解疾祷祠之诸神与古史人物》，《饶宗颐二十世纪学术文集》卷 3《简帛学》，第 174—175、177 页。
④ 陈松长编著：《香港中文大学文物馆藏简牍》，香港中文大学文物馆，2001 年，第 97—98 页。
⑤ 李均明：《读〈香港中文大学文物馆藏简牍〉偶识》，《古文字研究》第 24 辑，中华书局，2002 年，第 453 页。

为'序宁'二字并无其他特定深义,只不过是'皇母'的名字而已。解
'序宁'一语为'皇母'之名,对于通读简文来说可以说是文从字顺。"①
美国学者夏德安亦认为"序宁"乃人名。② 李均明、刘昭瑞、夏德安的意
见无疑很正确,从"序宁"简的行文比较容易看出,"序宁"确实应是简
文中"皇母"的名字。目前,研究者在提到这部分资料时,基本都认同
"序宁"为人名。③

　　二是对"头堅目颠,两手以抱""头堅目窅,两手以卷"的理解。最
初认为是描述病人症状,④或描述遥祷神灵的一种具体仪式或表情。⑤
后来,有学者指出应是对序宁死亡状态的描述。⑥ 刘昭瑞则进一步认
为"极可能是讳指序宁的死亡","'序宁'简中'头堅目颠,两手以抱'等

① 刘昭瑞:《东汉建初四年"序宁"简若干研究》,中山大学古文字研究所编《康乐
集——曾宪通教授七十寿庆论文集》,中山大学出版社,2006年;又收入刘昭瑞:《考古
发现与早期道教研究》,文物出版社,2007年。此据后者,第402页。
② Donald Harper(夏德安), *Contracts with the spirit world in Han common reli-
gion—the Xuning prayer and sacrifice documents of A. D. 79*, *Cahiers d'Extrême-
Asie* 14(2004),pp. 235—275。转引自刘乐贤《东汉"序宁"简补释》,《华学》第8辑,紫
禁城出版社,2006年,第190—195页;后收入刘乐贤:《战国秦汉简帛丛考》,文物出版
社,2010年,第170—176页。此据后者。笔者未找到夏德安原文,本文提到的夏德安
之说,皆据刘乐贤文转引。
③ 刘乐贤:《东汉"序宁"简补释》,第170页。
④ 饶宗颐:《中文大学文物馆藏建初四年"序宁病简"与"包山简"——论战国、秦、汉
解疾祷祠之诸神与古史人物》,第178页;连劭名:《东汉建初四年巫祷券书与古代的
册祝》;刘乐贤:《读〈香港中文大学文物馆藏简牍〉》,《江汉考古》2001年第4期。
⑤ 陈松长编著:《香港中文大学文物馆藏简牍》,第100页。
⑥ 夏德安说,见刘乐贤《东汉"序宁"简补释》,第174页。至于这两句话对序宁死亡
状态描述的具体语义,参刘乐贤:《东汉"序宁"简补释》,第174页;范常喜:《香港中文
大学藏东汉"序宁祷神简"补释》,《文化遗产》2014年第6期。

语的背后极可能指的是序宁的病死"。① 这一理解与简文的整体意思
完全吻合，亦已经为学界所接受。

三是从整理者开始，学界通称这批简为"序宁"简，虽然最初对"序
宁"一词的理解不准确，但在现在看来，这个命名倒也没有问题，可以
继续使用。关键是如何界定这批简的内容。起初，饶宗颐先生称之为
"序宁病简"，认为"所记为祷祭于神明，解除疾病"；②连劭名称曰"巫祷
券书"，认为"是田姓家庭因母亲有病而延请巫师祝祷时使用的文辞"，
是用来解除疾病；③杨华称"序宁祷券"，④与连劭名的意见基本接近。
但从内容上看，这批简虽然记录了田氏皇男、皇妇等在皇母病重时为
其祷请众神，希望以此驱除疾病，但其主题并不是祷疾，而应是丧葬习
俗中为死亡者解除罪谪，属于解除文，祷疾只是附带提及的事项。

之前，大家在研讨这批简文时，除了注意到简牍形制上的差异外，
没有人对简牍形制与内容之间的关系予以关注。夏德安开始注意到
了简文中分别有"券书""券刺"之类的语词，十四枚简可以按照简文作
"券书"抑或"券刺"而划分为两组，两组当中的大部分简文的程序类
似，可以发现彼此之间的文字是对应的，凡是相互对应的简文，其所祷
请的神也相同。如下表所示：⑤

① 刘昭瑞：《东汉建初四年"序宁"简若干研究》，收入刘昭瑞：《考古发现与早期道教研究》，文物出版社，2007 年，第 404 页。
② 饶宗颐：《中文大学文物馆藏建初四年"序宁病简"与"包山简"——论战国、秦、汉解疾祷祠之诸神与古史人物》，第 173 页。
③ 连劭名：《东汉建初四年巫祷券书与古代的册祝》。
④ 杨华：《序宁祷券集释》，收入杨华：《古礼新研》，商务印书馆，2012 年，第 484—508 页。
⑤ 见刘乐贤：《东汉"序宁"简补释》，第 170—173 页。

表一　"序宁"简形制与内容对照表

券书	券刺	所祷请之神
简 226	简 239	造(灶)君
简 228	简 227	张氏请子社
简 231		田社
简 238	简 237	大父母、丈人、田社、男殇、女殇、司命
简 236	简 235	官社
简 233	简 232	水上
简 230	简 234	獦君
简 229		郭贵人

夏德安的发现很重要,更重要的是提醒大家应该注意对这批简分组考察的可能性。

笔者在研读这批简牍时,受夏德安的启发,注意到对"序宁"简的深入认识确实应该从分组入手,而实际的分类或分组却不完全如夏德安所提出的"券书"和"券刺"两组。① 实际上,"序宁"简应该包含三组简。三组简之间的区分最主要的依据是简上所署的时间,个别没有时间的(如简 233、简 236、简 238)则可根据内容结构的特点分别归入这三组内。

---

① 杨华的《序宁祷券集释》(第 502 页)按照七月甲寅朔、七月十二日乙丑、七月廿日癸酉、八月十八日庚子的时间先后,将"序宁"简分四组,另有一组属于时间不详者。这与笔者的认识不同。杨先生将简 226、简 227 的前半部分单独划分作一组(七月甲寅朔),与后面几次祷请活动并列,认为构成一系列的祷请。这种观点目前比较通行。按,七月甲寅朔的祷请是在皇母病重时为之祷疾,七月十二日、七月二十日、八月十八日的祷请是在皇母病故之后为之解除罪谪,这是两种完全不一样的祷请行为,不宜放在一起讨论。况且,有关七月甲寅朔祷疾的文字属于七月十二日解除文的一部分,并非独立的简文。故在为这批简分组时,不宜将单列出七月甲寅一组。至于时间不详的三条简文,从其文例上看,应该属于七月十二日。

为便于讨论,现依照简文所署时间将这十四枚简的释文分作三组抄录于此,释文按照内容结构作了分段:

第一组,八枚简,七月十二日皇母序宁去世当天的解除文:

　　简226:建初四年七月甲寅朔,皇母序宁病,皇男、皇妇、皇子共为皇母序宁祷炊,休。

　　七月十二日乙丑,序[宁头堲目颠,两手以抱,下](以上正面)入黄泉,上入仓(苍)天。

　　皇男、皇妇为序宁所祷造君,皆序宁持去,天公所对。

　　生人不负责(债),死人毋适(谪)。卷(券)书[明白]。(以上背面)①

　　简228:[张氏请子社。皇母序宁病,皇男、皇妇]为皇母序宁祷社。②

　　七月十二日乙丑,序宁头堲目颠,两手以抱,下入黄泉,上入仓(苍)天。(以上正面)

　　[皇男、皇妇为序宁所祷社,皆序宁]持去,天公所对。

　　生人不负责(债),死人毋适(谪)。卷(券)书明白。

---

①　审视图版,该简正面末字"序",背面末字"书"仅存其半可知,该简下端有断损,今据其他各简文例,于简正面之末补"宁头堲目颠,两手以抱,下"十字,背面之末补"明白"二字。原释文于简背释文之首所补"下"字实应补于简正面释文末。与本组其他各简省略纪年不同,该简有详细的年月日,应是本组简的第一枚。
②　此社应即该简末句所说的"张氏请子社"。

张氏请子社。（以上背面）①

简 229：皇男、皇妇为序宁所祷郭贵人。

七月十二日乙丑序宁头墅目颠，两手以抱，下入黄泉，上入仓（苍）天。

皇男、皇妇所祷郭贵人，皆序宁［持］去，天公［所］（以上正面）对。

生人不负责（债），死人毋适（谪）。卷（券）书明白。（以上背面）②

简 230：（殇）［獝］君。③ 皇男、皇妇为序宁所祷（殇）［獝］君。

七月十二日乙丑序宁头墅目颠，两手以抱，下入黄泉，上入仓（苍）天。

皇男、皇［妇］为序宁所祷，皆予宁持去，（以上正面）天公所对。

生人不负责（债），死人不负适（谪）。卷（券）书明白。（以上

① 审视图版，该简背面首字"序"仅存末笔，知此简上端断损，今据其他各简文例，于简正面之首补"皇母序宁病，皇男、皇妇"九字。背面之首补"皇男、皇妇为序宁所祷社，皆序宁"十三字。另，本组简自第二枚开始，有的简在开头先书写了所祷神灵之名，如简 230"（殇）［獝］君"，简 231"田社"，若此简正面开头也书写所祷神灵之名，当再补"张氏请子社"五字，如此，正面开头缺十四字，背面开头缺十三字，正背两面所缺字数相近。
② 审视图版，本简上端完整，下端有断损，原正面释文于"去"上补"持"字，"天公"下补"所"字，是。该简无年月日，当是承本组首简而省略。
③ 殇，夏德安、刘乐贤皆以为应释为"獝"，即简 234 中的"獝君"。此说可从。见刘乐贤：《东汉"序宁"简补释》，第 173 页。

背面)①

简231：田社。皇男、皇妇为序宁所祷田社。

七月十二日乙丑，序宁头墨目颠，两手以抱，下入黄泉，[上入苍天]。

[皇男、皇妇为序宁所祷，皆予宁持去，天公]（以上正面）所对。

生人不负责（债），死人毋适（谪）。

卷（券）书明白。（以上背面）②

简233：[水上。皇男、皇妇]为序宁所祷水上，皆序宁持去，天公所对。

生人不负责（债），死人不负适（谪）。卷（券）书明白。③

---

① 该简首尾完整，无缺字。

② 该简记录的祷请神灵为田社。据图版，该简上端完整，无纪年，当承本组首简纪年而省略。简的下端残损。正面现存简文止于"下入黄泉"，背面简文始自"所对"，依该组简文例，正面应当尚有"上入苍天，皇男、皇妇为序宁所祷，皆予宁持去，天公"二十字，今补。

③ 该简与前面的各简不同，背面无文字，仅于正面书写，且上端残缺，下端完整，文字未书写满，则容字较前面各简必少。本组前面的数枚简正面字数在四十六至五十四字之间，可知本简字数当少于此。正面现存三十二字，因简首残损，整理者依文例补"皇男皇妇"四字，甚是。不过还可以补所祷神名"水上"。若依前面文例，另补"皇男、皇妇为序宁所祷水上。七月十二日乙丑，序宁头墨目颠，两手以抱，下入黄泉，上入苍天"三十六字，则本简正面难以容纳。下面两枚简也大致是这种情况，可见自本简始，祷请神灵的文字又作了简化，不仅承首简省去了纪年，而且省减了描写序宁病亡时状态和皇男皇妇为其所祷神灵等共计三十六字左右的内容。

简 236：［官社。］皇男、皇妇为序宁所祷官社，皆序宁持去，天［公所对。

生人不负责（债），死人毋适（谪）。券书明白。］①

简 238：大父母、丈人、田社、男殇、女殇、祷②祠（司）命君，皇男、皇妇为序宁所祷，皆序宁持去，天公所对。

生［人不］负责（债），死人毋适（谪）。卷（券）书明白。③

第二组，五枚简，七月二十日皇母序宁去世第九天的解除文：

简 227：建初四年七月甲寅（为）［朔］，④田氏皇男、皇妇、皇弟、君吴共为田氏皇母序宁祷外家西南请子［社］，休。

皇母序宁，以七月十二日乙丑，头堅目窅，两手以卷，下入黄泉，上入仓（苍）天。

---

① 该简首尾两端并有残缺，仅正面书写文字，现存三十三字，整理者依文例，于末尾补"公所对"等十六字。简首则未补字。查图版，上端亦有残损，依文例，可补"官社"二字，合计五十一字，与此类简单面的容字数量大致相符。可知此简亦承上省略了纪年，以及描写序宁病亡时状态和皇男皇妇为其所祷神灵等内容。

② 据刘昭瑞说，"祷"字或为衍文。见刘昭瑞：《东汉建初四年"序宁"简若干研究》，第 401 页，注［一］。

③ 据图版，此简只正面书写文字，背面无字。简的首尾似犹完好无损，唯中间有断残，整理者依文例，将中间所缺损文字补作"人不"。合计此简正面四十四字，与此类简单面的容字数量大致相符。以上三枚简的文字内容大致相近，都较简 228—简 231作了进一步地文字省减，即不仅承上省略了纪年，而且减省了描写序宁病亡时状态和皇男皇妇为其所祷神灵等内容。

④ 刘乐贤、李均明皆认为"为"乃"朔"字误释，说可从。见刘乐贤：《读〈香港中文大学文物馆藏简牍〉》、李均明：《读〈香港中文大学文物馆藏简牍〉偶识》。

今以盐汤下所言祷。死者不厚适（谪），生者毋责（债）。

券刺明白。

所祷，序宁皆自持去对天公。

简232：七月廿日癸酉，令巫夏脯酒为皇母序宁下祷，皇男、皇妇共为祷水上：

皇母序宁，今以头堅目睘，两手以卷。

脯酒下。生者毋责（债），死者毋适（谪）。券刺明白。

简234：七月廿日癸酉，令巫夏脯酒为皇母序宁下祷，皇男、皇妇共为祷獦君：

皇母序宁，今以头堅目睘，两手以卷。

脯酒下。生人不负责（债），死人不负适（谪）。

卷（券）刺明白。

简235：七月廿日癸酉，令巫夏脯酒为皇母序宁下祷，皇男、皇妇共为祷东北官保社：

皇母序宁，今以头堅目睘，两手以卷。

脯酒下，生人不负责（债），死人毋适（谪）。（以上正面）

券刺明白。（以上背面）

简237：七月廿日癸酉，令巫下脯酒为皇母序宁下祷，皇男、皇妇为祷大父母、丈人、田社、男殇、女殇、司命：

皇母序宁，今以头堅目睘，两手以卷。

脯酒下，生人不负责（债），死人无适（谪）。

券剌明白。

第三组，一枚简，八月十八日皇母序宁去世第九天的解除文：

简 239：八月十八日庚子，令赵明下脯酒为皇母序宁下（及）
[赵]君祷：①

皇母序宁，[今]以头壂目睧，两手以卷。

脯酒下，生人不负责（债），死人毋适（谪）。

券剌明白。

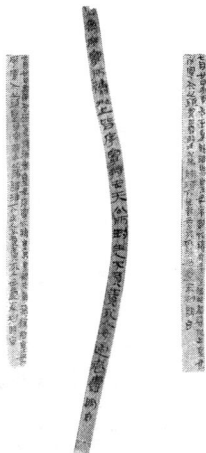

图二　"序宁"简（局部）

---

① "及君"的"及"字，李均明释作"赵"（见李均明：《读〈香港中文大学文物馆藏简牍〉
偶识》）。刘昭瑞虽沿用简牍正式公布时释文，但提出"下及君"三字疑有误（见刘昭
瑞：《东汉建初四年"序宁"简若干研究》，第 401 页，注[二]）。刘乐贤认为此字似可释
作"赵"，"赵君"大概即简 226 的"造君"亦即"灶君"（见刘乐贤：《东汉"序宁"简补释》，
第 173 页）。可从。"下赵君祷"即请赵君降临，向其祷请。

以上简文的个别释文，已经参照目前学者的意见作了修订；有的简文已经残缺，这里根据同组简的文例作了拟补，改正和拟补的文字均标以方括号。另外，为了方便比对，简正面与背面的文字未作区分，对同一简的释文则根据文义作了适当的分段。标点断句也根据实际情况有所调整。

很显然，这三组简分别是田氏之子、儿媳等人在建初四年七月十二日乙丑、七月二十日癸酉、八月十八日庚子三次祷请各方神灵，[①]为亡故的母亲序宁解除罪谪的文字记录，即简文中说的券书、券刺。其中第二组的简 227 在内容结构上与第一组很相似，笔者最初拟将该简归入第一组。据刘乐贤文，夏德安将该简归入第二组。夏德安这样划分有道理，除了他所考虑的"券书""券刺"的用语差别外，还有一点，该简上的文字为三行，在形制上与第二组的两行有更多共同点，长短差不多，而与第一组单行文字的长简完全不同。当然，该简在记事时间上与第二组好像不太一致，第二组其他四简都作七月二十日，而简 227则除了与第一组相同的两个月日，再无其他。但仔细分析该简，可以看到在七月十二日序宁去世一句文字之后，有"今以盐汤下"一句，考虑到该简形制及其与第二组其他各简都用"券刺"的特点，以及此句在"七月十二日"之后，则此"今"字当指七月二十日。

第三组，这里只有一枚简，因为该简用"券刺"而非"券书"，夏德安将其归入第二组。实际上此简与第二组的其他各简在时间上是不同的，它记录的是田氏之子、儿媳等的另一次为亡母序宁祷请神灵，解除

---

①　查陈垣的《二十史朔闰表》，建初四年七月甲寅朔，十二日为乙丑；八月癸未朔，十八日为庚子，与"序宁"简皆一致，知序宁简纪年皆与实际施行的历法符合。

罪谪,应该单为一组。

总之,这十四枚简反映的是田氏之子、儿媳等前后三次为亡母序宁祷请神灵,解除罪谪。这三次解除以及所祷请之神,可以列表如下:

表二　"序宁"简祷请神灵表

第一次 七月十二日,券书	第二次 七月二十日,券刺	第三次 八月十八日,券刺	所祷请之神
简 226	(缺)	简 239	造(灶)君
简 228	简 227	(缺)	张氏请子社
简 229	(缺)	(缺)	郭贵人
简 230	简 234	(缺)	獢君
简 231	(缺)	(缺)	田社
简 233	简 232	(缺)	水上
简 236	简 235	(缺)	官社
简 238	简 237	(缺)	大父母、丈人、田社、男殇、女殇、司命

首先,从第一组、第二组的简文看,似乎每组简都有一枚的纪年很完整,即不仅有月日,还有"建初四年"的字样,这似乎应该是所属该组简的头一枚简,即记录本次祷请各方神灵以为解除的头一枚简。如此,则现存第三组的简 239 当非该组简的第一枚。

其次,据目前保存的情况,第一组的简最多,共八枚。假设第一组简是完整无缺的,即第一次祷神解除的记录没有遗失,再考虑到这三次解除所祷请之神的对应关系,即第一次祷请之神,在第二次也基本都祷请了,第三次亦当如是,那么从上表看,第二次祷请解除的记录简应该缺少三枚,第三次缺少七枚。根据饶宗颐先生《〈香港中文大学文物馆藏简牍〉序》的介绍,该馆收藏的个别楚简与上海楚简能够拼合,说明该馆历次购藏的简牍可能大都不是完整地成批次购入，只是各次盗掘出土简牍中的一部分。具体到"序宁"简，大约也不止这十四枚，而是至少应该有二十四枚，其余十枚已不知下落，至为可惜。

目前，第一次的祷神解除记录简保留较多，都是单行文字的长简。这八枚简的文字多寡不一，但除了简238外，其他七枚简上的文字似乎都可以分作五段。

第一段大多作"建初四年七月甲寅朔，皇母序宁病，皇男、皇妇等共为皇母序宁祷某神灵"。

第二段大多作"七月十二日乙丑，序宁头望目颠，两手以抱，下入黄泉，上入仓（苍）天"，意思是皇母序宁在七月十二日这一天病故，其鬼魂可能下入黄泉，进入地下世界，也可能上入苍天而升仙。

第三段大多作"皇男、皇妇为序宁所祷某神，皆序宁持去，天公所对"。"皆序宁持去"，可能是指序宁的亲人在其病重时已经向各神灵祷请，这些祷请之辞在序宁下葬时，都交给序宁带走（即陪葬），并由天公验对过。^① 为何这里要强调这一点呢？前文提到过，古代为病人祷疾时需要代病人向神灵谢罪，或由病人自己思过，然后请神灵赦免病人的过错，让病人康复。序宁的亲人在向诸神祷疾时也应该包含这样的内容。序宁下葬时，把祷疾文书陪葬，就是让她带给天公，表示生前的罪过已经忏悔过了，不要再作追究，这为下一句作好了铺垫。天公在"序宁"简中出现频率很高，基本上每一次的解除文中都有。天公即天帝，与地公、人公分别是三界的最高统治者。^② 张角创建太平道时，

① 　陈松长编著：《香港中文大学文物馆藏简牍》，第99页。
② 　刘昭瑞：《东汉建初四年"序宁"简若干研究》，第406页。

与张宝、张梁兄弟三人即分别称作天公将军、地公将军、人公将军,神道设教,皆源自原始的民间信仰。

第四段,"生人不负责(债),死人毋适(谪)"。因为序宁生前的过错已经反思并向诸神谢罪,所以不要让亡者和生者为之负债受罚了。

第五段"卷(券)书明白",意思是有文书在此,说得很清楚,天公不要不认,也不要反悔。另外也可能是希望序宁不要在死后对活着的亲人有抱怨,因为亲人在其病重时都已经尽力了。

第二组简共五枚,是七月二十日为序宁作的第二次解除仪式,这已经是序宁病故的第九天。这组简的文字内容也大致相近,除了简227,其余四简皆可以分四段。

第一段是"七月廿日癸酉,令巫夏脯酒为皇母序宁下祷,皇男、皇妇共为祷某神"。"夏",即"下"。简237即作"下"。下脯酒,即摆好肉干和酒水。肉干和酒是请神、祭神时的祭品。此处摆放脯、酒,之所以用"下"字,因祭品摆放于地面铺着的席子上。据《周家台三〇号秦墓简牍》"祠先农"简,平民在腊日祭祀祈祷先农时,即在地上铺席子,将牛肉、美酒等祭品摆于其上。① 可为一证。下祷,即请神降临,向其祷请。

第二段,几乎都作"皇母序宁,今以头颐目肎,两手以卷。脯酒下,生人不负责(债),死人毋适(谪)"。也可自"脯酒下"开始,另为一段。这一段先说皇母序宁已经亡故了。"今以头颐目肎"之"以"通"已"。摆好肉干和美酒之后,请神降临,保证让序宁一家"生人不负责(债),死人毋适(谪)",即祈求神灵保佑,让生者生活平安,死者在另一个世界

————————
① 湖北省荆州市周梁玉桥遗址博物馆编:《关沮秦汉墓简牍》,第132页。

亦享受安宁。

第四段即最末一句"券刺明白"，意思是文书明白在此，请皇母相信毋疑。

第三组简仅一枚，是八月十八日皇男等为母亲序宁举行的第三次解除仪式，仪式内容与第二次大致相同。

从三组简的全部行文看，每次祷神时都有"生人不负责（债），死人毋适（谪）"这样的话，这两句话明显与地下出土的某些汉代镇墓文很相似。比如镇墓文中常有"立冢墓之□，为生人除殃，为死人解适（谪）"，[①]"谨以铅人金玉，为死者解适（谪），生人除过"[②]之类的语词。这说明，"序宁"简应当属于解除文，即为解除亡者罪谪而举行仪式时所使用的冥间文书。[③]

从"序宁"简记录的三次祷神解除文看，皇男、皇妇、皇子、皇弟等亲人在序宁病重时和病故之后，向很多神灵作了祷请，因为前后三次祷请的神灵应该是一致的，因此，虽然"序宁"简不属于祷疾简，但因为里面留下了序宁病亡之前亲人为其祷疾的记录，有助于了解汉代的祷疾信仰。这部分祷疾数据最大的价值，是告诉我们，汉代人在祷疾时，可以同时寻求多种神灵，田氏皇男、皇妇等在七月十二日序宁病重时，一日之内先后向造（灶）君、张氏请子社（外家西南请子社）、田社、大父母、丈人、田社、男殇、女殇、司命、官社、水上、獢君、郭贵人等十三个神

① 邹安主编：《艺术丛编》第 5 期，仓圣明智大学刊行，1916 年 11 月。
② 杨育彬、张长森、赵青云：《灵宝张湾汉墓》，《文物》1975 年第 11 期。
③ 关于汉代的解除，吴荣曾先生的《镇墓文所见到的东汉道巫关系》一文（收入氏著《先秦两汉史研究》，中华书局，1994 年）较早作过深入研究，黄景春的《早期买地券、镇墓文整理与研究》（博士学位论文，华东师范大学中文系，2004 年）搜集相关数据较为系统全面，均可参看。

灵祷请,其中大父母、丈人、田社、男殇、女殇、司命六位神灵可能是放在一起祷请,其余诸神皆单独祷请,这反映了汉代民间信仰的多神崇拜特点,民众所崇拜的神灵呈现出多样化。对这些神灵,已经有学者作过考证,不需赘言。此处仅按照类别将这十三位神灵略加归类,补充一点个人的认识。

(一)社。如官社、田社、张氏请子社。

社是农业社会最古老的信仰崇拜之一。社一般是人们祈求农业丰收的场所,但随着历史变迁,社神的功能也逐渐增加,早在战国时期,社就已经成为人们祷疾的重要对象。《韩非子·外储说右下》:"秦襄王病,百姓为之祷;病愈,杀牛塞祷。郎中阎遏、公孙衍出见之,曰:'非社腊之时也,奚自杀牛而祠社?'怪而问之。百姓曰:人主病,为之祷。今病愈,杀牛塞祷。"说明秦国百姓是向社神为秦襄王祷请的。换言之,社神是古人祷疾的对象。

田氏为母亲祷疾选择了三处社,一处明确为官社,即官府认可并管理的社。汉代有县社,是县级官府所设立。这里的官社大约应是田氏所在县道的社。

另两处则分别是田社和张氏请子社。张氏请子社,刘昭瑞先生认为是祈子的去处,[①]很有道理。据简 227,该社位于皇母的娘家所在乡里的西南,应当是当地民间百姓为祈求生子而立的私社。[②]

田社,应该是在田野之中封某棵树木为社主,立以为社。《太平御览》卷五三二引曹植《赞社文》曰:"余前封鄄城侯,转雍丘,皆遇荒

---

① 刘昭瑞:《东汉建初四年"序宁"简若干研究》,第 405 页。
② 陈松长编著:《香港中文大学文物馆藏简牍》,第 100 页,注[三]:"请子社当为西南方官社的特称。"与本文看法不同。

土……圣朝愍之，故封此县。田则一州之膏腴，桑则天下之甲第，故封此桑，以为田社。"曹植的封地在魏文帝、魏明帝之时多次迁封，其改封之地原先必皆有官社，曹植封桑立社当为官社之外所立之社，因其在田野之内，故曰田社。

野外立社并非少见，上古时期乃经常之事。《左传·昭公二十九年》"土正曰后土"。杜预注："土为群物主，故称后也，其祀句龙焉。在家则祀中霤，在野则为社。"孔颖达疏："言在野者，对家为文，虽在库门之内，尚无宫室，故称野。且卿大夫以下，社在野田。故《周礼·大司徒》云：'辨其邦国都鄙之数，制其畿疆而沟封之，设其社稷之壝而树之田主，各以其野之所宜木，遂以名其社与其野。'"

《太平御览》卷五三二又引与曹植同时代的应璩《与阴夏书》曰：

> 从田来，见南野之中有徒步之士。怪而问之，乃知郎君顷有微疴，告祠社神，将以祈福。闻之怅然以增叹息，灵社高树，能有灵应哉？

这则材料也清楚地表明，当时有的社就有立于田野之中，而"南野"之中的"徒步之士"，因为"郎君顷有微疴"，为了祷请社神为"郎君"疗疾，祈请赐福，而前往田社。郎君是对官吏、富家子弟的通称，此处应指徒步之士的儿子。

长沙五一广场出土东汉简中也有类似的例子，比如下面一条：

> 充、乐辟则亡不见。其月不处日，赐、尤捕得充父负，赐送负县。廿五日，愈得病。六月九日，乐于所居丘东北佝田旁为愈祠，

　　其日，尤将斗、旷俱掩捕充，行道见乐祠

　　　　　一〇八　　木两行 2010CWJ1③：264—235①

　　这是一枚木两行简，也是一份册书中的零简。五一广场简的主体内容与诉讼、捕盗等有关，该条材料也不例外，从现有的文字看，充和乐二人大约都触犯了法律，充逃亡，抓捕不到本人，亭长赐和右仓曹史尤②就把充的父亲负抓起来，由赐押解到县。六月九日这一天，右仓曹史尤带领斗和旷一行三人搜捕充，途中看到了乐。乐当时正在自己所居住的丘的东北方徇田旁为一个叫愈的女孩子祷祀，愈已经病了将近半个月了，还不见好转。乐为愈祷疾的地方在丘里外的田地边上，有可能那个地方有当地人设于野外的一处田社，那是该丘里居民祷疾所在。

　　从各种材料看，田社应是乡里民众所立之社，比县社级别低。序宁简中的田社即属于此类，它与张氏请子社有所不同。③

　　2020 年 12 月，考古工作者在浙江宁波余姚市花园新村一处汉文化遗址的河道堆积中出土木觚一枚，全长 46 厘米，由一根木材纵剖而成，正面六棱五行，刷朱漆，五行皆有隶体墨书（图三）。木觚虽然有所残损，但仍可辨识出 150 余字，初步释读可知，其内容为东汉永平十七年（74）人们以"天帝使者"的名义为余姚县官□乡临江里男子孙少伯

----

① 　长沙市文物考古研究所等：《长沙五一广场东汉简牍（叁）》，中西书局，2019 年。
② 　据《长沙五一广场东汉简牍（陆）》简二二〇二和简二六三六（木两行 2010CWJ1③：282 - 14＋283 - 84），赐为亭长，尤为右仓曹史，斗是小伍长，愈是男子楪国和女子光妾的女儿。乐应该也是愈的亲人。
③ 　《香港中文大学文物馆藏简牍》，第 105 页，注[一]："颇疑皇母即为田氏，故田社或即田氏之社。"杨华《序宁祷券集释》亦认为："田社，即田氏之宗族私社。"按，田社与田氏应该无关。

祈福禳病而告社君的文书（如图三）。① 天帝是东汉时期的至上神，"天帝使者"是天帝信仰的衍生物，常见于东汉时期的镇墓文、买地券中。该木觚上的"天帝使者"应该是为男子孙少伯祷疾的巫者的自称。从目前披露出来的木觚内容看，祷疾的对象是社君，即社神。汉代常称神灵为"某君"或"某神君"。这一枚祷请社神的木觚出土于河道堆积中，说明该社立于野外河畔，这与"序宁"简中的田社类似。该祷疾木觚表明，社神不仅有保佑粮食丰收的神力，也能帮助人们治疗治病。

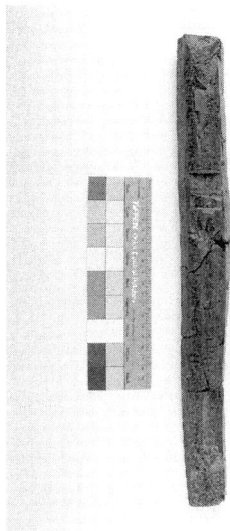

图三　余姚市花园新村木觚

（二）五祀。如灶君（炊）。

古人祭祀门、户、中溜、灶、行五种神祇，称五祀。《礼记·月令》：孟冬之月，"天子乃祈来年于天宗，大割祀于公社及门闾，腊先祖五祀"。郑玄注："五祀，门、户、中霤、灶、行也。"王充《论衡·祭意篇》："五祀报门、户、井、灶、室中霤之功。门、户，人所出入，井、灶，人所饮食，中霤，人所托处，五者功钧，故俱祀之。"五祀是常规祭祀，其神祇还是人们祷疾的对象。《仪礼·既夕礼》言病重时，"乃行祷于五祀"。

① 陈青、何华军：《余姚发现汉六朝遗址，宁波地区首次出土简牍类文书》，2020 年 12 月 9 日，澎湃新闻。图亦源自此文。详见：https://www. thepaper. cn/newsDetail_forward_10342210。

据"序宁"简中的简 226，建初四年(79)七月甲寅朔，田氏皇男、皇妇、皇子共为皇母序宁"祷炊"，同一简的下文又说"皇男、皇妇为序宁所祷造君"，则此处的炊和造(灶)君应该是一回事。①

按，炊即先炊。先炊与灶君原本是不同的两位神祇。《史记·封禅书》：晋巫祠"族人、先炊之属"。正义："先炊，古炊母神也。"②古代妇女主家中饮食炊爨，先炊崇拜的出现可能与此有关。而灶君、灶神是火神，只是这位火神的形象在早期却一直无法确定，有的说是颛顼之子祝融，《礼记·礼器》正义引《五经异义》："灶神，古《周礼》说：'颛顼氏有子曰黎，为祝融，祀以为灶神。'"《史记·孝武本纪》索隐引古《周礼》同。《左传·昭公二十九年》正义引贾逵云："祝融祀于灶。"《淮南子·时则训》高诱注云："祝融，吴回为高辛氏火正，死为火神，托祀于灶。"《论衡·祭意篇》："炎帝作火，死而为灶。"这些说法都认为灶神是祝融神或炎帝，如此，灶神就应该是男性神。但郑玄驳斥这种灶神为祝融的说法，认为："祝融乃古火官之长，犹后稷为尧司马，其尊如是，王者祭之，但就灶陉，一何陋也？祝融乃是五祀之神，祀于四郊，而祭火神于灶，于礼乖也。"郑玄对灶神和祝融作了严格区分，二者虽然都是受崇拜的火神，但有尊卑之差，灶神是老妇，神格较低，祝融则较为尊贵。《太平御览》卷五二九引《五经异义》载戴德说《礼器》："灶者，老妇之祭。"但许慎不赞同，说："五祀之神，王者所祭，非老妇也。"③

---

① 陈松长编著：《香港中文大学文物馆藏简牍》，第 98 页。
② 《汉书·郊祀志上》作晋巫祠"族人炊之属"。颜师古注："族人炊，古主炊母之神也。炊谓饎爨也。"
③ 按，此条引文末有"郑玄曰灶神祝融是老妇"一句，文义与《礼记·礼器》郑注不合，疑"祝融"二字衍。

祝融、老妇之外，先秦的灶神形象还有一种是美女。《庄子·达生篇》："灶有髻。"《释文》引司马彪云："髻，灶神，著赤衣，状如美女。"《史记·孝武本纪》索隐引司马彪注《庄子》云："髻，灶神也，如美女，衣赤。"根据描述，这位灶神是一位头挽着发髻，身穿赤色衣服的美女。火焰为赤色。灶神身穿赤色衣服的形象显然与火神崇拜有关，说明美女灶神依然代表的是火神。到了汉代，灶神的形象有新的变化。《后汉书·阴兴传》李贤注引《杂五行书》曰："灶神名禅，字子郭，衣黄衣，夜被发从灶中出，知其名呼之，可除凶恶。"灶神有了具体的姓名，从姓名看，当时人们心中的灶神应该是男性。

灶神形象的多样，反映了民间信仰中神灵形象易变的特点。当然，这种多样化也有可能是混合不同区域的灶神崇拜所致。

值得注意的是，汉代的灶神崇拜不仅仅是源于原始信仰中对火的崇拜，还衍生出新的内容。《杂五行书》说灶神在夜间出来时，人若呼其名字，就可以除去凶神恶鬼。《汉书·郊祀志上》说汉武帝热衷于方士求仙，"李少君亦以祠灶、谷道、却老方见上"。"少君言上：'祠灶皆可致物，致物而丹沙可化为黄金，黄金成以为饮食器则益寿，益寿而海中蓬莱仙者乃可见之，以封禅则不死，黄帝是也。'""于是天子始亲祠灶，遣方士入海求蓬莱安期生之属，而事化丹沙诸药齐为黄金矣。"颜师古注引如淳曰："祠灶可以致福。""祠灶皆可致物"之"物"，颜师古注："物亦谓鬼物。"如此，则祠灶还可以招致福运，可以招来鬼神。招致鬼神的目的当然是为了获得延年益寿、得道成仙的秘方。汉代这种对灶神信仰的新内容在《后汉书·阴兴传》里面可以得到验证。

宣帝时，阴子方者，至孝有仁恩，腊日晨炊而灶神形见，子方再拜受庆。家有黄羊，因以祀之。自是已后，暴至巨富，田有七百余顷，舆马仆隶，比于邦君。子方常言"我子孙必将强大"，至识三世而遂繁昌，故后常以腊日祀灶，而荐黄羊焉。

阴子方是西汉宣帝时人，因真诚地崇拜并祭祀灶神而暴富，拥有七百余顷良田，良马好车，奴仆众多，堪比一方诸侯，而且子孙众多，家业持续兴旺。其家族也坚持在腊日用黄羊为祭品，祭祀灶神。阴氏的这个故事在当时一定是传播较广，为众人所知。这个故事的流传，无疑与"祠灶可以致福"的信仰密切相关。"序宁"简中的田氏为病重的母亲而祷请灶君，既为驱除凶恶，也为招致福运，希望母亲序宁身体能康复，延年益寿。当然，最终还是事与愿违。

简文中将炊与灶君等同，应该并非偶然。既然先炊的形象为老妇，灶神的形象之一也是老妇，古人很可能将二者逐渐混为一体了。《礼记·礼器》："燔柴于奥。夫奥者，老妇之祭也。盛于盆，尊于瓶。"郑玄注："奥，依注作爨。老妇，先炊者也。盆、瓶，炊器也。明此祭先炊，非祭火神，燔柴似失之。"郑玄注着力强调先炊与火神（灶神）的区别，纠正了《礼记·礼器》的错误表述，这说明汉代经学家已经有混淆二者的迹象了。民间混淆先炊与灶神，更是情理中的事情。"序宁"简反映的情况应该就是当时民间社会在灶君与先炊崇拜上有些分不清了，甚至合二为一，或者说二位一体，最终成为一位神灵。

（三）祖先神。如大父母、丈人。

大父母即祖父母。古人称祖父、祖母曰大父、大母。《礼记·深衣》："大父母。"郑玄注："大父母，祖父母也。"《史记·秦本纪》西周末年,西戎反王室,秦的先人秦仲为西戎所杀。秦仲生秦庄公,庄公生子三人,其长男世父。世父曰:"戎杀我大父仲,我非杀戎王则不敢入邑。"秦仲乃世父之祖父,此亦称祖父曰大父之证。又《汉书·文三王传》:"梁共王买立十年薨,子平王襄嗣。""共王母曰李太后,亲平王之大母也。"颜师古注:"大母,祖母也。共王即李太后所生,故云亲祖母也。"

在古人的心中,祖先神既能护佑子孙,也会因为种种原因给子孙带来危害乃至灾难。因此,子孙需要恭敬地对待祖先神,按时祭祀。家庭成员中有人患病时,祖先神往往成为祈祷的对象。关于向祖先神祷疾,古书不乏记载。周公就曾向周之先祖为武王祷疾,《尚书·金縢》专门记录了此事:

> 公乃自以为功,为三坛同墠。为坛于南方,北面,周公立焉。植璧秉珪,乃告大王、王季、文王。史乃册,祝曰:"惟尔元孙某,遘厉虐疾。若尔三王,是有丕子之责于天,以旦代某之身。予仁若考能,多材多艺,能事鬼神。乃元孙不若旦多材多艺,不能事鬼神。乃命于帝庭,敷佑四方。用能定尔子孙于下地,四方之民,罔不祗畏。呜呼!无坠天之降宝命,我先王亦永有依归。今我即命于元龟,尔之许我,我其以璧与珪归,俟尔命。尔不许我,我乃屏璧与珪。"

周公筑起三个土坛,代表周族的三位先人大王、王季、文王所在,他则登上南面另筑的坛上,面对三个坛站立,亲自用璧、珪等玉器,为武王祷祠,在祝祷之辞中认为自己既孝顺,又多才多艺,最适合去侍奉祖先神（即死亡），希望三位祖先能够同意让他代替武王去死，这样，周族在武王统领下会保持兴旺，祖先神也有依归。如果三位祖先同意这个请求，就把璧、珪等玉器给你们；如果不同意，就不给你们。在整个祭祀中，周公向祖先神详细分析利害，既有祈祷请求，也有威胁，完全是一种讨价还价的样子，最终的目的是希望祖先神不要让武王因病亡故，尽快痊愈。

汉代，皇帝身体不适以及病重之后，公卿等朝中大臣不仅需要不间断地前往问候，还要向包括祖先神在内的众多神灵祷请。《续汉书·礼仪下》"大丧"条记载：

> 不豫……公卿朝臣问起居无间。太尉告请南郊，司徒、司空告请宗庙，告五岳、四渎、群祀，并祷求福。疾病，公卿复如礼。

司徒、司空告请宗庙，即向祖先神祷告，请求护佑。

另一个事例，如前述匡衡因罢除郡国宗庙事向祖先祷告，祈求恢复汉元帝的健康。这个事例里面，丞相匡衡祷请的对象是汉高祖、文帝和武帝，也是祖先神。

以上是帝王或贵族阶层向祖先神祷疾的几个例证，"序宁"简的主人不知属于何等身份，但彼此在祖先神的信仰上应该是一致的，因此用来作为汉代民间祷疾的佐证，应该不会有问题。

简文中祷请的另一个对象是"丈人"，该语词是汉代对包括亲戚长辈在内的长者的通称。《汉书·苏武传》，匈奴且鞮侯单于称"汉天子，我丈人行也"。颜师古注："丈人，尊老之称。"同书《疏广传》："宜从丈人所，劝说君买田宅。"颜师古注："丈人，严庄之称也，故亲而老者皆称焉。"儿媳尊称公婆曰丈人。《论衡·气寿》："人形一丈，正形也，名男子为丈夫，尊公姬为丈人。"黄晖集释曰："公姬，舅姑也。"[①]有时称祖父为丈人。颜之推《颜氏家训·书证》："丈人亦长老之目，今世俗犹呼其祖考为先亡丈人。"[②]"序宁"简里所祷请的丈人具体所指应该是什么，无从考证。有可能为家族中的某位先人，也有可能是社会上的某位尊者。或以为此处"丈人"二字应与"大父母"连读，是对祖父母的尊称。[③] 此说恐非。大父母本身也是一种称谓，在后面缀上"丈人"二字，有叠床架屋之嫌。另有学者认为："丈人指神仙。相传黄帝曾封宁封子为'五岳丈人'，道教还有丈人观，道教圣地青城山、泰山都有丈人峰。"[④]

（四）其他鬼神：司命、水上、獦君、男殇、女殇、郭贵人。

司命掌管人的寿命，所以祷疾时，可以向司命祷请，希望能延长寿命。饶宗颐、陈松长、杨华等皆有解说。

"水上"，亦见于江苏邗江胡场五号西汉墓出土的"神灵名位"木牍上，陈松长认为是河伯之类的水神。杨华认为是水鬼，即溺水而死者变成的鬼。这两种情况的可能性都有，前者为神灵，后者为厉鬼。求神灵，希冀获其佑助；求厉鬼，则因为厉鬼往往会索取生人的性命。

獦君，饶宗颐认为獦即猎，獦君是掌管田猎之神。但也有不同意见，黄景春认为，獦即"獦狚"。獦狚是古书上说的一种兽，外形像狼，

---

① 黄晖：《论衡校释》（附刘盼遂集解），中华书局，1990年，第29—30页。
② 王利器：《颜氏家训集解（增补本）》，中华书局，1993年，第477页。
③ 杨华：《序宁祷券集释》，第497—498页。
④ 黄景春：《早期买地券、镇墓文整理与研究》，博士学位论文，华东师范大学中文系，2004年，第83页。

声音像猪,吃人。獝君即这种兽神。敦煌佛爷滩出土镇墓文有"獝注"。① 从"序宁"简的性质看,似乎后一种解释更有道理一些。

殇,指幼年夭折,没有到成年就死去。为国战死者亦曰殇,但士兵基本都是成年男子,没有女子。因此,这里应该取前一个含义。男殇、女殇,都是指夭折的男女孩童。秦汉时期,殇鬼被认为能给人带来疾病和死亡。《睡虎地秦墓竹简·日书甲种·诘咎篇》就记录了一种鬼婴儿:

> 鬼婴儿恒为人号曰:"鼠(予)我食。"是哀乳之鬼。其骨有在外者,以黄土渍之,则已矣。 (简29背叁—简30背叁)②

鬼婴儿是小儿鬼。这是幼小未成年的小孩死后变成的鬼。秦简《日书》认为殇死者如果没有埋葬入土,鬼魂就会经常赤裸身体进入人家的室内。殇死者的尸骨如果露出土外,其鬼也会经常前来,并像婴儿一样呼喊,索要饮食,秦人称这种小儿鬼为哀乳之鬼,"哀乳"的意思是哀求哺乳。③ 古人认为,殇死的小儿鬼容易侵扰人并使人患病。《医心方》卷一四《治鬼疟方》引《范汪方》就说,疟疾在鸡鸣和人定时发作者,都是受小儿鬼的侵害。④

汉代人不仅相信小儿鬼与疾病存在必然关系,还流行一个传说,

---

① 黄景春:《早期买地券、镇墓文整理与研究》,第83页。
② 睡虎地秦墓竹简整理小组:《睡虎地秦墓竹简》,第215页。
③ 刘钊认为"哀"也可以训为"求",说是。见刘钊《说"魅"》,载《中国典籍与文化》2012年第4期。
④ 〔日〕丹波康赖撰,翟双庆、张瑞贤等点校:《医心方》,第234、235页。

认为小儿鬼与颛顼帝三个夭亡的儿子有关系。《论衡·订鬼篇》引
《礼》曰:"颛顼氏有三子,生而亡去为疫鬼:一居江水,是为虐鬼;一居
若水,是为魍魉鬼;一居人宫室区隅沤库,善惊人小儿。"①应劭《汉旧
仪》的记载与此差不多。古代鬼神传说的演变过程中,许多鬼神往往
被后人拿来与历史上的某个人物相附会。小儿鬼与颛顼帝三个儿子
的关系,也应该是遵循了这一规律。目前所知这个传说最早的记载
大概就是《论衡》,再次是《汉旧仪》,可见这个传说出现的时间应该不
早于东汉。婴儿鬼之所以会给人带来疾病,是因为他们死后得不到
祭祀。《焦氏易林》卷一三《震·坤》:"旦生夕死,名曰婴鬼,不可得
祀。"②古人认为,得不到正常祭祀的鬼魂会祸害生者,因此就出现了夭
亡的婴儿鬼致人疾病的观念。

殇鬼是致病之鬼,所以祷疾时,也需要向此类鬼祷请,祈求殇鬼放
过病人,不要纠缠病人,更不要索取其性命。

郭贵人,陈松长注曰:"神灵名。不详,待考。"③贵人,是皇帝妃嫔
封号之一。《后汉书·皇后纪序》:东汉时,"六宫称号,唯皇后、贵人;
贵人金印紫绶,奉不过粟数十斛。"郭贵人可能是当地的一位女子,被
选入宫中,最终成为贵人,仅次于皇后。在民间看来,这位女子备极荣

---

① 《太平御览》卷五三○引《礼纬》曰:"颛顼有三子,生而亡去,为疫鬼。一居江水,
是为虐鬼魍魉;一居人宫室区隅,善惊人小儿。于是常以正岁十二月,令礼官方相
氏掌熊皮,黄金四目,玄衣纁裳,执戈扬盾,帅百隶及童子而时傩,以索室而驱疫鬼,
以桃弧、苇矢、土鼓且射之,以赤丸、五谷播洒之,以除疫殃。"据此,《论衡》所说的
《礼》应指《礼纬》。
② 焦延寿:《焦氏易林》,《士礼居丛书》本。按"不可得祀",同书卷一五《涣·大过》同,
卷三《小畜·萃》、卷一一《夬·临》、卷一六《未济·干》作"不可得视"。义皆可通。
③ 陈松长编著:《香港中文大学文物馆藏简牍》,第102页,注[二]。

宠,非常人所能及,必有神异,所以在其死后,被作为一方神灵供奉起来。此种神灵应属于在某个地域内的小神。某人死后,由于偶然原因,被树立为新的崇拜对象,这种现象在民间信仰中比较普遍。对政府而言,此皆属于淫祀。但也有个别的小鬼神因为官方的关注,影响扩大,超出了当地的小范围。比如《汉书·郊祀志上》记载了汉武帝时神君崇拜的形成过程:

> 是时(即元光二年,前133)上求神君,舍之上林中蹏氏馆。神君者,长陵女子,以乳死,见神于先后宛若。宛若祠之其室,民多往祠。平原君亦往祠,其后子孙以尊显。及上即位,则厚礼置祠之内中。闻其言,不见其人云。

所谓神君,生前是左冯翊长陵的一位普通女子,大概死于难产,不知何故,其姒娣("宛若")竟然发现死后的她很神异,遂在家中将其作为神灵供奉起来,当地的民众也纷纷前往祷祀,甚至汉武帝的外祖母平原君也曾经去祷祀。据说,平原君的子孙之所以攀上了皇帝,成为令人艳羡的外戚,就是与当初曾祷祀神君有关。汉武帝即位后,就在宫内置祠,对神君予以专门祭祀。类似的情况不胜枚举,可以反映民间信仰中某些神灵的影响力逐渐演化扩大的一般规律。

以上对"序宁"简的性质和里面提到的神灵作了一些考证和补充,结论:第一,"序宁"简不属于祷疾简,它是序宁的亲人在序宁去世之后为她举行的三次祷神解除的文字,是为亡者作的解除文。在解除文中纳入了为病重的序宁祷疾的记录,是为了向序宁表明家人对她生前病重期间的治疗已经尽心尽力,遍祷各种神灵,虽然没有成功挽留生命,也请序宁不要怨恨，这部分涉及祷疾的文字并非该简的主题。第二，"序宁"简为我们了解汉代的祷疾和为亡者解除的信仰习俗提供了不可多得的具体例证，使我们知道，汉代民间祷疾时所选择的祷请神灵各种各样，大大小小的社神、灶神、祖先神、司命，以及各地特有的某些男殇、女殇、故去的名人，都在民间祷祀之列，反映了民间信仰的实用性和复杂性，各地民间信仰的神灵谱系带有一定的共性，也带有各自的特点。这一传统延续到近代。

下编　其他信仰

第十章　汉代的腊节

　　腊是汉代社会生活的一个重要节日,它的起源较早。应劭《风俗通义》卷八"腊"条引《礼传》曰:"夏曰嘉平,殷曰清祀,周曰大蜡,汉改为腊。"现在知道,春秋时期已经有腊祭。关于这个节日,已先后有学者作过程度不同的研究,[1]较为细致地论述这一问题的是彭卫、杨振红著《中国风俗通史·秦汉卷》第十章《节日风俗》"腊日及小新岁"一节,该部分论述在搜罗传世文献方面花了不少工夫,材料比较丰富,分析细致准确;唯一不足的是对于出土文字资料没有注意。蒲慕洲虽然利用了出土资料,但因为撰写较早,后出的大量简牍资料不可能反映于其中,且该文讨论的主题并不专在腊节,许多问题未获解决。本书将在学术界已有的研究基础上,充分利用出土简牍,尽量将传世文献中仍未被注意而又较为重要的材料也补充进来,对汉代腊节的几个方面加以系统的考述。前人的定论,这里尽量不予重复。

　　关于腊节的日期,《说文》云:"腊,冬至后三戌腊祭百神。"即冬至

---

[1]　陈久金:《腊日节溯源》,《文史》第32辑,中华书局,1990年;蒲慕洲:《汉代之信仰生活》,原载氏著《追寻一己之福:中国古代的信仰世界》,允辰文化实业公司,1995年,又收入林富士主编:《礼俗与宗教》(邢义田、黄宽重、邓小南主编:《台湾学者中国史研究论丛》第十一种),中国大百科全书出版社,2005年。陈高华、徐吉军主编,彭卫、杨振红著:《中国风俗通史·秦汉卷》,上海文艺出版社,2002年。

后第三个戌日为腊。验诸汉代历日资料，许慎所说与西汉情形不完全符合，应是东汉的风俗。目前所见到的汉代历日有五件注明了腊的日子。其一为湖北随州孔家坡汉墓出土汉景帝后元二年（前142）历日，[①]此年十月三十日甲辰冬至，十二月二十五日戊戌为腊，即冬至后第四个戌日，这与许慎《说文》冬至后第三个戌日为腊的说法不合。

其二为山东临沂银雀山汉墓出土武帝元光元年（前134）历日，[②]此年十一月二十八日丙戌冬至，十二月十一日戊戌为腊，即是在冬至后第一个戌日，即便将冬至戌日计入，也仅为第二个戌日，仍与许慎说法不同。

其三为甘肃敦煌汉代屯戍遗址出土元帝永光五年（前39）历日，[③]该年十一月十日庚戌冬至，十二月十七日丙戌腊，腊确实在冬至后的第三个戌日。但若将冬至戌日计入，则此年的腊在冬至后第四个戌日，也与许慎说不合。

其四为江苏连云港尹湾汉墓出土成帝元延元年（前12）历日，[④]该年十一月九日壬申冬至，十二月十七日庚戌腊，腊在冬至后第四个戌日，同样与许慎说法不合。

其五也是尹湾汉墓出土，为元延二年（前11）历日，因为在许多历日后面记载了墓主的活动情况，所以命名曰"元延二年日记"。[⑤] 此年

---

①　湖北省文物考古研究所、随州考古队编：《随州孔家坡汉墓简牍》，文物出版社，2006年。

②　吴九龙：《银雀山汉简释文》，文物出版社，1985年。

③　罗振玉：《流沙坠简·小学术数方技书考释》，中华书局，1993年。

④　连云港市博物馆等：《尹湾汉墓简牍》，中华书局，1997年，木牍M6D10。

⑤　连云港市博物馆等：《尹湾汉墓简牍》，简1—简76。

十二月廿三日庚戌腊。因竹简出土时有残损,在其中没有见到冬至的标注,但知道立冬在十月三日辛卯。据《淮南子·天文训》,二分、二至、四立彼此间隔日数有一定的规律,相临节气之间的日数几乎等长,在四十五至四十六之间,立冬四十五日后为冬至。验之于元延元年(前 12)历日,基本符合,只有个别节气之间的日数与《天文训》相差一日。① 以此推算,此年冬至当在十一月戊寅左右,腊恰在冬至后第三个戌日。

这五件历日都属于西汉,所记腊日与许慎说完全相合的只有第五件,第三件也可以勉强属于相合。另外完全不合的三件中,两件在太初改历之前,一件在太初改历之后。可见,西汉并未将腊节固定在冬至后第三个戌日。张培瑜等认为冬至后第三个戌日腊祭先祖、百神,是东汉以后确定下来的。② 所说甚是。

西汉的腊虽然未固定在冬至后第三个戌日,但上面的五件历日中,腊必选冬至后的戌日还是清楚的。汉定以冬至后的某个戌日为腊,当是受阴阳五行思想的影响。应劭《风俗通义》卷八"腊"条云:"汉家火行,衰于戌,故以戌为腊也。"

在汉代之前,腊的具体日期定于何时,史无明文。现在根据出土资料,知道秦代大致是定在每年的十二月二十五日。例如湖北荆州关沮秦墓出土的《秦始皇三十四年历日》(前 213)"十二月辛酉"下标注:"丁

---

① 张永山:《元延元年历谱及其相关问题》,《简帛研究(二〇〇一)》,广西师范大学出版社,2001 年。
② 张培瑜、徐振韬、卢央:《历注简论》,载《南京大学学报》(自然科学版)1984 年第 1 期;张培瑜:《出土汉简帛书上的历注》,载《出土文献研究续集》,文物出版社,1989 年。此两文发表时,尹湾汉墓的两件历谱尚未出土。

酉朔,二十五日辛酉嘉平";又《秦二世元年历日》(前 209)木牍背面有
"以十二月戊戌嘉平,月不尽四日,十二[月]己卯□到"。嘉平即腊。
《史记·秦始皇本纪》:"三十一年十二月,更名腊曰嘉平。"据《秦二世元年
历日》,十二月甲戌朔,是小月,戊戌为二十五日,距月末恰好四日。两件
不同的历日反映秦代腊的日期都是在十二月二十五日,这应当不是偶然。

　　值得注意的是,在阴阳五行思想指导下,汉代以后的腊的具体日
期也往往因所谓"五德之运"的改变而有所不同。例如三国时期,曹魏
与孙吴两个政权都认为自己是以土德而王,需要确定自己的腊节日
期。《通典》卷四十四《礼四》"大腊"条引录了曹魏时高堂隆与博士秦
静就此事的意见分歧,高堂隆认为:"王者各以其行之盛而祖,以其终
而腊。……土始于未,盛于戌,终于辰,故土行之君,以戌祖,以辰腊。
今魏土德而王,宜以戌祖辰腊。"秦静则认为:"丑者土之终,故以丑腊,
终而复始,乃终有庆。宜如前以未祖丑腊。"最终采用了秦静的意见。
《三国志·吴书·孙权传》:"(黄武)二年春正月,改四分,用乾象历。"
裴松之注引《江表传》曰:"(孙)权推五德之运,以为土行,用未祖、辰
腊。"又引《志林》曰:"土行以辰腊,得其数矣。"《三国志·孙休传》:孙
休即位,谋诛孙綝,遂于永安元年"十二月戊辰腊,百僚朝贺,公卿升
殿,诏武士缚綝,即日伏诛"。永安元年十二月辛酉朔(259 年 1 月 11
日),戊辰为八日(259 年 1 月 18 日)。是年十一月辛丑(258 年 12 月
22 日)冬至,戊辰为冬至后第二个辰日。可见,魏、吴两国都以冬至后
的某个辰日为腊。腊通常在建亥之月,即十二月,后周时,则改为十
月。隋文帝开皇四年(584),诏仍以十二月为腊。[1]

---

[1]　杜佑著,王文锦点校:《通典》卷四十四,《礼四》"大腊"条,中华书局,1988 年。

正因为各个朝代认为本朝的德运不同于前朝,其腊节日期自然作相应变动,不同于前朝。《汉书·元后纪》:"莽改汉正朔、伏、腊日。太后……至汉家正、腊日,独与其左右相对饮酒食。"《后汉书·陈宠传》王莽时,陈咸与三子参、丰、钦皆辞官,"父子相与归乡里,闭门不出入,犹用汉家祖腊。人问其故,咸曰:'我先人岂知王氏腊乎?'"新莽朝将腊日改在哪一天,资料不足,无从取证,但一定不是如同汉朝以戌日为腊。元帝王太后以及陈咸等在王莽代汉之后,仍忠于汉朝,所以依旧遵循汉朝午日为祖、戌日为腊的制度,在冬至后的某个戌日举行腊祭。建安二十五年(210)十月,曹丕称帝,逊位的汉献帝被奉为山阳公,在给予的特别政策中,有一条特许他"以天子车服郊祀天地,宗庙、祖、腊皆如汉制"。献帝仍可在自己的封邑内按照汉制举行宗庙、祖、腊等祭祀,而不必遵行魏制。这些例子都说明在古代新的腊节日期的行用对于一个政权的重要意义。

关于腊的盛况,《礼记》有过记载,说:"子贡观于蜡,孔子曰:'赐也,乐乎?'对曰:'一国之人皆若狂,赐未知其乐也。'子曰:'百日之蜡,一日之泽,非尔所知也。'"这是春秋时期的情况,汉代也大致如此。腊节期间,全国上下一般都休假。关沮秦墓出土《秦始皇三十四年历日》(前213)"正月丁卯"下标注:"嘉平,视事。"按,此年十二月二十五日辛酉嘉平,至正月丁卯(初二),节日已经持续了七天,仍处于腊节期间。可见此节日之重要。

汉代,腊仍然极受重视。距腊日还很早,即着手准备祭祀用品。《四民月令》:"十月上辛,命典馈清曲。曲泽,酿冬酒。必躬亲洁敬,以供冬至腊正祖荐韭卵之祠。是月也,作脯腊,以供腊祀。"十月即着手酿制冬酒,加工肉干,以备腊日祭祀。进入十二月,在腊日之前两天,则安排"斋、馈、扫、涤,遂腊先祖五祀"。①

　　到腊日的前一天,朝廷要举行大傩仪式,驱逐疫鬼,还赐予公卿、将军、特侯、诸侯等苇戟、桃杖之类的道具,用来驱疫逐鬼。② 汉代普通人家如何在腊节这一天驱除疫鬼呢?《风俗通义》卷八"桃梗、苇茭、画虎"条记载:

　　　　谨按《黄帝书》,上古之时,有神荼与郁垒昆弟二人,性能执鬼。度朔山上有桃树,二人于树下简阅百鬼无道理妄为人祸害,神荼与郁垒缚以苇索,执以食虎。于是县官常以腊、除夕饰桃人,垂苇茭,画虎于门,皆追效于前事,冀以御凶也。桃梗,梗者,更也,岁终更始受介祉也。……用苇者,欲人子孙蕃殖,不失其类,有如萑苇。茭者,交易,阴阳代兴也。虎者,阳物,百兽之长也,能执搏挫锐,噬食鬼魅,今人卒得恶悟,烧虎皮饮之,击其爪,亦能辟恶,此其验也。

同卷"雄鸡"条记载:

　　　　太史丞邓平说:"腊者,所以迎刑送德也,大寒至,常恐阴胜,故以戌日腊。戌者,土气也,用其日杀鸡以谢刑德,雄著门,雌著户,以和阴阳,调寒暑,节风雨也。"

---

①　石声汉:《四民月令校注》,中华书局,1965 年。
②　司马彪:《续汉书·礼仪志中》。

又《太平御览》卷三三引《淮南万毕术》曰：

　　岁暮腊，埋圆石于宅隅，杂以桃弧七枚，则无鬼疫。

同书同卷又引《养生要术》曰：

　　腊夜持椒卧井傍，勿与人言，投于井中，除瘟疫。

　　这说明，汉代百姓在腊日要悬挂桃木偶人、苇和菱草，画虎于门，并杀雌雄鸡以著于门户，目的是迎接祥瑞，辟除凶恶。有的则采取在屋宅的角落里埋圆石和桃弧，或持椒投入井中的方式，来达到驱鬼的目的。

　　腊日用于御凶的桃梗、画虎之类的物件，在出土资料中有所发现。居延、敦煌等地出土汉简里面，有一种下端尖细的宽木简，有的为平面，有的两斜刀削成棱形面，然后在上面施加墨画，或为人面形图案，或为身首粗备的人形图案，眼口鼻俱备，大都有髭或长髯，浓眉环眼，状貌狰狞（图一）。劳榦称为"人面"，[1]陈槃定为"粗制木偶"。[2] 考古工作者称之曰"辟邪"。[3] 关于此类人面木简的功用，陈槃认为属于桃符之类的物件，他说：

_____

① 劳榦：《居延汉简考释》，《"中央研究院"历史语言研究所专刊》之四十，1960 年。
② 陈槃：《汉晋遗简识小七种》之《汉晋遗简偶述之续》"拾捌、粗制木偶"条，《"中央研究院"历史语言研究所专刊》之六十三，1975 年。
③ 《敦煌马圈湾汉代烽燧遗址发掘报告》，见吴礽骧等释校：《敦煌汉简释文》附录，甘肃人民出版社，1991 年，第 298—299 页。

　　古木偶事类,大凡五种。综括言之,则亦不外乎象人、象神、
暨象鬼三事。……槃认为此居延木偶之形制,像一恶神,或鬼怪,
不可能为象人或尊祀之神;同时,此象恶神或鬼怪之木偶,出土如
此之多,可以使人想及其使用之普遍。由此二事观之,则似于表
象神荼、郁垒之"桃符"近是。再次,此木人下端尖锐,且尖锐部分
有甚短小者,合于所谓饰门,所谓插户。再次,《万典(毕)术》云:
"造桃板著户。"魏董勋云:"画作人首。"桃符之中,有此一简易作
法,而此居延木偶,亦间或作长方板片,画人首其上。二者之间,
亦不失为切合。①

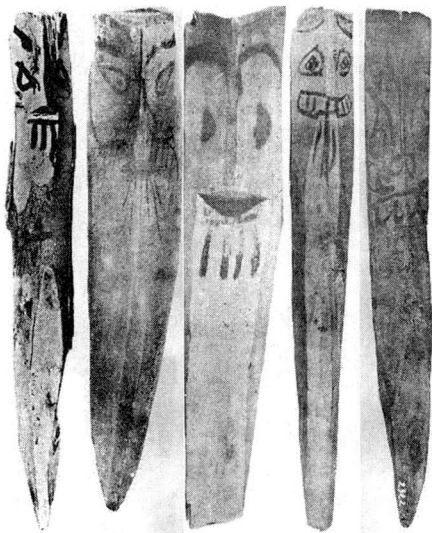

图一　居延汉简中的人面木简

---

① 　陈槃:《汉晋遗简识小七种》之《汉晋遗简偶述之续》"拾捌、粗制木偶"条《"中央研究院"历史语言研究所专刊》之六十三,1975 年。

陆锡兴先生则认为这应该是古书中所说的桃梗。这种桃梗在马王堆汉墓等都有发现,它是将一段桃枝纵向剖分为两半,然后在每一半的圆弧面从两侧斜向削一刀,中间形成一道棱形突起,当作鼻梁,两侧再用墨笔画出眼睛、眉毛,下面画出嘴巴、胡子的样子。这样的桃梗一般插在门户上,或在地上靠着门户两侧放置,意在守卫门户。西北边塞发现的这种人面木简都不是用桃枝加工制成的,通常使用当地最为常见的红柳,红柳是适应当地干旱沙化环境的植物,桃树在这里不适宜生存,边塞以红柳代替桃木是因地制宜的变通办法。[1] 很显然,桃梗是桃偶人的简化形态。

居延甲渠候官遗址还出土过一件木板画(EPT51:06),上面以墨线勾出一只带翼的虎,[2]疑即应劭所说的画虎。

人面木杙、画虎木板应该是边塞屯戍吏卒在腊日安插于亭燧门、坞门上的桃梗、桃符、画虎一类的东西,用于辟邪御凶。

腊的本义是指一种祭祀。《左传·僖公五年》杜预注:"腊,岁终祭众神之名。"古人称祭百神为"蜡",祭祖先为"腊"。秦汉以后统称为"腊"。因此,腊日生活的主要内容就是祭祀。蔡邕《独断》云:"腊者,岁终大祭,纵吏民宴饮。"到了腊日,人们要祭祀祖宗,酬谢百神,祈安求福。

应劭《风俗通义》卷八"腊"条:"或曰:腊者,接也,新故交接,故大祭以报功也。"此处的"大祭以报功"指祭祀社神。《关沮秦汉墓简牍》中的周家台三○号秦墓出土的简 347 至简 353 记载了腊日祭祀先农

---

① 陆锡兴:《考古发现的桃梗与桃人》,《考古》2012 年第 12 期。
② 甘肃居延考古队:《居延汉代遗址的发掘和新出土的简册文物》,《文物》1978 年第 1 期,图版叁:2。

神的仪式与过程：

> 先农：以腊日，令女子之市买牛胙、市酒。过街，即行拜，言曰："人皆祠泰父，我独祠先农。"到囷下，为一席，东乡（向），三腏，以酒沃，祝曰："某以壶露、牛胙，为先农除舍。先农笱（苟）令某禾多一邑，先农桓（恒）先泰父食。"到明出种，即□邑最富者，与皆出种。即已，禹步三，出种所，曰："臣非异也，农夫事也。"即名富者名，曰："某不能肠（伤）其富，农夫使其徒来代之。"即取腏以归，到囷下，先侍（持）豚，即言囷下曰："某为农夫畜，农夫笱（苟）如□□，岁归其祷。"即斩豚耳，与腏以并涂囷廥下。恒以腊日塞祷如故。

据此，在腊日要祭祀先农神、泰父神。先农神是秦汉时期的农神，腊日祭祀先农神，既是庆祝丰收，酬谢鬼神，也是为了祈求来年五谷丰登。

汉代，腊日祭祀的鬼神也包括社神。《续汉书·祭祀志下》："建武二年，立太社稷于雒阳，在宗庙之右，方坛，无屋，有墙门而已。二月、八月及腊，一岁三祠，皆太牢具，使有司祠。"帝王祭祀太社，平民应当各自祭祀里社。《汉书·郊祀志上》："高祖十年春，有司请令县常以春二月及腊祠稷以羊彘，民里社各自裁以祠。制曰：'可。'"颜师古曰："随其祠具之丰俭也。"依照此诏书，各县官府在腊日要以猪、羊祭祀社神，民间里社各自根据自己的能力设供品祭祀社神。腊日祭社神已经成为国家制度之一。

此外，还要祭祀祖先。应劭《风俗通义》卷八"腊"条："腊者，猎也，言田猎取禽兽，以祭祀其先祖也。"《续汉书·祭祀志下》："光武帝建武二年正月,立高庙于雒阳。四时祫祀,高帝为太祖,文帝为太宗,武帝为世宗,如旧。余帝四时春以正月,夏以四月,秋以七月,冬以十月及腊,一岁五祀。"《后汉书·城阳恭王传》:"诏零陵郡奉祠节侯(刘买)、戴侯(刘熊渠)庙,以四时及腊岁五祠焉。置啬夫、佐吏各一人。"《后汉书·章帝八王传》清河孝王庆母宋贵人,遇窦氏之潜,葬礼有阙,清河孝王庆"每窃感恨,至四节伏腊,辄祭于私室"。《风俗通义·佚文》北海相周霸遣主簿周光"腊日与小儿俱上冢",祭奠先祖。①《后汉书·符融传》李贤注引袁山松《(后汉)书》曰:"(韩)卓字子助。腊日,奴窃食祭其先,卓义其心,即日免之。"可见,汉代腊日,上自帝王,下至普通百姓,乃至奴仆,都要设奠祭祀自己的祖先。帝王祭祀于宗庙陵寝,其他人则上冢墓或在室内设祭。总之,祖先祭祀是腊祭的重要一项。

除了祭祀祖先,人们还要祭祀户、灶、中霤、门、行五种鬼神。《礼记·月令》:孟冬之月,"天子乃祈来年于天宗,大割祠于公社及门闾,腊先祖、五祀,劳农以休息之"。孔颖达疏:"腊,猎也。谓猎取禽兽以祭先祖、五祀也。"五祀即对户、灶、中霤、门、行五种鬼神的祭祀。汉代人每逢腊日,亦必祭祀灶神等五祀。《汉书·武帝纪》太初二年(前103)三月,"行幸河东,祠后土。令天下大酺五日,膢五日,祠门户,比腊"。这条材料中汉武帝诏令天下"祠门户,比腊",即按照腊日祭祀的规格祭祀门、户等神,说明汉代腊祭是包括门户等五祀的。又《后汉书·阴识传》:"宣帝时,阴子方者,至孝有仁恩,腊日晨炊而灶神形见,子方再拜受庆。家有黄羊,因以祀之。自是已后,暴至巨富,田有七百余顷,舆马仆隶,比于邦君。子方常言'我子孙必将强大',至识三世而

---

① 　应劭著,吴树平校释:《风俗通义校释》,天津人民出版社,1980年,第429页。

遂繁昌,故后常以腊日祀灶,而荐黄羊焉。"①李贤注引《杂五行书》曰:
"灶神名禅,字子郭,衣黄衣,夜被发从灶中出,知其名呼之,可除凶恶。
宜市猪肝泥灶,令妇孝。"

总之,腊日需要祭祀很多神灵,几乎无所不包,因此《汉旧仪》说:
"腊者,报诸鬼神、古圣贤著功于民者,皆享之。"

腊日,上自贵族皇室,下至普通平民,皆举家聚会宴饮。如《汉
书·严延年传》:"初,延年母从东海来,欲从延年腊。"颜师古注:"建丑
之月为腊祭,因会饮,若今之蜡节也。"《汉书·杨恽传》恽报孙会宗书
曰:"田家作苦,岁时伏、腊,烹羊炰羔,斗酒自劳。"可见,汉代人对待腊
节很隆重,即便是普通农家,也要准备羔羊斗酒祭祀,全家人聚会饮
食。正是基于这样的理念,个别官员在腊日会出于恩惠的考虑,释放
囚徒回家与家人团聚。《华阳国志》卷十一《后贤志》"王长文"条记载:
"元康初,试守江原令。县收得盗贼,长文引见诱慰。时适腊晦,皆遣
归家。狱先有系囚,亦遣之。谓曰:'教化不厚,使汝等如此,长吏之过
也。蜡节庆祈,归就汝上下,善相欢乐。过节来还。当为思他理。'群
吏惶遽争请,不许。寻有赦令,无不感恩。所有人辍不为恶,曰:'不敢
负王君。'"又《后汉书·虞延传》记载:"建武初,仕执金吾府,除细阳
令。每至岁时伏腊,辄休遣徒系,各使归家,并感其恩德,应期而还。"
由此可见岁时伏腊是多么注重家人团聚。不过,王长文、虞延腊日释
放囚徒回家的举动在当时很少见,应属于特例。

腊日,除了各个家庭聚会宴饮,在京文武百官还要举行朝会,官员

---

① 《风俗通义》卷八"灶神"条引《东观汉记》有类似记载曰:"南阳阴子方积恩好施,
喜祀灶,腊日晨炊而灶神见,再拜受神,时有黄羊,因以祀之。……其后子孙常以腊日
祀灶以黄羊。"

或亲友之间需要相互拜访。百官朝会的记载，如《后汉书·刘盆子传》:"至腊日,(樊)崇等乃设乐大会,(刘)盆子坐正殿,中黄门持兵在后,公卿皆列坐殿上。"前引《三国志·孙休传》,孙休即位后,谋诛丞相孙綝,即是在永安元年(258)十二月戊辰腊日,趁百官朝贺之际,将孙綝捉拿。此计乃丁奉所出,《三国志·丁奉传》:孙休求计于丁奉,丁奉曰:"丞相兄弟友党甚盛,恐人心不同,不可卒制,可因腊会,有陛下兵以诛之也。"可见,腊日百官朝会是相当重要的一项活动。

官员或亲友之间相互拜访的例子,如:《后汉纪》卷十四:"(太尉张)酺自为三公,父尚在。酺每迁,父辄自田里来。适会岁腊,公卿罢朝,共诣酺父,上酒为酺寿,极欢移日,当时以为荣。"《后汉书·郑玄传》注引《郑玄别传》曰:"玄年十一二,随母还家,正、腊会,同列十数人皆美服盛饰,语言闲通,玄独漠然如不及。"

《汉书·东方朔传》记载了一条伏日诏赐肉于官吏的资料,曰:"伏日诏赐从官肉,太官丞日晏不来,朔独拔剑割肉。"实际上,汉朝不仅于伏日有赏赐的举措,腊日之前也向大小官吏颁赐钱、物,而且腊日的颁赐更多。《北堂书钞》卷一五五引《东观记》云:"甄宇,字长史,北海人。拜博士。每腊,诏赐博士羊,人一头,有大小肥瘦。博士祭酒欲杀羊称分其肉,宇不可。又欲投钩,宇复耻之,因先取其最瘦者。后召会,诏问瘦羊甄博士,京师因以为号。"《后汉书·何敞传》:"国恩覆载,赏赐过度,但闻腊赐,自郎官以上,公卿王侯以下,至于空竭帑藏,损耗国资。"李贤注引《汉官仪》云:"腊赐:大将军、三公钱各二十万、牛肉二百斤、粳米二百斛,特进、侯十五万,卿十万,校尉五万,尚书三万,侍中、将、大夫各二万,千石、六百石各七千,虎贲、羽林郎二人共三千,以为祀门户直。"腊赐物品多样,数额相当可观,以至于对国家财政造成不利影响。由这一事例可知汉代腊节之隆重。

　　文献所记的腊日颁赐，只限于对供职京师的中都官获赐钱、物的类别、数额的描述，地方官员乃至下层小吏是否也享受此类待遇，文献缺载。居延汉简中有数条关于腊日赐钱和肉的材料，十分值得注意：

　　（1）俱南隧卒永自言去年五月署代蔡左子遣□□□

　　卒相食及腊肉、泉　（《居延新简》E. P. T59：649A、B）

　　（2）具移部吏、卒所受腊肉斤两、人　（《居延新简》EPF22：202）

　　（3）□□见吏、施刑腊用肉致斤　（《居延新简》EPF22：203）

　　（4）临木候长上官武　十二月腊肉直石二斗　十二月己未女取　（《居延新简》EPF22：204）

　　（5）□［腊］钱百廿　十二月庚申母佳君取

不侵燧长石野　　　腊钱八十　　十二月壬戌妻君宁取

吞北燧长吕成　　　腊钱八十　　十二月壬戌母与取

第十一燧长陈当　　腊钱八十　　十二月乙丑妻君间取

第卅二燧长徐况　　腊钱八十　　十二月壬戌妻君真取

俱南燧长左隆　　　腊钱八十　　十二月己巳□

止北燧长窦永　　　腊钱八十　　十二月辛酉妻君佳取

第九燧长单宫　　　腊钱［八十］十二月辛酉母君程取

第四燧长王长　　　腊钱八十　　十二月己巳自取

　　　　□　　　　腊钱八十　　十二月庚午君赋

　　　　□　　　　腊钱八十　　十二月壬戌妻君曼取

　　　　□　　　　腊钱八十　　十二月辛酉□

　　▨　　腊钱八十　　十[二月]▨

　　▨　　腊钱卅　　　十二月甲子自取

（《居延新简》EPF22:205—218）

(6) ▨朡钱八十▨　（《居延新简》EPF22:797）

(7) ▨朡钱百廿　（《居延新简》EPF22:838）

(8) ▨朡用肉八斤▨　（《居延新简》EPC:42）

　　以上诸简都是记录腊日边塞官府向吏卒分发钱与肉的账簿。简(2)至(5)中的十七枚简的出土序号相连，但笔迹有区别，此处根据笔迹和内容的差异，将其分为四组，其中简(4)是一件尚属比较完整的简册，包括了十四枚简。简(6)至(8)中的"朡"同"腊"。

　　在这些简中，简(1)大约是甲渠候官俱南隧(燧)有关腊日分发腊肉和腊钱的文书，简中称"泉"，应属于新莽时期。简(2)、简(3)都是甲渠候官移送腊日分肉账簿的文书简，领取腊肉者有部吏、士卒，也有施刑等刑徒。简(4)记录了甲渠候官临木候长上官武分发的腊肉数量、领取时间及领取人。简(5)记录了十四名燧长或其他官吏分得的腊钱数额、领取日期以及领取人。

　　从腊钱数额上看，燧长的标准为八十钱。简(6)分得腊钱八十者，也应是燧长之类的小吏。燧长秩在二百石以下，比斗食吏还低，[①]在汉代属于少吏。简(5)、简(7)中另有分得百二十钱者二人，分得三十钱一人，应是分别较燧长秩级高和秩级低的小吏。

　　简(5)的年代不清楚，但汉代腊日在冬至后的戌日，因此，简文中

────────

①　参陈梦家：《汉简所见奉例》，收入《汉简缀述》，中华书局，1980年。

的十二月壬戌大约即为该年的腊日。如果此推论准确,则简(5)中领取腊钱的日期提前一日者三例,提前二日者一例,错后二日者一例,错后三日者一例,错后七日者两例,错后八日者一例,腊日当天领取者四例,领取日期不明者一例。说明腊钱的领取并无统一固定的时间。

而前来领取腊钱的人,绝大多数是各燧长的家属,或母亲,或妻子,只有个别属于自己领取。这也说明燧长等小吏基本上是举家居住在边塞地区的,官府发放给他们一定数量的钱与物,应如《汉官仪》所说的,是"以为祀门、户直",作为腊日祭祀祖先和百神的费用。

通过这几条简文,我们知道,汉代在腊日来临时,不仅朝廷要向中都官颁赐腊节所需的钱或物,地方各级官府也都按照级别,向本部大小官吏发放数量不等的钱、米和肉类物品,甚至边塞的官吏、士卒在每年的腊日也会领到官府分发的一定数量的肉或钱,戍边的刑徒也在分享之列。官吏之外的士卒与戍边刑徒能够享受到这一待遇,应是汉朝的一项特殊政策。如前文所言,腊日在当时民众生活中极为重要,政府在腊日向普通的戍边人员分发腊肉,反映了政府在一定程度上对戍边人员的人文关怀。

汉代,人们用于腊日祭祀的花费很大。《后汉书·第五伦传》:上疏说外戚马氏威权过盛,生活奢侈,"腊日亦遗其在洛中者钱各五千,越骑校尉(马)光,腊用羊三百头,米四百斛,肉五千斤"。贵族家庭腊日之奢费可见一斑。这种奢费的举动并非仅见,它是社会风气影响所致。《后汉书·明帝纪》永平十二年(69)五月丙辰,诏曰:"昔曾、闵奉亲,竭观致养,仲尼葬子,有棺无椁。丧贵致哀,礼存宁俭。今百姓送终之制,竞为奢靡。生者无担石之储,而财力尽于坟土。伏腊无糟糠,而牲牢兼于一奠。糜破积世之业,以供终朝之费,子孙饥寒,绝命于此,岂祖考之意哉！有司其申明科禁,宜于今者,宣下郡国。"可见,当时社会风俗对腊日祭祀的重视,发展所及,已经形成一种不良的社会风气,影响了普通人家的生活。《续汉书·五行志五》"灵帝光和中,雒阳男子夜龙"条下,刘昭补注引《风俗通》曰:"龙从兄阳求腊钱,龙假取繁数,颇厌患之,阳与钱千,龙意不满,欲破阳家,因持弓矢射玄武东阙,三发,吏士呵缚首服。"这一案件中的当事人雒阳男子夜龙大约是一个游手之徒,以腊日为由向其兄长借钱竟也达三千之数,反映了民间腊日花费确实不小。

第十一章 简牍中的"祖道"①

居延汉简中有下面一枚简:

候史褒予万岁候长祖道钱　出钱十付第十七候长祖道钱
　　　　　☑道钱　出钱十付第廿三候长祖道钱
　　　　　☑道钱　出钱十
　　　　　　　　出钱☑

（《居延汉简释文合校》104.9,145.14）

这枚简中提到"祖道",很值得注意。按,两汉时期,人们在出门远行之前,先举行某种仪式,祭告、祈求道路、山川之神,希望路途平安,这种祭祀活动在当时称为"祖道"。

史书中涉及祖道的记载有二十多处。较早的是《史记·刺客列传》的记载,荆轲前往秦国刺杀秦王,燕太子丹及其部分宾客一同到易水边,举行祖道之祭,为荆轲送行。这是战国时期的事情。汉代的例

① 王子今先生《秦汉交通史稿》一书（中共中央党校出版社,1994年）中有一节专论秦汉时期的"祀行与祖道",参王子今:《秦汉交通史稿》（增订版）,中国人民大学出版社,2013年,第561—567页;另参刘增贵:《秦简〈日书〉中的出行礼俗与信仰》,《"中央研究院"历史语言研究所集刊》第72本第3分册,2001年。

子较多,如:

(1)《史记·滑稽列传》:汉武帝时,齐人东郭先生"拜为二千石,佩青绶出宫门,行谢主人。故所以同官待诏者,等比祖道于都门外。荣华道路,立名当世"。

(2)《汉书·景十三王传》:临江闵王荣"坐侵庙壖地为宫,上征荣。荣行,祖于江陵北门"。

(3)《汉书·刘屈氂传》:"贰师将军李广利将兵出击匈奴,丞相(刘屈氂)为祖道,送至渭桥,与广利辞决。"颜师古注曰:"祖者,送行之祭,因设宴饮焉。"

(4)《汉书·疏广传》:太傅疏广、少傅疏受辞职还乡,"公卿大夫故人邑子设祖道,供张东都门外,送者车数百两,辞决而去"。苏林曰:"长安东郭门也。"

(5)《汉书·何并传》:"徙颍川太守,代陵阳严诩。……王莽遣使征诩,官属数百人为(严诩)设祖道。"

(6)《汉书·西域传上》:傅介子刺杀楼兰王之后,汉朝更立楼兰王弟尉屠耆为王,"更名其国为鄯善,为刻印章,赐宫女为夫人,备车骑辎重,丞相、(将军)率百官送至横门外,祖而遣之"。颜师古注曰:"为设祖道之礼也。"

(7)《汉书·王莽传》:始建国地皇三年(22)"四月,遣太师王匡、更始将军廉丹东,祖都门外"。颜师古注曰:"祖道送匡、丹于都门外。"

(8)《后汉书·祭遵传》建武六年(30),诏令祭遵等从天水出兵,讨伐公孙述。李贤注引《续汉书》曰:"上幸广阳城门,设祖道,阅过诸将,以遵新破渔阳,令最在前。"

(9)《后汉书·马援传》:建武二十年(44),因匈奴、乌桓寇扶风等地,马援出屯襄国,光武帝"诏百官祖道"。

(10)《后汉书·张霸传附张玄传》:汉灵帝中平二年(185),张温以车骑将军出征凉州贼边章等,将行,张玄劝说张温趁便诛杀宦官,其中提到:"闻中贵人、公卿已下当出祖道于平乐观。"

(11)《后汉书·吴祐传》:"后举孝廉,将行,郡中为祖道。"

(12)《后汉书·董卓传》:董卓"尝至郿行坞,公卿已下祖道于横门外"。

(13)《后汉书·祢衡传》:曹操送祢衡与刘表,祢衡"临发,众人为之祖道,先供设于城南"。

(14)《后汉书·马成传》:建武四年(28),"(马成)拜扬武将军……发会稽、丹阳、九江、六安四郡兵击李宪,时帝幸寿春,设坛场,祖礼遣之"。

(15)《后汉书·文苑·高彪传》:"时京兆第五永为督军御史,使督幽州,百官大会,祖饯于长乐观。议郎蔡邕等皆赋诗,彪乃独作箴曰云云。"

(16)同上:"后迁外黄令,帝敕同僚临送,祖于上东门。"李贤注:"洛阳城东面北头门。"

(17)《后汉书·冯绲传》:延熹五年(162),拜冯绲为车骑将军,讨长沙、零陵、武陵蛮,诏"命有司祖于国门"。李贤注曰:"祖,道祭也。郑玄注《礼记》云:'天子九门:路门也,应门也,雉门也,库门也,皋门也,国门也,近郊门也,远郊门也,关门也。'"

(18)《后汉书·南匈奴列传》:顺帝汉安二年(143),汉朝立呼

兰若尸逐就单于,"遣行中郎将持节护送单于归南庭。诏太常、大
鸿胪与诸国侍子于广阳城门外祖会,飨赐作乐,角抵百戏"。李贤
注:"广阳,洛阳城西面南头门。"

以上皆是见于《史记》《汉书》《后汉书》等典籍的记载。综合这些记载,
我们可以发现,两汉人祖道的地点基本都是选在城郭门外。其中,自长
安城北行、西行,大都在横门外祖道,如《汉书·刘屈氂传》《汉书·西域
传上》以及《后汉书·董卓传》等各条材料所记;自长安城东行,则在都
门(东都门,即东郭门)外祖道,如《史记·滑稽列传》《汉书·疏广传》
《汉书·王莽传》等各条材料所记;自洛阳西行、北行,则于广阳门外祖
道,如《后汉书·祭遵传》李贤注引《续汉书》以及《后汉书·南匈奴列
传》等所记;自洛阳东行,则祖道于上东门外,如《后汉书·文苑·高彪
传》等所记。
　　关于行路之神的名字,在古代存在多种说法,或认为行路之神为
共工之子,名曰修。例如应劭《风俗通义》卷八"祖"条引《礼传》说:"共
工之子曰修,好远游,舟车所至,足迹所达,靡不穷览,故祀以为祖神。"
《汉书·景十三王传》颜师古注则说:"昔黄帝之子累祖好远游而死于
道,故后人以为行神也。"认为行路之神为黄帝之子,这与应劭之说不
同。郑玄认为行路之神没有确切的名字。《仪礼·聘礼》"释币于行"。
郑玄注曰:"告将行也。行者之先,其古人之名未闻。"贾公彦疏云:"此
谓平地道路之神。"有的学者指出,行路之神名字的不确切,正说明这
一信仰崇拜的广泛与久远。[1] 这一说法很有道理。大概古代不同地

---

[1]　王子今:《简牍史话》,中国大百科全书出版社,2000 年,第 101 页。

域、不同部族分别有属于自己部族的行神崇拜。随着国家的统一、部族的融合，不同行神的形象逐渐模糊，名字逐渐不确定，保存在人们信仰中的只剩下一个模糊的神灵形象。

祭祀行路之神，需要堆土筑坛，并供设祭祀用的一些物品。这种祭祀礼仪产生较早。《礼记·月令》："孟冬之月，其祀行。"郑玄注云："行在庙门外之西，为軷坛，厚二寸，广五尺，轮四尺。祀行之礼，北面设主于軷上，乃制肾及脾，为俎，奠于主南。又设盛于俎东，祭肉肾一、脾再，其他皆如祀门之礼。"郑玄所说"庙门外之西为軷坛"，应是先秦天子诸侯的礼制，属于常祀，即每年孟冬之月的祭祀活动。大夫以下则"有行无常祀"，即只有出行前对行路之神的祭祀。《仪礼·聘礼》贾公彦疏说："大夫虽三祀，有行无常祀，因行使始出有告礼而已。至于出城，又有軷祭，祭山川之神，喻无险难也。"这说明，第一，祖道之礼主要指出行前告祭行路之神后，在路侧进行的对山川之神的祭祀；第二，无论常祀，还是出行之前对行路之神的祭祀，都要设置坛场。

文献中所见到的汉代祖道之礼，已经没有君主与大夫之别，但是仍分为常祀和出行前的祭祀两种情况。汉代的常祀在每年的春秋各举行一次。《仪礼·聘礼》郑玄注曰："今时民春秋祭祀有行神，古之遗礼乎？"所说的即是汉代的情况，这种常祀应当设置有坛场。

汉代祭祀行神的具体日期在史书中虽有线索可稽，但皆不清楚，且相互参差，故现在尚不能确定。其中一处记载见于《后汉书·陈宠传》：王莽时，陈宠曾祖父陈咸看到王莽多改汉制，遂与三个儿子一同辞职，归还乡里，"闭门不出入，犹用汉家祖腊。人问其故，咸曰：'我先人岂知王氏腊乎？'"李贤注引应劭《风俗通》曰："汉家火行盛于午，故以午日为祖也。"盖汉代根据阴阳五行学说，将春秋两次祭祀行神的具体日期选择确定在午日。但到底是哪一个午日,由于资料缺乏,已经无从考察。

另一处记载见于崔寔《四民月令》:"腊日,祀祖。"本注曰:"祖者,道神也。黄帝之子曰累祖,好远游,死道路,故祀以为道神⋯⋯以求道路之福也。"据此,每年腊日的祭祀活动,包含有对道路之神的祭祀。汉代腊祭时间通常定在冬至后的某个戌日,东汉则定在冬至后的第三个戌日。按照这条材料,每年在冬至后的某个戌日举行腊祭时,人们也举行对行路之神的祭祀。这不仅与应劭所说的汉家"以午日为祖"不相吻合,而且与郑玄说的春秋两次祭祀也不同。郑玄、应劭均为东汉人,未知孰是孰非。

汉代人远行前的祖道之礼,即祭山川之神,也设坛场、立神主。例如《后汉书·马成传》称光武帝派马成发兵击李宪,即为之"设坛场,祖礼遣之"。又如《后汉书·吴祐传》李贤注说:"祖道之礼,封土为軷坛也。《五经要义》曰:'祖道,行祭,为道路祈也。'《周礼》:'大驭掌王玉路以祀及犯軷。'注云:'犯軷者,封土象山于路侧,以刍棘柏为神主,祭之,以车轹軷而去,喻无险难。'"所谓"封土为軷坛","封土象山于路侧,以刍棘柏为神主",即是指远行之前,在路侧筑土坛祭祀山川之神,希望远行之人在路途中不会遇到艰难险阻。所堆坛土仿照山的形状,正是指对山川之神的祭祀。

祖道之礼完毕之后,所有参加的人员,都进行宴饮。《汉书·景十三王传》颜师古注曰:"祖者,送行之祭,因缮饮也。"《汉书·刘屈氂传》颜师古又注曰:"祖者,送行之祭,因设宴饮焉。"

此时,人们还往往为远行者赋诗、歌咏。例如,燕太子丹等送荆轲于易水之上,祖道之礼后,"高渐离击筑,荆轲和而歌,为变征之声,士

皆垂泪涕泣。又前而为歌曰：'风萧萧兮易水寒,壮士一去兮不复还!'
复为羽声慷慨,士皆瞋目,发尽上指冠"。《后汉书·文苑传·高彪》:
百官于长乐观为京兆第五永祖饯,"议郎蔡邕等皆赋诗,彪乃独作箴
曰"云云。《太平御览》卷七百三十六引有蔡邕的一篇《祖饯祝》,曰:
"令岁淑月,日吉时良。爽应孔嘉,君当迁行。神龟吉兆,林气煌煌。
著卦利贞,天见三光。鸾鸣雍雍,四牡彭彭。君既升与,道路开张。风
伯雨师,洒道中央。阳遂求福,蚩尤辟兵。仓龙夹谷毂,白虎扶行。朱
雀道引,玄武作侣。勾陈居中,厌伏四方。往临邦国,长乐无疆。"此赋
主要讲了出行的日期吉利,行途中有诸神灵护佑,必定平安顺利。不
知此段文字是否为蔡邕送行第五永时所赋作品。到后来,送行时赋诗
作文成为文人创作的重要主题之一。《文选》卷二十有"祖饯"诗,收录
曹植《送应氏诗二首(五言)》、孙楚《征西官属送于陟阳候作诗(五言)》
等,皆为送行时的诗作。

　　云梦睡虎地出土的秦简《日书》中保留了不少民间出行祭祀的宜
忌,其中有"祠行""行祠"之类的内容,对我们了解这一时期的祖道之
礼很有帮助。例如睡虎地秦墓竹简:

　　(1) 祠行良日,庚申是天昌,不出三岁必有大得。 (《日书甲
种》简 79 正贰)
　　(2) 祠行日,甲申,丙申,戊申,壬申,乙亥,吉。龙,戊、己。
(《日书乙种》简 37 贰—简 38 贰)
　　(3) 行忌:凡行,祠常行道右,左▨ (《日书乙种》简 143)
　　(4) 行祠:祠常行,甲辰、甲申、庚申、壬辰、壬申,吉。●毋以
丙、丁、戊、壬▨ (《日书乙种》简 144)

（5）行行祠：行祠，东行南〈南行〉，祠道左；西北行，祠道右。
其謞（号）曰大常行，合三土皇。耐为四席，席叕（餟），其后亦席。
三叕（餟）。其祝曰："毋（无）王事，唯福是司，勉饮食，多投福。"
（《日书乙种》简 145—简 146）

（6）□祠：正□□□□□□□□癸不可祠人伏，伏者以死。
戊辰不可祠道蹐（旁），道蹐（旁）以死。丁不可祠道旁。 （《日书乙
种》简 147）

简文中的"行"指行神、行路之神。"祠行"即祭祀行神，亦即汉代
的祖道之礼。"常行"，睡虎地秦墓竹简整理小组注曰："疑即道路之神
行。"《日书》中"行"与"常行"并提，说明二者应略有区别，区别何在，暂
时不能明确。

这几条简文列举了"祠行"的吉日（简文中称"良日"）和忌日，建议
人们选择吉日，避开忌日，反映了当时人们对于这一仪式举行的日期
选择十分注意。根据简文，出行方向不同，在路侧"祠行"的位置也不
同，往东南方向出行时，祠于道路左侧；往西北方向出行，祠于道路右
侧。祭祀时，常行与三土皇合祭，各设一席。另设席子摆放祭品。餟，
是祭奠神灵的一种方式。《史记·孝武本纪》："其下四方地，为餟食群
神从者及北斗。"《索隐》："谓连续而祭之。"秦简《日书》说"三餟"，应是
指向常行神等连续三次贡献祭品。祭祀时，向神灵祷告祈福之辞，祈
求神灵保佑一路平安无事、身体健康，饮食起居正常，诸事顺利。秦代
"祠行"的主要仪式应当延续到汉代而不会有太大的改变，因此也可以
作为了解汉代祖道之礼的重要参照。例如《随州孔家坡汉墓简牍·日
书·忌日》：

寅不可行,出入不至五里,人必见兵。 (简 392)

这条汉代的《日书》简说的就是出行日子的吉凶问题,这与秦简《日书》反映的情况很一致,足见这方面的信仰有很强的延续性。

那么,居延汉简中的"祖道钱"是怎么回事呢?估计这些由众人共同凑集起来的"祖道钱",应当是用来置办祖道之礼中的祭祀用品和宴饮所需的饮食。此简发现于当时偏远的边塞地区,说明汉代人信奉祖道之礼的地域确实相当广泛,即便在边远的地区也不例外。

当然,汉简所见的"祖道钱"的用途也不排除另一种可能性:它或许是与出行者关系密切的人凑集起来,赠送给出行者,作为出行者路途中的费用。《汉书·萧何传》:"高祖以吏繇咸阳,吏皆送奉钱三,何独以五。"颜师古注曰:"出钱以资行,他人皆三百,何独五百。"萧何等县吏送给刘邦的钱,即是资助刘邦途中所需。

第十二章　丧葬文书——遣策、告地策

秦汉时期的丧葬活动中，形成一些丧葬文书，其中最为常见的是罗列随葬品的遣策和各式各样的告地策。这类文书反映了汉代人对死后世界的想象，是研究汉代丧葬信仰的好材料。

第一节　遣策

古人死后，其家人常会根据自身的经济能力，用数量不等的物品陪葬，随葬的物品往往书写在某种载体上与葬品一同埋入墓葬。《仪礼·既夕礼》："书遣于策。"郑玄注："遣犹送也。谓所当藏物茵以下。"这种书写有随葬物品名称、数量的简册或板牍称为遣策或遣册。对于遣策的具体式样，由于传世典籍的记载不足，只有《逸周书·器服解》《仪礼·既夕礼》保留了一点关于贵族随葬物品的种类组合，至于直接的遣策实例则没有一件。二十世纪以来的考古工作，发现了一批自战国至汉晋的各个阶层人物的随葬器物清单，为我们结合文献了解遣策提供了珍贵的第一手材料。

汉代人相信，人在死亡后要前往一个地下的世界，那里的社会结构是人世间的翻版。[1] 让死者在前往另一个世界的时候,随身携带大量的生活所需物品,是亲人对死亡者的一种关怀。登记这些随葬物品的遣策,亦仿照人世间的财物清单或管理账册。根据出土遣策实物,汉代遣策的格式通常可以分为两种。一般的遣策因为内容比较少,只是简单地罗列出随葬品的名称与数量。例如湖北江陵凤凰山 9 号汉墓竹简遣策:

> 大婢思田操柤
>
> 大婢女己田操柤
>
> 大婢意田操柤
>
> 大婢信田操柤
>
> 大婢戴田操锸
>
> 大脯检一合
>
> 小脯检一合
>
> 肉一笥
>
> 脯一笥
>
> 鱼一笞
>
> 雙一笞
>
> 卵一笞
>
> 笋一笞
>
> 绣小橐一盛豆
>
> 赤绣小橐一盛豆

---

[1] 吴荣曾:《镇墓文中所见到的东汉道巫关系》,《先秦两汉史研究》,第 362—378 页。

白绣小橐一盛□
□绣小橐一盛□
□小□□盛□①

汉代崇尚厚葬,贵族、官僚的随葬品尤其多,他们墓葬中的遣策往往不仅将随葬品按照类别集中登记,而且在每一类别后面作一小计。例如长沙马王堆 1 号汉墓出土遣策共计竹简 312 枚,登记了物品 50余类 200 余种,在每一类物品之后都小计其数量,并将书写小计之简的上端以墨涂黑。这里仅录其中的三类随葬品的清单,以见其格式。

第一类:

白酒二资
温酒二资
助酒二资
米酒二资
■右方酒资九②

第二类:

葵种五斗布囊一
赖种三斗布囊一

① 李均明、何双全编:《散见简牍合辑》,第 64—65 页。
② 李均明、何双全编:《散见简牍合辑》,第 113 页。

　　棕种五斗布囊一

　　麻种一石布囊一

　　五种十囊囊盛一石五斗

　　■右方种五牒布囊十四①

第三类：

　　素履一两

　　丝履一两

　　青丝履一两扁楮㡆

　　接粗一两

　　■右方履二两、粗一两②

　　因为遣策中逐一罗列明白随葬物品的名称与数量，故又称为"随身物疏"或"具物疏"。如甘肃武威旱滩坡 19 号晋墓出土四号木牍在罗列完毕男性墓主姬瑜的随葬衣物、官印、纸笔、金银、器物等物品之后，云："升平十三年七月十二日，凉故驸马都尉建义奋节将军长史武威姬瑜随身物疏令卅五种。"五号木牍在罗列完毕姬瑜之妻的随葬衣物、妆具、首饰、器物等物品之后，云："□咸康四年十一月十日假凉都督故□妻正□□□有□□□□□具物疏。"③

　　有的墓葬出土的物品清单制作得很细致，将不同类别的物品分别

①　李均明、何双全编：《散见简牍合辑》，第 1245—1250 页。

②　李均明、何双全编：《散见简牍合辑》，第 120 页。

③　李均明、何双全编：《散见简牍合辑》，第 26—29 页。

书写在不同的木牍上,并且有不同的名字。如尹湾6号汉墓出土两枚木牍,上面书写了三份随葬品清单,其中木牍 M6D12 正面首栏首行即为一清单的标题,曰"君兄衣物疏",其下一直至背面,为用于随葬的各种被子、衣绔、履袜及其他物品的名称、数量。木牍 M6D13 正面首栏首行亦为一清单的标题,曰"君兄缯方缇中物疏",应为装盛于缯方缇中的随葬品清单,其下罗列了刀笔、墨研、算筹以及书籍的名称与数量。木牍 M6D13 背面首栏首行仍为一清单的标题,曰"君兄节司小物疏",应为装盛于竹笥中的随葬品清单,其下罗列的则全为用于梳洗、化妆的用具名称与数量。[①] 很明显,这三份出自同一墓葬的随葬物品清单所登记的物品类别区分是很明晰的,这些物品又分别放置在不同的盛具和位置,所以在清单中不仅各自单独罗列,而且还有各自的小标题。

从汉墓出土随葬器物清单可以发现,用来书写清单的既有简册,又有木牍,并无固定的载体。《仪礼·既夕礼》所记载的书写随葬器物于简册的礼制,乃先秦之制,汉代则不限于此。

第二节　告地策

汉代人认为,人去世之后,其灵魂将转到地下的世界。出土镇墓文里就有"生人上就阳,死人下归阴",或"[生人有]里,死人有乡"之类的话。地下世界的社会结构与人世间完全相同,也设有郡守、县令、游

---

① 连云港市博物馆等:《尹湾汉墓简牍》,中华书局,1997年。

徼、亭长等各类大小官吏来管理一切事务。① 死人在地下的遭遇也与
人世间类似。例如,汉代官府随时掌握每个家庭的户口、财产情况,人
死后转入地下世界,也要给地下官吏类似的报告文书,声明死者的身
份、财产。汉朝平民离开所居住的乡里,迁往他地,或去其他地方经
商,通常需要从乡里开具证明,到县廷领取通行证之类的文书。他们
认为,人去世后,前往死人所在的世界,也需要这样的证明文书,否则
就难以顺利到达。这些文书的撰写采用的是当时官府行政文书的基
本格式和一般用语。

这种发给地下官吏的文书通常称为告地策,在已经发掘的汉墓中
先后出土过数件。按照内容,大致可以分为以下几种情况:

1. 移送随葬物品的文书。例如,长沙马王堆 3 号汉墓除出土四百
余枚竹简遗册外,还出土一枚木牍,释文如下:

> 十二年二月乙巳朔戊辰,家丞奋移主赃(藏)郎中:移赃(藏)
> 物一编,书到,无选(撰)具素主赃(藏)君。②

该墓的主人为长沙丞相轪侯利仓之子。此木牍应是附属于遗册
的一件文书,是以轪侯家丞的名义向主藏郎中发送的文书。文书告知
主藏郎中,随同轪侯的财产清单已经送到,要求接收。"十二年"指文

---

① 参见吴荣曾:《镇墓文中所见到的东汉道巫关系》,载《先秦两汉史研究》。
② 湖南省博物馆、中国科学院考古研究所:《长沙马王堆二、三号汉墓发掘简报》,
《文物》1974 年第 7 期。

帝初元十二年(前 168),是该墓埋葬的时间。[1] 在当时人的意识里,一个人死后,在地下的世界里仍拥有与人世间完全相同的待遇,贵族仍拥有许多为之服务的家吏和奴婢。因此,主藏郎中应是地下专门负责轪侯家产的小吏。

湖北江陵凤凰山 10 号汉墓出土的一枚木牍,则将遣册与移送遣册的文书书写在一起:

竹笥二

望笥一

函一

大奴一人

大婢二人

□□卑﹦一具

(以上为正面第一栏)

尺卑﹦一具

会卑﹦一具

食检一具

楑一具

小于一具

(以上为正面第二栏)

案一

---

[1]　中国社会科学院考古研究所编:《新中国的考古发现和研究》,文物出版社,1984年,第 429 页。

　　布橐食一

　　缣橐米二

　　布帷一长丈四二福

　　瓦器凡十三物

　　（以上为正面第三栏）

　　脯二束

　　豚一

　　柯一具

　　赤杯三具

　　黑杯五

　　（以上为正面第四栏）

　　酒□二斗一

　　四年后九月辛亥，平里五大夫倀偃［敢告］

　　地下［主］：偃衣器物所以□□器物□令

　　□以律令从事。

　　（以上为背面）①

　　据考证，牍文中的"四年后九月"，应是景帝四年（前153）后九月，知此木牍的年代属于景帝时期。② 墓主名倀偃，当即同墓所出另一木牍所记载的"西乡偃"。"西乡偃"应指西乡有秩偃或西乡啬夫偃之简称。偃的随葬器物陪同偃转入冥间时，需要有一件通知地下负

① 李均明、何双全编：《散见简牍合辑》，第66—67页。
② 裘锡圭：《湖北江陵凤凰山十号汉墓出土简牍考释》，《文物》1974年第7期。

责官吏的文书,这说明汉人的观念认为,阴世间也设有负责管理个人财产的小吏。

汉代乡官在地方上的权力很大。《续汉书·百官志》记载,汉于每个乡皆设置有秩(或啬夫)、三老、游徼。其中有秩秩百石,由郡府署任,治大乡。啬夫由县署任,治小乡。有秩或啬夫"主知民善恶,为役先后;知民贫富,为赋多少,平其差品"。全乡民众的赋税征收、徭役征发,皆掌于其手,直接左右着普通民众的生活与命运。墓主偃身为乡吏,这种权力带来的优势在此木牍文书里也有所体现,在向地下官吏移送偃的随葬品清单时,文书直接以偃自己的口吻,而不是以其他官吏的语气来表述。

2. 通行证明文书。武威磨咀子 15 号墓出土一件书写文字的织品,释文如下:

> 姑臧北乡西夜里女
> 子□宁死下世,当归冢次,
> □□□□□水社毋□河(苟)留
> □□[有天]帝教如律令。

此告地下文书有"毋□苟留"之类的话语,乃不要阻挠留难之意,表明此类告地下文书应属于前往地下世界的墓主手持的证明文书。这是模仿当时人们出行时必须携带的证明文书而制作的,反映了汉代人头脑中关于人间与地下的联系状况完全是人世间在不同地区之间来往的概念,死人到地下需要有出行证明,否则行途就会受阻。

甘肃武威五坝山 3 号汉墓出土一枚木牍,也是告地下文书:

●张掖西乡定武里田升宁,今过黄,过所毋留难也。故为□
□□。

今升宁自小妇得绥,取升宁衣履烧祠,皆得

□过也。今升宁田地皆当归得孙赵季平所可。

□升宁田地皆当归得孙任□。今升宁田地皆当归得

田地皆当归得孙任胡开口,愿得绥禁之 (以上为正面)

物,复以得孙任胡巫语言□□□□□

在张昊天知曲直,故为信。 (以上为背面)①

黄即黄泉。黄泉本指地下的泉水,以其为地下深处,故也指葬身
之地。《左传·隐公元年》:"置姜氏于城颍,而誓之曰:'不及黄泉,无
相见也。'"此处则指地下的死人世界。"今过黄,过所毋留难"者,谓死
者田升宁奔赴黄泉,沿途不要阻挠留难。

牍文云取死者的衣履烧祠,反映的是一种丧葬祭祀习俗。《后汉
书·乌桓传》记载,乌桓"俗贵兵死,敛尸以棺,有哭泣之哀。至葬,则
歌舞相送。肥养一犬,以彩绳缨牵,并取死者所乘马衣物,皆烧而送
之,言以属累犬,使护死者神灵归赤山。赤山在辽东西北数千里,如中
国人死者魂神归岱山也。敬鬼神,祠天地日月星辰山川以及先大人有
健名者。祠用牛羊,毕皆烧之"。《魏书·高允传》:"前朝之世,屡发明
诏,禁诸婚娶不得作乐,及葬送之日歌谣、鼓舞、杀牲、烧葬,一切禁
断。"焚烧死者生前用过的衣物,为之送葬,在祭祀时,也将祭品焚烧
掉,这是古代早期北方民族的习俗。武威汉墓木牍记载的烧祠习俗有

可能是受到北方游牧民族的影响。

　　该牍文表明,墓主田升宁死后,其田地分别转归孙赵季平、孙任□、孙任胡等人名下,告地策特意书写明白,盖意在声明,死者生前的田地不得随同死者的灵魂带走,并声称"天知曲直,故为信"。让天作证,这与一般的契约文书中找其他人作证人不同,是冥间文书的鲜明特点。

　　3. 作为户籍登记凭证的文书。江苏邗江胡场5号汉墓出土一份文书(两枚木简):

　　　　　卅七年十二月丙子朔辛卯,广陵宫司空长前丞□敢告

　　　　土主:广陵石里男子王奉世有狱事。事已,复故郡乡

　　　　里,遣自致,移棺(诣)穴。卅八年狱计,承书从事,如律令。[①]

　　该简文有"卅七年""广陵"等字样,据考证,指广陵王刘胥四十七年,刘胥乃汉武帝之子,元狩六年(前117)封广陵王,在位六十四年。宣帝五凤四年(前54),刘胥因罪自杀,谥厉王。广陵王刘胥四十七年,即宣帝本始三年(前71)。查陈垣《二十史朔闰表》,此年十二月丙子朔,与简文相合。[②]

　　根据文书,墓主王奉世似乎是犯过刑律的人,此文书的用意是为了证明王奉世的狱事已经了结,取消刑徒身份,恢复为编户齐民。现在是以编户齐民的身份前往地下世界的,要求地下官吏按照编户齐民来为王奉世登记户籍。

———————

① 李均明、何双全编:《散见简牍合辑》,第102页。
② 扬州博物馆、邗江县图书馆:《江苏邗江胡场五号汉墓》,《文物》1981年第11期。

湖北江陵凤凰山 168 号汉墓出土一枚竹牍,释文如下:

> 十三年五月庚辰,江陵丞敢告地下丞:市阳五
> 大夫隧少言与大奴良等廿八人、大婢益等十八人、轺车
> 二乘、牛车一两、驷马四匹、騽马二匹、骑马四匹,
> 可,令吏以从事。敢告主①

此墓葬的时代为西汉文帝时期,牍文之"十三年"应系文帝十三年(前167)。江陵为县名,南郡郡治。市阳为里名,凤凰山 10 号汉墓出土木牍中,有多处提到市阳里,应是江陵县某乡的一个里。"隧少言"为人名,应是墓主。"敢告主"之"主"应指地下丞。此文书是以江陵县丞的名义向地下的县丞发出的,说市阳里五大夫隧少言及其奴婢、车马各若干,一同到地下报到,告知地下丞如数登记。

湖北江陵高台西汉墓出土过三枚木牍,也属于向地下移报死者户籍的文书及相关资料。其中第一枚木牍(编号甲)为该文书的封检。第二枚木牍(编号丙)为江陵丞移安都丞的文书正文。第三枚木牍(编号乙)为文书正文之附件。其中第二、三枚木牍释文如下:

木牍二:

> 七年十月丙子朔庚子,中乡起敢言之:新安大女燕自言与大
> 奴甲、乙、[大]婢妨徙安都,谒告安都,受[名]数,书到,为报,敢
> 言之。

---

① 李均明、何双全编:《散见简牍合辑》,第 77 页。

十月庚子,江陵龙氏丞敢移安都丞。亭手。　（以上为正面）

户手。　（以上为背面）

木牍三：

新安户人大女燕,关内侯寡

大奴甲

大奴乙

大婢妨

家优不算、不顈①

木牍中的"七年十月丙子朔庚子",或以为即文帝七年（前173）。查张培瑜《三千五百年历日天象》,文帝七年十月丙子朔,与此木牍的月朔正相合。汉代凡编户齐民欲离开所属乡里而远行到其他地方或更动户籍,需要先由本乡的乡官出具证明,当事人持此证明到县办理相关手续。例如：

永始五年闰月己巳朔戊子,北乡啬夫敢言之：义成里崔自当自言为家私市居延。谨案：自当毋官狱征事,当得取传,谒移肩水金关、居延县索关,敢言之。

① 荆州地区博物馆：《江陵高台18号汉墓发掘简报》,《文物》1993年第8期；黄盛璋：《江陵高台汉墓新出"告地策"、遣策与相关制度发复》,《江汉考古》1994年第2期；张俊民：《江陵高台18号墓木牍释文浅释析》,《简帛研究（二〇〇一）》,广西师范大学出版社,2001年。

　　闰月丙子,觻得丞彭移肩水金关、居延县(悬)索关:书到,如
律令/掾晏、令史建　(《居延汉简释文合校》15·19)

　　此条出自居延的简文包含两件文书,前一件是义成里崔自当因私
市要到居延而由北乡啬夫出具的证明,后一件是觻得县的批示,两份
文书合在一起即是崔自当过肩水金关等关隘所需要的证件。高台木
牍在文书结构及办事手续上与此基本一致,其中的"大女燕",为某关
内侯之妻或妾,应即墓主。"中乡"应是燕户籍所在乡。"新安"应指大
女燕所属的里。"江陵"为南郡治所,此处借指南郡。"龙氏"当为南郡
之县名,史书不载。"安都"似是大女燕的故里,亦当为县名。《史
记·齐悼惠王世家》:"文帝十六年,复以齐悼惠王子安都侯志为济北
王。"唐张守节《正义》云:"安都故城在瀛州高阳县西南三十九里。"唐
之瀛州高阳县即汉之涿郡高阳县。牍文云安都,当为汉初之名,其曰
高阳,应是后来所改。[①]
　　古人若死于异乡,愿魂归故里,这是古代社会长期流行的风俗。
《后汉书·廉范传》记载:"廉范字叔度,京兆杜陵人……范父遭丧乱,
客死于蜀汉,范遂流寓西州。西州平,归乡里。年十五,辞母西迎父
丧。蜀郡太守张穆,丹之故吏,乃重资送范,范无所受,与客步负丧归
葭萌。载船触石破没,范抱持棺柩,遂俱沈溺。众伤其义,钩求得之,
疗救仅免于死。穆闻,复驰遣使持前资物追范,范又固辞。归葬服竟,
诣京师受业。"《后汉书·独行·温序传》记载:"温序字次房,太原祁人

---

①　业师张金光先生认为此木牍中的"新安""安都"二地名均非实指,而是"为死者燕
之阴居地和阴宅所拟定的吉名"。参张金光:《秦制研究》,上海古籍出版社,2004 年,
第 810 页。

也。……建武六年,拜谒者,迁护羌校尉。序行部至襄武,为隗嚣别将苟宇所拘劫。……遂伏剑而死。序主簿韩遵、从事王忠持尸归敛。光武闻而怜之,命忠送丧到洛阳,赐城傍为冢地,赙谷千斛、缣五百匹,除三子为郎中。长子寿,服竟为邹平侯相。梦序告之曰:‘久客思乡里。’寿即弃官,上书乞骸骨归葬。帝许之,乃反旧茔焉。”这两件事都充分反映了当时的观念就已经是人死亡于外地之后,应该魂归故里。廉范之父、温序都是客死在他乡,虽然因故在死后葬在死亡的地方,但后来其子都历经艰难也要把他们的尸骨迁回乡里埋葬。

燕死葬于江陵,而欲与其奴婢等移名数于安都,盖亦此意。汉代,任何编户齐民欲迁移户口,需先持有本乡有秩或啬夫出具的证明,到县廷领取正式的证明文书,持此文书即可办理。此木牍文书正是该项制度的反映。木牍三罗列了大女燕以及她的奴婢的名字,当是木牍二之后附件,是交给安都县丞为燕办理户籍登记的具体资料。①

湖北江陵毛家园1号汉墓出土一枚《告地书》木牍,《中国考古学年鉴1987》《书写历史——战国秦汉简牍》曾先后刊布释文和图版,释文均有缺释和不准确之处,后经刘国胜先生重新校正释文如下:

十二年八月壬寅朔己未,建乡畴致告地下主:□阳关内侯寡大女精死,自言以家属、马牛徒。今牒书所与徒者七十三牒移,此

---

① 关于此件文书的性质,李学勤先生曾提出不同意见,他将此文书与湖南龙山里耶秦简文书加以比较,二者格式相同,认为应是“一件实用的文书的副本”(李学勤:《初读里耶秦简》,《文物》2003年第1期)。我个人认为,学界此前对该文书的认识还是正确的。若此文书乃实用文书的副本,则墓主的户口应当已经迁移到安都,其墓葬似乎不应在江陵。从这点看,该文书为实用文书副本的可能性不大。

家复不事。可令吏受数以从事，它如律令。敢告主。①

　　该告地书交代的时间是"十二年八月壬寅朔己未"，按西汉皇帝纪年有十二年的仅高帝和文帝二人，高帝十二年（前195）戊寅朔，文帝十二年（前168）八月壬寅朔，可见，此文书的纪年应属文帝十二年。该文书的内容是模拟死者生前名籍所在乡（"建乡"）的小吏（"畴"）向阴间移送名籍，名籍上除了登记死者"精"的名字外，还强调了随同"精"同行的有"家属、马牛"。"家属"应该指家中的奴婢，与"私属"意思相同。奴婢和牲畜都是主人的财产，这在史书和出土简牍中有记载。当然，告地书里所说的奴婢和牲畜，在汉代通常是陪葬用的木俑或陶俑。"七十三牒"是登记"家属、马牛"的遣策所用竹木简的数量为七十三枚。"此家复不事"是告诉地下主免除死者的赋税和徭役。"令吏受数以从事"是要求地下主安排地下世界负责户籍登记和管理的小吏登记死者的户籍和财产，并按照文书中的要求来执行。
　　湖北随州孔家坡汉墓也出土了一件木牍，整理者亦命名曰《告地书》，其释文如下：

　　　　二年正月壬子朔甲辰，都乡燕戎敢告之：库啬夫辟与奴宜马、取、宜之、益众，婢益夫、末众，车一乘，马三匹。
　　　　正月壬子，桃侯国丞万移地下丞，受数毋报。
　　　　定手。②

---

① 刘国胜：《读西汉丧葬文书札记》，《江汉考古》2011年第3期。
② 湖北文物考古研究所、随州市考古队编：《随州孔家坡汉墓简牍》，文物出版社，2006年。

正如整理者所说,该文书的内容也是虚拟死者生前名籍所在的地方官向阴间官员移送名籍。文书分前后两部分,前半部分是以都乡啬夫的名义向桃侯国上报请求移送死者库啬夫辟户籍的行文,后半部分则是以桃侯国丞的名义将库啬夫辟及其奴婢等户籍资料向地下丞移交。该文书开头签署日期是"二年正月壬子朔甲辰",整理者根据同墓出土的历日推断,"二年"应指汉景帝后元二年(前142)。至于简文中的"正月壬子朔甲辰",整理者认为当是"正月甲辰朔壬子"之误,因为朔日为壬子的月份不可能有甲辰日。查张培瑜《三千五百年历日天象》,景帝后元二年正月确是甲辰朔,整理者的推断是正确的。文书中提到墓中随葬有"奴宜马、取、宜之、益众,婢益夫、末众,车一乘,马三匹"。按,该墓出土侍从木俑六个,文书中的六名陪葬奴婢,应该就是指此,人名皆属虚拟;又出土木马三匹,应即文书中的"马三匹";墓中出土车伞盖一副,应即表示文书中所说的随葬车一乘。

4. 祈祷求福文书。江苏盱眙东阳西汉末期的一座墓葬中出土一枚墨书木札,上书写三行文字:

> 王父母范当以钱自塞祷
> 园山高陵里吴王会稽盐官诸鬼神
> 亦使至祷①

牍文中"王父母"为祖灵的泛称。"塞祷"即祈祷、祈愿。"园山高陵里"则指墓地,或具体指某墓地名。"至祷"表示深切地祈祷。此墨

---

① 南京博物院:《江苏盱眙东阳汉墓》,《考古》1975年第5期。

书木牍反映的是死者家属向天上、地下诸神灵祈祷，求其佑助死者。

江苏邗江胡场 5 号汉墓出土一枚木牍，上面书写了许多神灵的名字，分作五栏：

江君　　仓天

上蒲神君　天公

高邮君大王

满君

卢相泛君

中外王父母

神魂

（以上为第一栏）

大翁

赵长夫所□

淮河

瑜君

石里神杜（社）

城阳□君

（以上为第二栏）

石里里主

宫春姬所□君□

大王　宫中□池

吴王　□□神杜（社）

□王

泛□神王

大后垂

（以上为第三栏）

当路君

荆主

奚丘君

水上

□君王

□杜（社）

（以上为第四栏）

官司空

杜（社）

□邑

塞

（以上为第五栏）①

　　在这些神灵中，有的应是当时各地民众所共同崇拜的神灵，如"仓天""天公"等；有的明显带有地方特点，如"江君""高邮君大王""淮河""石里神杜（社）""石里里主""大王""吴王""荆主""奚丘君"等；有的则应属于死者的祖先神灵，如"中外王父母""神魂"等。死者的亲人通过抄写、呼唤他们所能知道的天、地两界所有神灵的名位，来为墓主祈祷冥福。到东汉时，这种祈祷文书演变为写在镇墓瓶上的镇墓文。

_____

① 　李均明、何双全编：《散见简牍合辑》，第100—101页。

参考文献

一、基本文献

【传世典籍】

班固撰，陈立疏证：《白虎通疏证》，中华书局，1994 年。

班固撰，王先谦补注，上海师范大学古籍整理研究所整理：《汉书补注》，上海古籍出版社，2008 年。

班固撰，颜师古注：《汉书》，中华书局，2007 年。

陈奇猷校释：《吕氏春秋新校释》，上海古籍出版社，2002 年。

陈寿撰，裴松之注：《三国志》，中华书局，1962 年。

陈直校证：《三辅黄图校证》，陕西人民出版社，1980 年。

杜佑撰，王文锦点校：《通典》，中华书局，1988 年。

范晔撰，李贤等注：《后汉书》，中华书局，1965 年。

干宝撰，汪绍楹校注：《搜神记》，中华书局，1979 年。

葛洪撰，王明校释：《抱朴子内篇校释》（增订本），中华书局，1986 年。

桓宽撰，王利器校注：《盐铁论校注》，中华书局，1992 年。

桓谭撰，朱谦之校辑：《新辑本桓谭新论》，中华书局，2009 年。

贾思勰撰,缪启愉校释,缪桂龙参校:《齐民要术校释》,农业出版社,1982年。

李昉等编:《太平御览》,中华书局,1960年。

李时珍撰,刘衡如、刘山永校注,杨淑华协助:《本草纲目新校注本》(第三版),华夏出版社,2008年。

刘安撰,刘文典集解,冯逸、乔华点校:《淮南鸿烈集解》,中华书局,1989年。

刘向集录:《战国策》,上海古籍出版社,1985年。

马继兴主编:《神农本草经辑注》,人民卫生出版社,1995年。

茆泮林辑:《淮南万毕术》(丛书集成初编本),中华书局,1984年。

欧阳询等编:《艺文类聚》,上海古籍出版社,1982年。

阮元校刻:《十三经注疏》(影印世界书局本),中华书局,1980年。

上海师范大学古籍整理组校点:《国语》,上海古籍出版社,1978年。

尸佼撰,汪继培校正:《尸子校正》(影印《二十二子》本),上海古籍出版社,1986年。

石声汉撰:《氾胜之书今释》,科学出版社,1956年。

石声汉校注:《四民月令校注》,中华书局,1965年。

司马迁撰,裴骃集解,司马贞索隐,张守节正义:《史记》(点校本二十四史修订本),中华书局,2014年。

孙星衍等辑,周天游点校:《汉官六种》,中华书局,1990年。

王充撰,黄晖校释:《论衡校释》(附刘盼遂集解),中华书局,1990年。

王符撰,汪继培笺,彭铎校正:《潜夫论笺校正》,中华书局,1985年。

王明编:《太平经合校》,中华书局,1960年。

萧统编,李善注:《文选》,上海古籍出版社,1986年。

徐坚等编:《初学记》,中华书局,1962年。

徐时仪校注:《一切经音义三种校本合刊》,上海古籍出版社,2008年。

许慎撰,段玉裁注:《说文解字注》,上海古籍出版社,1981年。

许维遹集释:《吕氏春秋集释》,中华书局,2009年。

荀子撰,王先谦集解:《庄子集解》,中华书局,1999年。

严可均辑:《全上古三代秦汉三国六朝文》,中华书局,1987年。

扬雄撰,汪荣宝义疏,陈仲夫点校:《法言义疏》,中华书局,1987年。

应劭等撰,孙星衍等辑,周天游点校:《汉官六种》,中华书局,1990年。

应劭著,吴树平校释:《风俗通义校释》,天津人民出版社,1980年。

应劭撰,王利器校注:《风俗通义校注》,中华书局,1981年。

虞世南编:《北堂书钞》,中国书店,1989年。

袁珂校注:《山海经校注》,巴蜀书社,1992年。

赵在翰辑,钟肇鹏、萧文郁点校:《七纬》,中华书局,2012年。

宗懔撰,宋金龙校注:《荆楚岁时记》,山西人民出版社,1987年。

〔日〕安居香山、中村璋八辑:《纬书集成·河图类》,河北人民出版社,1994年。

〔日〕丹波康赖撰,翟双庆、张瑞贤等点校:《医心方》,华夏出版社,1993年。

【简帛文献】

陈松长编著:《香港中文大学文物馆藏简牍》,香港中文大学文物馆,2001 年。

陈伟主编:《里耶秦简牍校释》第一卷,武汉大学出版社,2012 年。

甘肃省博物馆、中国科学院考古研究所编著:《武威汉简》,文物出版社,1964 年。

甘肃省文物考古研究所等:《居延新简:甲渠候官与第四燧》,文物出版社,1990 年。

甘肃省文物考古研究所:《敦煌汉简》,中华书局,1991 年。

胡平生、张德芳:《敦煌悬泉汉简释粹》,上海古籍出版社,2001 年。

湖北省江陵县文物局等:《江陵岳山秦汉墓》,《考古学报》2000 年第 4 期。

湖北省荆州市周梁玉桥遗址博物馆编:《关沮秦汉墓简牍》,中华书局,2001 年。

湖北省文物考古研究所、北京大学中文系编:《九店楚简》,中华书局,1999 年。

湖北省文物考古研究所、随州市考古队编:《随州孔家坡汉墓简牍》,文物出版社,2006 年。

湖北省文物考古研究所编:《江陵凤凰山西汉简牍》,中华书局,2012 年。

湖南省文物考古研究所:《里耶秦简(壹)》,文物出版社,2012 年。

湖南省文物考古研究所、中国文物研究所:《湖南张家界古人堤简牍释文与简注》,《中国历史文物》2003 年第 2 期。

荆州博物馆编:《荆州重要考古发现》,文物出版社,2009 年。

李均明、何双全编:《散见简牍合辑》,文物出版社,1990 年。

连云港市博物馆、中国社会科学院简帛研究中心等编:《尹湾汉墓简牍》,中华书局,1997年。

罗振玉、王国维:《流沙坠简》,中华书局,1993年。

马继兴主编:《敦煌古医籍考释》,江西科学技术出版社,1988年。

马继兴:《马王堆古医书考释》,湖南科学技术出版社,1992年。

马继兴等辑校:《敦煌医药文献辑校》,江苏古籍出版社,1998年。

马王堆汉墓帛书整理小组编:《马王堆汉墓出土医书释文(二)》,《文物》1975年9期。

马王堆汉墓帛书整理小组编:《马王堆汉墓帛书·五十二病方》,文物出版社,1979年。

马王堆汉墓帛书整理小组编:《马王堆汉墓帛书(肆)》,文物出版社,1985年。

裘锡圭主编:《长沙马王堆汉墓简帛集成》,中华书局,2014年。

睡虎地秦墓竹简整理小组:《睡虎地秦墓竹简》,文物出版社,1990年。

孙占宇:《天水放马滩秦简集释》,甘肃文化出版社,2012年。

魏启鹏、胡翔骅:《马王堆汉墓医书校释(壹)》,成都出版社,1992年。

吴九龙:《银雀山汉简释文》,文物出版社,1985年。

吴礽骧等释校:《敦煌汉简释文》,甘肃人民出版社,1991年。

谢桂华、李均明、朱国炤:《居延汉简释文合校》,文物出版社,1987年。

张家山二四七号汉墓竹简整理小组编著:《张家山汉墓竹简〔二四七号墓〕(释文修订本)》,文物出版社,2006年。

中国简牍集成编辑委员会:《中国简牍集成》,敦煌文艺出版社,

2001 年。

　　朱汉民、陈松长主编:《岳麓书院藏秦简(壹)》,上海辞书出版社,
2010 年。

　　朱汉民、陈松长主编:《岳麓书院藏秦简(贰)》,上海辞书出版社,
2011 年。

【其他考古资料】

　　高文:《汉碑集释》,河南大学出版社,1997 年。

　　洪适:《隶释》,中华书局,1985 年。

　　湖南省博物馆、中国科学院考古研究所:《长沙马王堆一号汉墓》,
文物出版社,1973 年。

　　罗福颐:《秦汉南北朝官印征存》,文物出版社,1987 年。

　　罗振玉:《贞松堂集古遗文》,北京图书馆出版社,2003 年。

　　上海古籍出版社、法国国家图书馆编:《法国国家图书馆藏敦煌西
域文献》第 19 册,上海古籍出版社,2001 年。

　　西安市文物保护考古所著:《西安东汉墓》,文物出版社,2009 年。

　　徐州市博物馆编:《徐州汉画像石》,江苏美术出版社,1985 年。

　　中国画像石全集编辑委员会:《中国画像石全集》,河南美术出版
社,2000 年。

　　中国社会科学院考古研究所:《中国古代天文文物图集》,文物出
版社,1980 年。

　　朱锡禄编著:《武氏祠汉画像石》,山东美术出版社,1986 年。

二、研究专著

巴莫阿依:《彝族祖灵信仰研究》,四川民族出版社,1994 年。

陈梦家:《汉简缀述》,中华书局,1980 年。

陈槃:《汉晋遗简识小七种》,《"中央研究院"历史语言研究所专刊》之六十三,1975 年。

陈绍棣:《中国风俗通史·两周卷》,上海文艺出版社,2003 年。

陈斯鹏:《简帛文献与文学考论》,中山大学出版社,2007 年。

陈松长:《简帛研究文稿》,线装书局,2008 年。

陈文华:《中国农业通史·夏商西周春秋卷》,中国农业出版社,2007 年。

陈直:《居延汉简研究》,天津古籍出版社,1986 年。

陈直:《文史考古论丛》,天津古籍出版社,1988 年。

戴佩丽:《突厥语民族的原始信仰研究》,中央民族大学出版社,2002 年。

邓启耀:《中国巫蛊考察》,上海文艺出版社,1999 年。

丁山:《中国古代宗教与神话考》,龙门联合书局,1961 年。

高国藩:《中国巫术史》,上海三联书店,1999 年。

和志武等主编:《中国原始宗教资料丛编·纳西族、羌族、独龙族、傈僳族、怒族卷》,上海人民出版社,1993 年。

胡文辉:《中国早期方术与文献丛考》,中山大学出版社,2000 年。

胡新生:《中国古代巫术》,山东人民出版社,1998 年。

江绍原:《发须爪——关于它们的迷信》,上海文艺出版社,

1987 年。

姜生：《汉帝国的遗产：汉鬼考》，科学出版社，2016 年。

姜守诚：《〈太平经〉研究》，社会科学文献出版社，2007 年。

姜守诚：《出土文献与早期道教》，中国社会科学出版社，2016 年。

劳榦：《居延汉简·考释之部》，《"中央研究院"历史语言研究所专刊》之四十，1960 年。

劳榦：《劳榦学术论文集甲编》，艺文印书馆，1976 年。

劳榦：《古代中国的历史与文化》，中华书局，2006 年。

李零：《中国方术续考》，东方出版社，2000 年。

李零：《中国方术考》（修订本），东方出版社，2001 年。

李绍明等主编：《中国各民族原始宗教资料集成·土家族卷、瑶族卷、壮族卷、黎族卷》，中国社会科学出版社，1998 年。

李养正原著，张继禹编订：《道教经史论稿》，华夏出版社，1995 年。

梁钊韬：《中国古代巫术——宗教的起源和发展》，中山大学出版社，1999 年。

林富士：《汉代的巫者》，稻乡出版社，1999 年。

林富士主编：《礼俗与宗教》，载邢义田、黄宽重、邓小南主编：《台湾学者中国史研究论丛》第十一种，中国大百科全书出版社，2005 年。

林富士：《中国中古时期的宗教与医疗》，中华书局，2012 年。

林清源：《简牍帛书标题格式研究》，艺文印书馆，2004 年。

刘道超、周荣益：《神秘的择吉》，广西人民出版社，2007 年。

刘乐贤：《睡虎地秦简日书研究》，文津出版社，1994 年。

刘乐贤：《战国秦汉简帛丛考》，文物出版社，2010 年。

刘乐贤：《简帛数术文献探论》（增订版），中国人民大学出版社，

2012 年。

　　刘黎明:《灰暗的想象——中国古代民间社会巫术信仰研究》,巴蜀书社,2014 年。

　　刘信芳:《出土简帛宗教神话文献研究》,安徽大学出版社,2014 年。

　　刘晔原、郑惠坚:《中国古代的祭祀》,商务印书馆国际有限公司,1996 年。

　　刘跃进:《秦汉文学编年史》,商务印书馆,2006 年。

　　刘钊:《古文字考释丛稿》,岳麓书社,2005 年。

　　刘昭瑞:《考古发现与早期道教研究》,文物出版社,2007 年。

　　陆侃如:《中古文学系年》,人民文学出版社,1985 年。

　　吕思勉:《秦汉史》,上海古籍出版社,1983 年。

　　吕亚虎:《战国秦汉简帛文献所见巫术研究》,科学出版社,2010 年。

　　马继兴:《针灸铜人与铜人穴法》,中国中医药出版社,1993 年。

　　彭卫、杨振红:《中国风俗通史·秦汉卷》,上海文艺出版社,2002 年。

　　蒲慕洲:《追寻一己之福——中国古代的信仰世界》,允辰文化实业公司,1995 年。

　　蒲慕洲:《墓葬与生死——中国古代宗教之省思》,中华书局,2008 年。

　　秋浦等:《鄂温克人的原始社会形态》,中华书局,1962 年。

　　饶宗颐、曾宪通:《楚地出土文献三种研究》,中华书局,1993 年。

　　饶宗颐:《饶宗颐二十世纪学术文集》,中国人民大学出版社,2009 年。

　　芮传明:《淫祀与迷信——中国古代迷信群体研究》,广东人民出版社,2005 年。

宋恩常编:《中国少数民族宗教(初编)》,云南人民出版社,1985 年。

宋佩韦:《东汉之宗教》,商务印书馆,1931 年。

宋兆麟:《巫与巫术》,四川民族出版社,1989 年。

宋兆麟:《中国风俗通史·原始社会卷》,上海文艺出版社,2001 年。

宋镇豪:《中国风俗通史·夏商卷》,上海文艺出版社,2001 年。

孙文青:《张衡年谱》,商务印书馆,1956 年。

田继周、罗之基:《西盟佤族社会形态》,云南人民出版社,1980 年。

汪宁生:《汪宁生论著萃编》,云南民族出版社,2001 年。

王念孙:《读书杂志》,中国书店,1985 年。

王子今:《史记的文化发掘——中国早期史学的人类学探索》,湖北人民出版社,1997 年。

王子今:《简牍史话》,中国大百科全书出版社,2000 年。

王子今:《睡虎地秦简〈日书〉甲种疏证》,湖北教育出版社,2003 年。

王子今:《秦汉交通史稿》(增订版),中国人民大学出版社,2013 年。

吴小强:《秦简日书集释》,岳麓书社,2000 年。

薛英群:《居延汉简通论》,甘肃教育出版社,1991 年。

晏昌贵:《简帛数术与历史地理论集》,商务印书馆,2010 年。

杨树达:《汉代婚丧礼俗考》,上海古籍出版社,2000 年。

游修龄主编:《中国农业通史·原始社会卷》,中国农业出版社,2008 年。

于豪亮:《于豪亮学术文存》,中华书局,1985 年。

臧克和:《简帛与学术》,大象出版社,2010 年。

曾宪通:《古文字与出土文献丛考》,中山大学出版社,2005 年。

曾宪通:《曾宪通学术文集》,汕头大学出版社,2002 年。

张金光:《秦制研究》,上海古籍出版社,2004 年。

张勋燎、白彬:《中国道教考古》,线装书局,2006 年。

张永祥等:《中华文化通志·民族文化典·苗、瑶、畲、佤、布朗、德昂族文化志》,上海人民出版社,1998 年。

张紫晨:《中国巫术》,上海三联书店,1990 年。

赵富荣:《中国佤文化》,民族出版社,2005 年。

赵平安:《新出简帛与古文字古文献研究》,商务印书馆,2009 年。

中国少数民族社会历史调查资料丛刊修订编辑委员会:《达斡尔族社会历史调查》(修订本),民族出版社,2009 年。

中国社会科学院考古研究所编:《新中国的考古发现和研究》,文物出版社,1984 年。

中国社会科学院世界宗教研究所:《马克思 恩格斯 列宁 斯大林论宗教》,中国社会科学出版社,1979 年。

周一谋、萧佐桃主编:《马王堆医书考注》,天津科学技术出版社,1988 年。

〔法〕列维-布留尔著,丁由译:《原始思维》,商务印书馆,1995 年。

〔美〕谢尔登·沃茨著,张炜译:《世界历史上的疾病与医学》,商务印书馆,2015 年。

〔日〕工藤元男著,〔日〕广濑薰雄、曹峰译:《睡虎地秦简所见秦代国家与社会》,上海古籍出版社,2010 年。

〔英〕J. G. 弗雷泽著,徐育新、汪培基、张泽石译,刘魁立审校:《金枝》,新世界出版社,2006 年。

〔英〕鲁惟一著,王浩译:《汉代的信仰、神话和理性》,北京大学出版社,2009 年。

〔英〕马林诺夫斯基著,李安宅译:《巫术、科学、宗教与神话》,上海文艺出版社,1987年。

〔英〕帕林德著,张治强译:《非洲传统宗教》,商务印书馆,1992年。

〔英〕亚奇伯德·亨利·萨伊斯著,陈超、赵伟佳译:《古埃及宗教十讲》,黄山书社,2009年。

三、研究论文

陈连庆:《居延汉简札记》(下),《东北师大学报》(哲学社会科学版)1983年第3期。

陈梦家:《汉简所见奉例》,收入《汉简缀述》,中华书局,1980年。

陈伟:《睡虎地秦简日书〈马禖祝〉校读》,《湖南大学学报(社会科学版)》2014年第4期。

戴家祥:《"社""杜""土"古本一字考》,《上海博物馆集刊》第三辑,上海古籍出版社,1986年。

范常喜:《香港中文大学藏东汉"序宁祷神简"补释》,《文化遗产》2014年第6期。

甘肃居延考古队:《居延汉代遗址的发掘和新出土的简册文物》,《文物》1978年第1期。

高恒:《汉简牍中所见令文辑考》,《简帛研究》第三辑,广西教育出版社,1998年。

郭永秉:《睡虎地秦简字词考释两篇》,《出土文献与古文字研究》第3辑,复旦大学出版社,2010年。

贺润坤:《从〈日书〉看秦国的谷物种植》,《文博》1988年第3期。

贺润坤：《从云梦秦简〈日书〉的良、忌日看〈氾胜之书〉的五谷忌日》，《文博》1995 年第 1 期。

湖南省博物馆、中国科学院考古研究所：《长沙马王堆二、三号汉墓发掘简报》，《文物》1974 年第 7 期。

湖南省文物考古研究所、郴州市文管处：《湖南郴州苏仙桥遗址发掘简报》，《湖南考古辑刊》第八辑，岳麓书社，2009 年。

黄景春：《早期买地券、镇墓文整理与研究》，华东师范大学博士学位论文，2004 年。

黄盛璋：《江陵高台汉墓新出"告地策"、遣策与相关制度发复》，《江汉考古》1994 年第 2 期。

江苏省文物管理委员会：《江苏高邮邵家沟汉代遗址的清理》，《考古》1960 年第 10 期。

姜生：《原始道教三题》，《西南民族学院学报（哲学社会科学版）》1997 年第 6 期。

姜生：《〈风俗通义〉等文献所见东汉原始道教信仰》，《宗教学研究》1998 年第 1 期。

姜生：《原始道教的兴起与两汉社会秩序》，《中国社会科学》2000年第 6 期。

姜生：《马王堆帛画与汉初"道者"的信仰》，《中国社会科学》2014年第 12 期。

金良年：《"五种忌"研究——以云梦秦简〈日书〉为中心》，《史林》1999 年第 2 期。

荆州地区博物馆：《江陵高台 18 号汉墓发掘简报》，《文物》1993 年第 8 期。

劳榦:《汉代社祀的源流》,《中央研究院历史语言研究所集刊》第十一本,1944年。

李家浩:《秦骃玉版铭文研究》,《北京大学中国古文献研究中心集刊》第二辑,北京燕山出版社,2001年。

李家浩:《九店楚简"告武夷"研究》,收入《著名中年语言学家自选集·李家浩卷》,安徽教育出版社,2002年。

李锦山:《史前农神及农事崇拜》,《农业考古》1994年第1期。

李锦山:《考古资料反映的农业气象及雷雨诸神崇拜——兼论古代的祈雨巫术》,《农业考古》1995年第3期。

李锦山:《从出土文物谈史前贮种育种及祈殖巫术》,《农业考古》1997年第1期。

李锦山:《史前龙形堆塑反映的远古雩祭及原始天文》,《农业考古》1999年第1期。

李锦山:《中国古代农业礼仪、节日及习俗简述》,《农业考古》2002年第3期。

李锦山:《"二人抬物"纹彩陶盆与祈殖巫术》,《文博》2005年第1期。

李均明:《读〈香港中文大学文物馆藏简牍〉偶识》,《古文字研究》第24辑,中华书局,2002年。

李零:《古文字杂识(二则)》,《第三届国际中国古文字学研讨会论文集》,香港中文大学中国文化研究所、中国语言及文学系,1997年。

李零:《秦骃祷病玉版的研究》,《国学研究》第六卷,北京大学出版社,1999年,后收入李零:《中国方术续考》,东方出版社,2000年。

李学勤:《睡虎地秦简中的〈艮山图〉》,《文物天地》1991年4期。

李学勤:《秦玉牍索隐》,《故宫博物院院刊》2000 年第 2 期。

李学勤:《初读里耶秦简》,《文物》2003 年第 1 期。

李仰松:《秦安大地湾遗址仰韶晚期地画研究》,《考古》1986 年第 11 期。

连劭名:《东汉建初四年巫祷券书与古代的册祝》,《传统文化与现代化》1996 年 6 期。

连劭名:《秦惠文王祷祠华山玉简文研究》,《中国历史博物馆馆刊》2000 年第 1 期。

连劭名:《秦惠文王祷祠华山玉简文研究补正》,《中国历史博物馆馆刊》2000 年第 2 期。

连劭名:《云梦秦简〈诘〉篇考述》,《考古学报》2002 年第 1 期。

刘国胜:《读西汉丧葬文书札记》,《江汉考古》2011 年第 3 期。

刘乐贤:《读〈香港中文大学文物馆藏简牍〉》,《江汉考古》2001 年第 4 期。

刘乐贤:《睡虎地秦简〈日书〉"龙"字试释》,载《揖芬集——张政烺先生九十华诞纪念文集》,社会科学文献出版社,2002 年,又收入刘乐贤:《战国秦汉简帛丛考》,文物出版社,2010 年。

刘乐贤:《东汉"序宁"简补释》,《华学》第八辑,紫禁城出版社,2006 年,后收入刘乐贤:《战国秦汉简帛丛考》,文物出版社,2010 年。

刘信芳:《云梦秦简〈日书·马〉篇试释》,《文博》1991 年第 4 期。

刘增贵:《天堂与地狱:汉代的泰山信仰》,《大陆杂志》第 95 卷第 5 期,1997 年。

刘增贵:《秦简〈日书〉中的出行礼俗与信仰》,《"中央研究院"历史语言研究所集刊》第 72 本第 3 分册,2001 年。

刘增贵：《禁忌——秦汉信仰的一个侧面》，《新史学》第 18 卷第 4 期，2007 年。

刘增贵：《睡虎地秦简〈日书·土忌〉篇数术考释》，《"中央研究院"历史语言研究所集刊》第 78 本第 4 分册，2007 年。

刘钊：《谈秦简中的"鬼怪"》，见刘钊：《出土简帛文字丛考》，台湾古籍出版有限公司，2004 年。

刘钊：《释甲骨文中的"秉棘"》，《故宫博物院院刊》2009 年第 2 期。

刘钊：《说"魃"》，《中国典籍与文化》2012 年第 4 期。

刘昭瑞：《秦祷病玉简、望祭与道教投龙仪》，《四川文物》2005 年第 2 期。

刘昭瑞：《东汉建初四年"序宁"简若干研究》，收入中山大学古文字研究所编：《康乐集——曾宪通教授七十寿庆论文集》，中山大学出版社，2006 年；后收入刘昭瑞：《考古发现与早期道教研究》，文物出版社，2007 年。

陆锡兴：《"黄君法行"朱字刻铭砖的探索》，《考古》2002 年第 4 期。

陆锡兴：《考古发现的桃梗与桃人》，《考古》2012 年第 12 期。

罗琨：《说"改火"》，载《简帛研究》第二辑，法律出版社，1996 年。

马继兴、李学勤：《我国现已发现的最古医方——帛书〈五十二病方〉》，收入马王堆汉墓帛书整理小组编：《马王堆汉墓帛书·五十二病方》，文物出版社，1979 年。

梅云鹏、盛立双、姜佰国、赵程久：《蓟县出土国内首见道教方术木牍文书》，《中国文物报》2000 年第 76 期（9 月 24 日）。

南京博物院：《江苏盱眙东阳汉墓》，《考古》1975 年第 5 期。

宁可：《汉代的社》，《文史》第九辑，中华书局，1980 年。

裘锡圭:《湖北江陵凤凰山十号汉墓出土简牍考释》,《文物》1974年第 7 期。

裘锡圭:《寒食与改火——介子推焚死传说研究》,收入《古代文史研究新探》,江苏古籍出版社,1992 年,又收入《文史丛稿》,上海远东出版社,1996 年。

裘锡圭:《马王堆医书释读琐议》,收入《裘锡圭学术文集·简牍帛书卷》,复旦大学出版社,2012 年。

饶宗颐:《云梦秦简日书研究·马禖祝辞》,见饶宗颐、曾宪通:《云梦秦简日书研究》,香港中文大学出版社,1982 年。

饶宗颐:《云梦睡虎地秦简日书研究》,收入饶宗颐、曾宪通:《楚地出土文献三种研究》,中华书局,1993 年。

饶宗颐:《中文大学文物馆藏建初四年"序宁病简"与"包山简"——论战国、秦、汉解疾祷祠之诸神与古史人物》,《华夏文明与传世藏书——中国国际汉学研讨会论文集》,中国社会科学出版社,1996年;又收入《饶宗颐二十世纪学术文集》卷三《简帛学》,中国人民大学出版社,2009 年。

宋恩常等:《景洪县雅奴寨基诺族宗教调查》,云南省编辑组编:《云南民族民俗和宗教调查》,云南民族出版社,1985 年。

孙常叙:《洛阳西汉壁画墓星象图考证》,《吉林师大学报》1965 年第 1 期。

田天:《北大藏秦简〈祠祝之道〉初探》,《北京大学学报(哲学社会科学版)》2015 年第 2 期。

田雨晨、李坚尚:《独龙族的家族公社和婚姻状况》,《民间文学》1981 年第 4 期。

汪宁生:《改火的由来》,收入汪宁生:《民族考古学论集》,文物出版社,1989 年。

王贵元:《周家台秦墓简牍释读补正》,《考古》2009 年第 2 期。

王辉:《秦曾孙骃告华大山明神文考释》,《考古学报》2001 年第 2 期。

王育成:《东汉道符释例》,《考古学报》1991 年第 1 期。

王育成:《南李王陶瓶朱书与相关宗教文化问题研究》,《考古与文物》1996 年 2 期。

王育成:《文物所见中国古代道符述论》,载《道家文化研究》第九辑,生活·读书·新知三联书店,1996 年。

王育成:《略论考古发现的早期道符》,《考古》1998 年第 1 期。

王育成:《考古所见道教简牍考述》,《考古学报》2003 年第 4 期。

王泽庆:《东汉延熹九年朱书魂瓶》,《中国文物报》1993 年 11 月 7 日第 3 版。

王子今:《秦德公"磔狗邑四门"宗教文化意义试说》,刘梦溪主编:《中国文化》第十二期。

魏永康:《流变与传承——秦汉时期"伏日"考论》,《古代文明》(季刊)第 7 卷第 4 期(2013 年)。

吴荣曾:《稷粟辨疑》,《北大史学(2)》,北京大学出版社,1994 年。

吴荣曾:《镇墓文中所见到的东汉道巫关系》,收入吴荣曾:《先秦两汉史研究》,中华书局,1995 年。

吴小强:《秦简〈日书〉与战国秦汉农业经济生活》,《秦文化论丛》2003 年。

吴泽霖:《么些人之社会组织与宗教信仰》,收入《吴泽霖民族研究文集》,民族出版社,1991 年。

扬州博物馆、邗江县图书馆:《江苏邗江胡场五号汉墓》,《文物》1981 年第 11 期。

杨泓:《中国古文物中所见人体造型艺术》,《文物》1987 年第 1 期。

杨华:《序宁祷券集释》,收入杨华:《古礼新研》,商务印书馆,2012 年。

杨通儒等:《解放前苗族的民间宗教》,见宋恩常编:《中国少数民族宗教初编》,云南人民出版社,1985 年。

杨育彬、张长森、赵青云:《灵宝张湾汉墓》,《文物》1975 年第 11 期。

艺苑:《升平署陈德霖的腰牌》,《紫禁城》1983 年 5 期。

于豪亮:《居延汉简释丛》《居延汉简丛释》,并见《于豪亮学术文存》,中华书局,1985 年。

曾宪通、杨泽生、肖毅:《秦骃玉版文字初探》,《考古与文物》2001 年第 1 期。

张春龙:《里耶秦简祠先农、祠窨和祠隄校券》,《简帛》第二辑,上海古籍出版社,2007 年。

张广立等:《黄河中上游地区出土的史前人形彩绘与陶塑初释》,《考古与文物》1983 年第 3 期。

张俊民:《江陵高台 18 号墓木牍释文浅释析》,《简帛研究(二〇〇一)》,广西师范大学出版社,2001 年。

张明华:《长沙马王堆汉墓桃人考》,《文史》第七辑,中华书局,1979 年。

张铭洽、王育龙:《西安杜陵汉牍〈日书〉"农事篇"考辨》,《陕西历史博物馆馆刊》第九辑。

张培瑜:《汉简的几个年代和伏腊建除注历问题》,载《南京大学学报》(哲学人文社会科学版)1991 年第 3 期。

张培瑜、徐振韬、卢央:《历注简论》,载《南京大学学报》(自然科学版)1984 年第 1 期。张培瑜:《出土汉简帛书上的历注》,载《出土文献研究续集》,文物出版社,1989 年。

张勋燎:《东汉墓葬出土的解注器材料和天师道的起源》,陈鼓应主编:《道家文化研究》第九辑,上海古籍出版社,1996 年。

张永山:《元延元年历谱及其相关问题》,《简帛研究(二○○一)》,广西师范大学出版社,2001 年。

赵平安:《河南淅川和尚岭所出镇墓兽铭文和秦汉简中的"宛奇"》,《中国国家博物馆馆刊》2007 年第 2 期。

郑杰祥:《南阳新出土的东汉张景造土牛碑》,《文物》1963 年第 11 期。

周凤五:《秦惠文王祷祠华山玉版新探》,《"中央研究院"历史语言研究所集刊》第 72 本 1 分册,2000 年。

禚振西:《陕西户县的两座汉墓》,《考古与文物》1980 年第 1 期。

〔美〕夏德安:《湖南郴州苏仙桥西晋古井 J10 的"正月祠先农祝文"》,甘肃省第二届简牍学国际学术研讨会论文,2011 年,甘肃兰州。

〔美〕夏德安著,陈松长译:《战国时代兵死者的祷辞》,《简帛研究译丛》第二辑,湖南人民出版社,1999 年。

〔日〕成家彻郎著,王维坤译:《睡虎地秦简〈日书·玄戈〉》,《文博》1991 年第 3 期。

〔日〕工藤元男:《睡虎地秦简〈日书〉中的病因论与鬼神之关系》,《东方学》第 88 期,1994 年。